REGLAS DE CONGO

MAYOMBE PALO MONTE

COLECCION DEL CHICHEREKU EN EL EXILIO

EDICIONES UNIVERSAL. Miami, Florida, 1986

LYDIA CABRERA

REGLAS DE CONGO
MAYOMBE PALO MONTE

EDICIONES UNIVERSAL

P.O. Box 450353 (Shenandoah Station)
Miami, Florida 33145 U.S.A.

Library of Congress Catalog Card No.: 79-50627

I.S.B.N.: 0-89729-398-3

2da. edición, 1986

OBRAS PUBLICADAS DE LYDIA CABRERA:
=====================================

==EL MONTE (Igbo Finda/Ewe Orisha/Vititi Nfinda)
==CUENTOS NEGROS DE CUBA
==POR QUE (CUENTOS NEGROS)
==ANAGO / VOCABULARIO LUCUMI
   (El Yoruba que se habla en Cuba)
==LA SOCIEDAD SECRETA ABAKUA
==REFRANES DE NEGROS VIEJOS
==OTAN IYEBIYE (LAS PIEDRAS PRECIOSAS)
==AYAPA (CUENTOS DE JICOTEA)
==ANAFORUANA(Ritual y simbolos de la iniciacion
   en la sociedad secreta Abakua)
==FRANCISCO Y FRANCISCA
   (Chascarrillos de negros viejos)
==YEMAYA Y OCHUN (Kariocha,Iyalorichas y olorichas)
   (Las diosas del agua)
==LA LAGUNA SAGRADA DE SAN JOAQUIN
==REGLA KIMBISA DEL SANTO CRISTO DEL BUEN VIAJE
==REGLAS DE CONGO (PALO MONTE-MAYOMBE)
==ITINERARIOS DEL INSOMNIO-TRINIDAD DE CUBA
==KOEKO IYAWO-APRENDE NOVICIA
   (Pequeno tratado de Regla Lucumi)
==CUENTOS PARA ADULTOS NIÑOS Y RETRASADOS MENTALES
==LA MEDICINA POPULAR EN CUBA.
   (Médicos de antano. Curanderos de hogaño)
==SIETE CARTAS DE GABRIELA MISTRAL A LYDIA CABRERA
==VOCABULARIO CONGO (El Bantú que se habla en Cuba)

OBRAS POR LYDIA CABRERA DE PROXIMA PUBLICACION:
===

==VOCABULARIO ABAKUA
==EL CURANDERO. PALEROS Y SANTEROS.
==LOS ANIMALES EN EL FOLKLORE Y EN LA MAGIA DE CUBA
==SUPERSTICIONES Y BUENOS CONSEJOS

ALGUNAS OBRAS SOBRE LYDIA CABRERA:

==HOMENAJE A LYDIA CABRERA(estudios sobre Lydia
  Cabrera y otros temas afroamericanos) Reynaldo
  Sanchez y Jose. A. Madrigal, editores.
==IDAPO(sincretismo en los cuentos negros de
  Lydia Cabrera), Hilda Perera
==AYAPA Y OTRAS OTAN IYEBIYE DE LYDIA CABRERA
  (Notas y Comentarios), Josefina Inclan

A Robert Thompson, Mpangui.

CAPITULO I

LOS ESCLAVOS CONGOS EN EL SIGLO XIX CONTADOS POR SUS DESCENDIENTES

UN RECORRIDO POR LA COLONIA

Al tratarse de las religiones africanas que arraigaron en Cuba, la atención sólo se concentra en la yoruba, pues ésta predominó sobre las de otros grupos étnicos importados por el comercio de esclavos y se impuso con tal fuerza, que hoy, de modo evidente, manteniendo sus caracteres originales, puede decirse sin exagerar, que constituye con el catolicismo y mezclado al catolicismo, la religión de la mayoría de nuestro pueblo.

En un plano secreto, poco estudiado por los que en nuestro país se han dedicado a la investigación de las culturas africanas introducidas por la trata, no son menos importantes en la actualidad, las prácticas de los numerosos grupos bantús, que desde muy atrás, desde el siglo XVI, fueron llevados a la Isla.

"Cuando yo nací había tantos congos como lucumí"[1], nos aseguraban negros criollos que alcanzaron a vivir las postrimerías de la esclavitud en las haciendas y en las ciudades, y los congos que conocimos, ya escasos, nativos de Guiní[2], como aquella conga de un lugar de la costa llamada Pachilanga, asombrosamente en el más claro disfrute de sus facultades mentales, que habitaba en la barriada del Cerro, en La Habana, donde murió el 1928, a los ciento quince años cumplidos; el "poeta congo" Ta Antón, de Cárdenas, que cumplido también el siglo, aún vivía el 1955, así como un veterano, "congo del Congo", con pensión del Estado y mujer joven, fallecido el 1946 en Marianao.

1

Por supuesto, no es posible saber el número exacto de lucumís que fueron a Cuba, teniendo en cuenta que el mercado —lo que no ignoran sus descendientes— se llenó de ellos a comienzos y mediados del siglo pasado; como tampoco el de congos, siempre presentes en la Isla, ni las procedencias regionales de ambos, sobre las que arrojan más luz los nombres de los desaparecidos Cabildos, las escrituras de fundación o disolución de los mismos —generalmente por mala administración de los fondos—, que los inventarios de ingenios, ventas, cartas de libertad y otros papeles oficiales. Mayor y más sabrosa información se obtenía de la memoria envidiable de los negros viejos que conocían sus orígenes, los nombres de las "naciones" a que pertenecían sus progenitores; unos directamente por sus padres y abuelos, otros, los más jóvenes, por tradición familiar.

"Un negro americano", nos comentaba no hace mucho en Miami un exiliado de color, "no sabe de dónde salió. Allá en Cuba, en mi pueblo, lo raro era que un negro no lo supiese". Y que al declararse de origen congo, lucumí, carabalí o arará, que eran nombres genéricos, ignorase, como hemos comprobado en tantos casos, si su progenitor era lucumí yesa, egbado u oyó, congo loango, angola o benguela, carabalí olugo, isuamo u otamo, arará magino, kuébano o sabalú.

Lo que los viejos contaban de Africa, de la vida, de las costumbres, de las poblaciones, parece exacto a lo que puede leerse, sobre la Costa, en libros de viajeros contemporáneos de la trata. Recuerdo una villaclareña que al referirse al pasado nunca decía como otros, "en tiempos de España", en tiempos de María Castaña o de la Nana Siré, sino "en los tiempos del Rey Camí". ¿Quién sería ese Rey Camí que según ella había existido en la tierra de su abuelo cuando lo trajeron a Cuba? Salakó sabía los nombres de los reyes de Dahomey. Bamboché nos hablaba, como oído a sus padres y a contemporáneos de éste, de extrañas costumbres africanas —por ejemplo: inmolar, "darle un vivo a un muerto rico" en su entierro, que como era lógico no podían continuarse en Cuba.

Cesaron los contactos con el continente, pero los hijos criollos no perdieron la memoria de lo que habían oído y aprendido de los padres africanos. Digo que cesaron los contactos directos con Africa cuando cesó el comercio de carne humana, porque del escaso número de los que regresaron a su país y no volvieron a Cuba, los que allá quedaron, según se nos ha dicho, no se comunicaron más con los que dejaron en la Isla.

¡Cuántos datos interesantes podían recogerse cuando aún vivían los que podían darlos! Pero entonces era absurdo prestarle atención a esas "cosas de salvajes, de negros".

"A Abeokuta, tierra de Yemayá", nos dirá otra viejita, volvió por los años ochenta un tío suyo, tabaquero, "muy inteligente", cuando se libertó. "Pero, ¡que va! a los pocos años volvió a Cuba. Ya se había acostumbrado a esto. Dijo que mejor se estaba aquí".

Lo que recuerda la historia de otra africana que relata el Capitán Canot:[3] "Un viaje de cuarenta y dos días me trajo otra vez a Nuevo Sestros, acompañado por un par de mujeres que pagaron su pasaje y fueron instaladas confortablemente en la bodega. La mayor de las dos, sumamente corpulenta, contaría alrededor de cuarenta años; su compañera era más joven y bonita.

"Tan respetable señora, después de una ausencia de veinticuatro años volvía a su país natal, Gallinas, a visitar a su padre el rey Shiakar. A la edad de quince años la hicieron prisionera y la enviaron a La Habana. La compró un dulcero cubano que durante muchos años la empleó como vendedora de sus pastelillos y panetelas, pregonando por la calle. Andando el tiempo, se convirtió, por sus dulces, en la vendedora predilecta de aquella ciudad y pudo comprar su libertad. Años de frugalidad y economía la hicieron propietaria de una casa en La Habana y de una huevería, cuando la casualidad puso en su camino a un pariente recién importado de Africa que le dio noticias de la familia de sus padres. Un cuarto de siglo no habían extinguido el amor patrio en el corazón de la negra e inmediatamente resolvió cruzar el Atlántico para ver una vez más al salvaje a quien debía la vida.

"Envié a estas mujeres emprendedoras a las Gallinas, en el primer buque que zarpó para Sestros y supe que fueron muy bien recibidas por los isleños con las ceremonias acostumbradas en tales ocasiones. Varias canoas con banderas, cuernos y tambores fueron a recibirlas junto al barco. En la orilla se formó una procesión y un novillo le fue entregado al capitán en prueba de gratitud por las atenciones que les había dispensado.

"Cuando su hermano mayor se presentó ante la huevera retirada y extendió los brazos para estrecharla entre ellos, aquella lo esquivó, contentándose con ofrecerle una mano, y le hizo saber que rechazaría toda demostración de afecto hasta que su hermano no se presentase ante ella vestido con más decencia. Aquel desaire, por supuesto, detuvo en la orilla a toda la parentela, ya que era lamentable la escasez de pantalones en todos los del grupo, y la ausencia de esta prenda de vestir indispensable lo que había motivado una acogida tan poco fraternal. La hija de Shiakar, a pesar de su viaje, no pudo instaurar la moda de los pantalones, ni reformar su pueblo, y al cabo de una estancia de sólo diez días, dio un eterno adiós a los suyos y volvió a La Habana, muy contrariada por los modales y costumbres de su país".

La misma reacción tuvieron otros africanos.

"Se largaron de aquí muy contentos y cuando llegaron allá no se sintie-

3

ron bien viviendo como salvajes". Baró y otros recordaban que al darse en principio por abolida la esclavitud, el año en que se promulga la ley que convierte a los esclavos en patrocinados, un Ño Antonio, apodado el Obispo de Guinea, que vivía en la desaparecida Plaza habanera del Vapor, construida por Tacón y torpemente destruida poco antes de la toma del poder por los comunistas, intentó mediante una colecta entre las gentes de nación ya libres, llevarse a un grupo de compatriotas suyos al Africa, y fracasó. Ninguno aceptó la proposición.

"A mi madre también la quiso enganchar el Obispo de Guinea, que hacía una recolecta entre los africanos y los criollos del barrio de Jesús María, para llevarla a Sierra Leona. ¿Salir de Cuba? ¡No hombre, tá soñando!, le dijo, yo soy cubana, criolla reyoya... civilizada. ¡Como si aquello fuese jauja! Mejor estamos en Cuba".

El caso es que al revés de lo que ocurrió en Brasil, de acuerdo con mis informantes, fueron muy pocos los negros que retornaron. Y no por desamor al país natal, que continuaba viviendo en ellos con fuerza tan entrañable que convirtieron a Cuba en tierra africana. Saibeke tiene oído que muchos, después de la liberación, volvieron a Africa, pero no pudieron llegar a sus pueblos, porque los ingleses −"buenas pécoras eran"− les hacían creer a los reyes que los negros que volvían de Cuba estaban muy "resabiados" y no convenían. Muchos se quedaron en Liberia. Con Ernesto el arará, un "hijo de Naná Bulukú", se marcharon como cinco y regresaron enseguida porque no pudieron desembarcar. De aquellos que se readaptaron mejor al medio o no pudieron regresar, no se volvió a saber más. Es decir, que libres, entregados a sí mismos y dueños de sus destinos, no pensaron en volver a Africa.

El clima cubano les sentaba a las mil maravillas, el sol era pariente cercano de su sol africano, y adaptable, poroso a lo que tenía de amable la cultura del hombre blanco, encajaba perfectamente en un medio que, no sólo en lo físico, en lo espiritual, le era favorable, pues en la tierra de adopción, saturada por siglos de africanía, gracias a la actitud simpática de los blancos, a su tolerancia, a su indiferencia o a su curiosidad supersticiosa, no tuvo que renunciar a lo que era para él su más preciosa herencia: su religión, ni del todo a sus tradiciones, hábitos y comidas.

No en balde hace muchos años, paseando con un africanista francés por el barrio de Pogolotti, éste me decía: "Los negros en Cuba me impresionan por su belleza y afabilidad, ¡qué contraste con los negros de aspecto desgraciado y triste que veo temblar de frío en Chicago!"

Buen clima y buen trato humano, además del cuidado que tuvieron los esclavistas en seleccionar sus negradas, explican de sobra el contraste que dondequiera ofrecían en Cuba los descendientes de africanos, de rostros sonrientes que recorren la gama que va del chocolate espeso al café con leche o al caramelo.

Retrocediendo en el tiempo (1845), la autora sueca y abolicionista Frederika Bremer,[4] después de su bien aprovechada estancia en Cuba, pudo escribirle objetivamente a su reina el resultado de sus observaciones en Estados Unidos y en Cuba: "Los negros libres de Cuba son los seres más felices del mundo. Están protegidos por las leyes del país, de aquella violencia y ataques hostiles de tribus enemigas que en su propia tierra los amenazan. Confieso a V.M., que ha sido para mí asombroso y al mismo tiempo desolador constatar que el sentido de libertad y de justicia en la legislación esclavista de los Estados Unidos estén muy por debajo de la española, y me es difícil explicarme cómo la noble disposición y el orgullo nacional del pueblo americano puede soportar y consiente que, en lo que respecta a la libertad de sus leyes, lo eclipse una nación que considera inferior en humanidad, lo cual es cierto en muchos aspectos. Los españoles de Cuba no están equivocados cuando desprecian a los americanos y les llaman bárbaros. Hay en Cuba probablemente más negros felices que blancos". Y había también entonces más negros que blancos...

Fue la Bremer quien llamó a la Isla "paraíso de los negros libres". Prosiguiendo sus observaciones no pierde ocasión, hospedada en aquellos días en el ingenio modelo de la época, el Ariadna, de visitar e interrogar a los negros de aquella zona.

Acompañémosla en su paseo matinal un hermoso día de marzo de hace más de un siglo. Esta viva estampa nos devuelve la honda sensación de paz de alguna mañana realmente paradisiaca, atemporal, que vivimos entre los negros en el campo matancero.

"Cada casita en el sol de la mañana parece enclavada en un paraíso terrenal. Estas finquitas con sus chozas de palma, son en su mayoría, hogares de negros libres. Hasta hoy no estaba muy segura de que lo fuesen. En un cercado a mano derecha, me atrajeron algunos árboles y frutos de un aspecto excepcional y me decidieron a hacer una visita. La entrada era lo más destartalada de este mundo, pero a la vez parecía la mejor dispuesta a dejarnos pasar. Entré y seguí un senderillo estrecho que doblaba en redondo a la izquierda, y que me condujo a un bohío techado de guano. Un poco más abajo había un bosquecillo de plátanos, un mango y un árbol de ramas flexibles llenas de frutos redondos y blancos. Cerca del bohío crecían otros árboles muy altos parecidos a las palmeras, que llamaron mi atención; eran cactus y árboles con flores. Lo que más me asombraba era la apariencia de un orden y de un cuidado que es tan raro hallar en las casas de los hijos del Africa; la choza estaba bien construida, y en torno a ella, los árboles habían sido plantados con un amor evidente. La puerta estaba abierta y en el suelo ardía un fuego, indicio de que estaba habitada por un africano. El interior era espacioso y limpio. A la izquierda, un negro con un gorro de lana, vestido de un género azul, sentado en una cama baja, los codos apoyados en las rodillas y la cabeza en las manos, vuelto hacia el fuego y evidentemente medio dormido. No me vio y pude mirar a mi alrededor sin que nada me lo impidiese. Un pote de hierro encima del fuego, frente al fuego un gato color de concha de tortuga, y junto al gato un pollo blanco, sosteniéndose en una sola pata. El fuego, el pote de hierro, el gato y el pollo, todo dormitaba en la luz del sol que los bañaba. En aquel instante me miró el gato, guiñó los ojos y los fijó en el fuego. Era una naturaleza muerta tropical. Doradas mazorcas, frutas, tasajo, herramientas, colgaban de las paredes oscuras del bohío. Al poco rato el hombre se levantó y se volvió de espaldas para arreglar las escasas sábanas que poseía la cama. Las plegó y extendió a la par que una esterilla pequeña que le servía de alfombra; lo colocó todo a un lado cuidadosamente y volvió soñoliento a sentarse en la cama, a contemplar el fuego. Advirtió mi presencia y me preguntó, ¿café?, y a manera de saludo me lanzó una mirada amistosa. No sabía yo si me invitaba a beber café con él o si me lo estaba pidiendo. El gato y el pollo parecían guluzmear el desayuno ya a punto en el fuego, y empezaron a moverse; supuse que había llegado la hora de tomarlo y dije al viejo, al gato y al pollo, Buen Dios, retorneró" (sic).

Este viejo que sorprende la Bremer en la intimidad de su bohío, es un liberto llamado Pedro, conocido en la comarca por su bondad y su honradez intachable. Un negro viejo como tantos que he tratado y estimado, y que antes del 1959 aún vivían como les daba su real gana en cada pueblo, sonriendo con la misma dulzura y ofreciendo amistosamente una taza de café.

"A petición mía", continúa la Bremer, "la Señora C. (los Chartrand eran los dueños del Ariadna), me acompañó una tarde como intérprete a hacer otras visitas. Fuimos a varias casas de negros, la mayoría inferiores a la de Pedro, y cuyos dueños no se parecían a él, por ladrones y perezosos como tantos otros del Limonar. Yo les preguntaba si querían volver a Africa, y riendo contestaban que: ¡No!, porque se hallaban muy bien aquí. Muchos de ellos fueron robados de Africa pasada la niñez. Volvimos de prisa a casa del viejo Pedro. Me había provisto de café y de algunas frases en español para cambiarlas con las personas que lo cuidan y que están con él en el bohío. El trapiche le había triturado el brazo y no quedó más remedio que amputárselo por encima del codo. Después de este accidente compró su libertad por $200 y la de su mujer por el mismo precio. Les pregunté si querían regresar a Africa. ¡No! ¿Qué vamos a hacer allá? ¡Aquí somos tan felices!"

6

Parece extraño, ¿verdad? que retornar al país donde se ha nacido no fuese lo que más anhelase un esclavo africano al obtener su libertad. Los testimonios de propios y de tantos extranjeros hostiles a España, desechando siempre los alegatos inaceptables de los que veían en el color de los negros "las tinieblas que anuncian las tinieblas de su alma" y defendían la trata −indefendible− como un bien para los africanos, así como las historias, tan esclarecedoras algunas, trasmitidas oralmente de padres a hijos, no permiten dudar que el modo de ser de españoles y criollos, sobretodo, contribuyó muy temprano, naturalmente a suavizar la triste condición de los esclavos. La legislación española, que en todo tiempo ordenaba que se les tratase humanamente, −léase el Real Bando de Buen Gobierno de 1789−, les ofrecía protección creando funcionarios destinados a recoger las acusaciones y testimonios que presentaba el esclavo cuando era maltratado o se le negaba la libertad que tenía el derecho de exigir mediante el pago de una cantidad convenida. "La ley obliga al propietario a liberar a su esclavo, no solamente cuando éste reembolsa la cantidad que ha costado, sino cuando la abona en varios pagos sucesivos". (X. Marmier. Lettres sur l'Amerique.)

¿Eran respetadas estas buenas disposiciones? La pregunta se impone, y los que sistemáticamente acumulan sobre los hacendados criollos −las haciendas estaban en su mayoría en manos de los cubanos−, todo tipo de atrocidades, pretenden que no, que los síndicos y los veniales tribunales de justicia, los abogados, estaban a las órdenes de los dueños de esclavos. Pero si no siempre, como es de suponer, se cumplieron esas leyes, en muchos casos conocidos funcionaron. El 1831 el esclavo Benito Creagh, le pone pleito a su amo, D. Manuel de Jesús Alemán, porque éste se resiste a extenderle su carta de libertad que ha pagado. Alemán pierde el pleito y como el esclavo guardó prisión, se condena a Don Manuel de Jesús a pagar las costas y los alimentos que el negro Benito consumió en la cárcel. En el mismo año, en enero, le fue concedida la libertad a otro esclavo que apeló al Ayuntamiento. El 18 de marzo de 1865, el gobernador, General Domingo Dulce, remite al Ilmo. Regente de la Real Audiencia, "a fin de que la Sala Sentenciadora informe lo que se le ofrezca y parezca en calidad de devolución la adjunta instancia que a S.M. la Reina (Q.D.G.), eleva la negra Gabriela Lincheta", documento interesante que conserva en su archivo el Comandante Marciano Gajate. Al amo cruel se le procesaba −como ocurrió con muchos negros libres dueños de esclavos, que en opinión de los mismos negros, como veremos, se caracterizaban por su crueldad−, y si los condenados desobedecían, multa de doscientos pesos. Un americano del norte, digno de crédito, Woermann, llegó a la conclusión que: "Con todo lo que pueda decirse de la crueldad con que los españoles tratan a los esclavos, y lo que se cuenta es muy exagerado, éstos nos brindan en instituciones que protegen a los negros enfermos, un ejemplo que debía imitarse en nuestros estados del Sur". Que los esclavos de Cuba vivían mejor que los campesinos de Europa, se ha dicho muchas veces. Recuérdese el juicio de Humboldt (1825).

"En ninguna parte del mundo en que existe la esclavitud es tan frecuente la manumisión como en la Isla de Cuba, porque la legislación española, al contrario de la francesa y la inglesa, favorece extraordinariamente la obtención de la libertad, no haciéndola onerosa ni obstaculizando su camino. El derecho que asiste a todo esclavo de buscar un nuevo dueño o de comprar su libertad, si puede pagar la suma que costó, el sentimiento religioso que induce a muchas personas en buena posición a conceder por su voluntad la libertad a algunos de sus esclavos; la costumbre de retener un número de ellos de ambos sexos, para el servicio doméstico" – en algunas casas tenían hasta sesenta esclavos, como el legendario Conde Barreto – "y el afecto que despertaba en ellos el intercambio familiar con los blancos; las facilidades permitidas al negro que trabajaba por su cuenta, pagando una suma estipulada a su dueño, son las causas principales que explican por qué tantos negros requieren su libertad en las ciudades.

La   posición de los negros libres en Cuba es mucho mejor que en cualquier otra parte, aun entre aquellas naciones que se han jactado durante siglos de ser las de la civilización más avanzada. Hallamos que no existen aquí esas leyes bárbaras que aún son invocadas en nuestros días, y por las cuales se les prohibe a los negros libres recibir donativos de los blancos, se les puede privar de su libertad y se autoriza a que sean vendidos en beneficio del Estado, si son culpables de facilitar asilo a los negros que se huyan".

Veamos las diferencias que contemporáneamente, marcan los juicios de un francés, por ejemplo, con los de muchos norteamericanos e ingleses. He aquí como se expresan dos abolicionistas. Dice el francés Arthur Morelet[5], refiriéndose a la trata, que era el tema más candente con todo lo que envolvía, en la fecha en que emiten sus opiniones ambos autores: "Impresiona al viajero leer en un periódico: Venta de esclavos. Se vende en 600 piastras una negra y su hija de cuatro años. Sana, sin tachas, buena planchadora, ágil y muy sumisa, dirigirse.... Se vende al precio de 400 piastras una negra de diecisiete años, parida desde hace 18 días, es muy dulce y posee conocimientos de costura. Estos artículos se encuentran metódicamente clasificados en las ventas inmobiliarias; sigue las de animales, coches y objetos. Se experimenta una conmiseración profunda por estos seres sin nombre y sin patria que ya no pertenecen a la humanidad, que han caído en el rango de valores inmobiliarios y se cotizan en el mercado; miserables criaturas convertidas en un simple elemento de la fortuna pública y destinados a pasar por la tierra sin dejar más recuerdos que aquellos que se dispensan a un animal doméstico", y esos anuncios le inspiran más aversión por la esclavitud que el espectáculo de los esclavos... "Yo diría que aceptada esta triste herencia, no se ha descuidado nada para atenuar el carácter odioso de la esclavitud. No sólo la legislación es más liberal, más paternal, menos exclusiva que en ninguna otra parte del mundo; no solamente se ha rodeado la existencia del negro de garantías más seguras y se les ha abierto una vía más ancha para conquistar la libertad, sino que he de añadir, la nación se ha prestado sin esfuerzo a la aplicación de estos principios humanos. Hay una gran diferencia, lo digo con pesar, entre el tratamiento que reciben los negros en nuestras colonias y el que reciben en Cuba, sobretodo en las ciudades, donde la suavidad de las costumbres, sin borrar la flagrante iniquidad de la esclavitud, lo equipara a una domesticidad análoga a la de los países europeos".

El inglés Madden[6] reproduce el conocido juicio de Tocqueville para rebatirlo después: "Es públicamente notorio en el Nuevo Mundo, que la esclavitud ha adquirido con los españoles un carácter peculiar de suavidad; uno puede convencerse de esto leyendo las Ordenanzas de los reyes de España, en una época que entre otras naciones europeas las leyes para el gobierno de los esclavos estaban fuertemente teñidas de barbarie. El español, que se mostró tan cruel con los indios, ha tratado siempre a sus esclavos con singular humanidad. En sus colonias, la distinción entre negros y blancos era menos acusada que en todas las demás, y la autoridad del amo más parecida a la de un padre de familia que a la de un dueño". Pero esto, dice Madden que es falso. "Los españoles han tratado siempre a sus esclavos con singular inhumanidad". "Lo que llamamos humanidad para el negro, no hay un solo propietario en Cuba que no lo considere injusto para el hacendado". "Cambiad el término de indios por negros, la palabra mina por ingenio, la misma obra de exterminio se sigue llevando a cabo. ¡Y se dice que los negros son una raza feliz! ¡Qué error decir que la esclavitud es benigna en las colonias españolas!"

Con toda la profunda antipatía que la esclavitud y cualquier tipo de opresión despierta en los que contemplan la libertad como un bien supremo, el libro de Madden choca por su enconado apasionamiento. Situándonos en la época es demasiado evidente que lo que lo guió no fue su altruismo, sino un mal disfrazado interés de funcionario inglés.[7]

De mis largas encuestas con viejos que habían sido esclavos y con sus hijos, se desprende que por lo menos en La Habana, abundaban más los amos buenos que los malos, sin que esto quiera decir que no los hubiese odiosos y bestiales. Pero es elocuente que lo observado por Humboldt lo reconocieran muchos abolicionistas extranjeros que visitaron y escribieron sobre Cuba: que de cada cuatro negros, uno fuese libre, indica que efectivamente, las leyes favorecían la emancipación.

En general, y en apoyo de lo que tantas veces hemos oído, y no es ésta la primera vez que lo recalcamos, ni será la última, las relaciones entre las dos razas siempre fueron cordiales, y esto, según los mismos negros, en los días lejanos de la colonia, en pleno dominio español, y en la República, hasta su fin.

El extranjero, en su primer paseo por La Habana señorial y campechana del siglo pasado, que era un muestrario de gentes de todos los colores, como lo fue la anterior al régimen actual, que ha perdido la risa y la sonrisa, se sorprendía del espíritu democrático que predominaba en nuestro país. Antaño podía hacer comparaciones, como las hizo la sensible Frederika Bremer, con el despotismo que en los Estados Unidos, supuesta cuna de la libertad y de la igualdad entre los hombres, se mantenía a la "colored people" en un estado degradante. Esas diferencias no se observaron jamás en Cuba, "he visto en el muelle a un pobre cargador sacar un tabaco y saludar a un caballero, y éste detenerse y darle fuego para que lo encendiese", señala escandalizado un anglo-sajón como algo inconcebible.

Creo que ese espíritu llano y cordial, un sentido de humanidad que hacía honor al cubano de las clases altas, le venía de su raíz española y cristiana. Un viejo autor inglés, George Barrow (The Bible in Spain), admite que en el trato social, "en ningún país del mundo" (como en España), "se muestra el sentimiento que se le debe a la naturaleza humana o una mejor comprensión de la conducta que debe observar el hombre hacia sus semejantes. He dicho que España es uno de los pocos países en que la pobreza no es tratada con desprecio".

Otro anglo-sajón diría que para un español, "todos los hombres son iguales ante Dios", y no es de extrañar que la buena disposición, el trato humano que se dispensaba al negro y que advirtió en la Cuba esclavista el francés Huber, le inclinara a escribir que todos los cubanos "de empresa" eran liberales.

En "Algunos datos sobre los negros esclavos y horros en La Habana del Siglo XVI". Tirada aparte de la Miscelánea de Estudios dedicados a Don Fernando Ortiz por sus discípulos, colegas y amigos, Habana, 1956, nos dice María Teresa de Rojas: "Los documentos de la esclavitud en nuestra Isla no revelan, pese a la dureza de los tiempos, una crueldad o un despotismo sistemático por parte de los amos, y a juzgar por ellos mismos se desprende u otras veces se adivina fácilmente, que el corazón ponía un acento de noble humanidad entre las relaciones del amo y del siervo". Sobre las innumerables cartas de libertad — ¡ya en los comienzos de nuestra historia!– que transcribe y aparecen en los tres volúmenes de "Indice y Extractos del Archivo de Protocolos de La Habana", concedidas a esclavos y en su mayoría a hijos de esclavos nacidos en las casas de sus dueños, aclarando éstos que los libertan porque: "Lo he criado en mi casa, por el amor que le tengo y por el buen servicio que de su madre he recibido", ponen de manifiesto que los prejuicios raciales no influían en ellos.

De la lectura de esos documentos, María Teresa de Rojas concluye que, lo que hacían tantos amos españoles, era libertar a sus propios hijos engendrados en sus esclavas.

La leyenda negra nunca dejó de influir profundamente en los juicios apasionados de los cubanos, a quienes, cuando ya no era necesario, se les enseñó a mirar con encono o desdeñosa tolerancia hacia España, acentuándose este desprecio, que llegaba a convertirse en complejo de inferioridad en los hijos de españoles, más antiespañoles que los hijos de cubanos.

Estaba en lo cierto el periodista español que cita Don Ramón María de Araiztegui en "Votos de un Español", "convenceos hijos de Pelayo; pudisteis haber hecho muchas cosas en Cuba, pero ya se os ha dicho mil veces: jamás hicisteis un español".

"Los cubanos odian a España y a ese odio lo sacrifican todo" –cita de Arrieta, cubano, autonomista–, "odio, que rebajando al que lo siente, debemos con pena confesar, está en el fondo del carácter cubano en general, y de esto no puede prescindir cuando se trata de España y de cuanto es español, odio que hace tiempo no se desdeña de apelar a los epítetos y calificativos más denigrantes que muestran hasta dónde puede pervertirse, merced a la exaltación política, la mejor índole". Con el "soplo perverso y ponzoñoso de las pasiones políticas", se contaba que un profesor de aquel gran plantel cubano de educación "El Salvador", había dicho en una lección de geografía: "España es un borrón en el mapa, pasémosla por alto".

Esa fobia antiespañola, que llevó a dos famosos intelectuales cubanos, ya en tiempos de la República, a proponer que se suprimiese en la enseñanza –y así se hizo–, la cátedra de historia de España, la mantuvieron viva con sus exhibicionismos patrioteros, los que especulaban y se sustentaban con caldo de huesos de héroes mambises.

Se nos convenció con una imparcialidad desmoralizadora, que la causa de todos nuestros males se debe exclusivamente a nuestro origen hispánico. Cierto que este razonamiento tiene la ventaja de absolver de todo pecado la conciencia nacional, –pero, ¿hasta qué punto teníamos conciencia nacional?– haciendo único culpable de nuestros defectos y errores a España, la "ominosa" de la inflamada retórica libertaria.

Repasando la historia, esa antipatía violenta y la división que entre cubanos y españoles –peninsulares, como se les decía–, advertían los de afuera, empezó a amagar después del siglo XVIII —recordemos que los cubanos, blancos y negros, corrieron a empuñar las armas contra los ingleses, y cuanto se despreció, durante y después de la ocupación, a los que se pusieron de su lado, y qué calificativo recibieron las mujeres que aceptaron sus atenciones—. No influyó inmediatamente en Cuba el ejemplo de la independencia norteamericana, a la que tanto España como Francia contribuyeron. Sólo a comienzos del siglo XIX, tan preocupado de libertad —una minoría selecta de patriotas cubanos (1823) hace sentir sus ansias de independencia—, la aversión de los cubanos se fue agravando. La conciencia cubana era todavía en gran parte española hasta mediado el siglo, y lo prueba la indiferencia que mostró el pueblo por la expedición del General Narciso López. En aquella fecha comenta un aglo-sajón: "No tienen los cubanos un deseo ardiente de libertad ni de independencia: quieren mayores facilidades y reforzar el presente sistema de gobierno".

Por la propaganda y manejos de los ingleses, la política en acecho de los yankis, con los ojos puestos desde muy temprano en la "Sugar Island", despertaron lógicamente el recelo de España. Esta desconfió de los cubanos y los alejó de los cargos públicos más importantes, medida que fue muy eficaz para alentar los ideales separatistas, y claro está que la misma Madre Patria contribuyó a cavar ese foso que dividió a peninsulares y a criollos, por sus negligencias, sus errores administrativos, su inflexibilidad, la falta de genio político de sus políticos, y según sus implacables detractores, con las venalidades de algunos Capitanes Generales, que más tarde palidecerían comparadas a las de un gobernador provisional norteamericano, que dio a los cubanos muy provechosas y bien aprovechadas lecciones de deshonestidad administrativa.

Así el tiempo confirmó lo escrito por José Antonio Saco, al negarle España a los cubanos los derechos políticos que estos justamente reclamaban: "Cuba se perderá para España".

Murray[8], y otros, ya antes de mediar el siglo, había anotado que "los cubanos se sienten humillados si se les llama españoles, y un nativo de la vieja España se sentiría aún más humillado si le llamamos cubano o habanero. Sin embargo, las maneras de un cubano son tan ceremoniosas e hidalgas como las de cualquier viejo español". (¿Qué diría hoy, en Miami, de las maneras de los que un agudo periodista ha llamado aquí "cubichones"?)

Salas y Quiroga (1840) constata la verdad de lo que se dice sobre la triste situación en que se hallan en la Isla padres e hijos: "Unida y compacta la clase blanca con respecto a la raza africana, separada ligeramente por tres grandes clases: nobles, ricos y pobres, está dividida en su totalidad por dos grandes fracciones: peninsulares y americanos", y el simpático e imparcial de las Barras y Prado, para no alargar las citas, nos explica con su buen criterio las causas de esta separación ya tan marcada, pues: "Que el hombre honrado debe decirlo todo, el elemento español que impera en Cuba no está compuesto en general de hombres de gran cultura e ilustración, sino por hombres de dinero, y este es un motivo de menosprecio para la gente ilustrada del país, educada en los principales colegios del extranjero, la cual se encuentra por desconfianza alejada de toda intervención en los asuntos públicos".

Era cierto, agrega Barras con su habitual sinceridad, que: "La gran masa de inmigrantes que vienen destinados al comercio, salen de las aldeas de las provincias del Norte, sin haber tenido trato alguno con la gente culta y sin más conocimientos que las primeras letras. Aquí, en contacto con una sociedad adelantada, muchos adquieren rudimentos de educación y un barniz puramente exterior de refinamiento en las costumbres y gustos; y cuando hacen dinero y se encuentran al frente de sus negocios o se retiran a vivir de sus rentas, se llenan de vanidad y orgullo y se creen, por su posición adinerada, competentes en todos los conocimientos que afectan a la administración y a la política. Por regla general se hacen conservadores y reaccionarios, porque les parece que lo de liberal delata su origen plebeyo y se les puede descubrir la hilaza de su origen"... "No hay reunión en que reine verdadera fraternidad y se componga de iguales elementos".

Pero los criollos que cuidaban de sus intereses, acudían a los Besamanos del Capitán General, como fueron después, en el siglo XX, quizás con menos dignidad, a bailarle el agua y a beberle el whisky al Embajador americano y a congraciarse con los nuevos Capitanes Generales, los Presidentes de la República.

Al proclamarse Cuba libre, a pesar de los malos recuerdos que dejaron los voluntarios y la calle de la Muralla, los españoles no fueron perseguidos ni la alegría del triunfo ocasionó venganzas y desórdenes, el rencor de los cubanos se transformó en burla y desdén.

Ha pasado tiempo, no mucho, y ahora en este curioso año de 1978, en que sólo Dios sabe las agradables sorpresas que se le preparan a la humanidad, parece que debido a una curiosa experiencia histórica y a una cierta inesperada —por inconcebible— decepción sufrida por la mayoría de los cubanos, molesta menos, se hace menos desdeñable y no se reniega tanto, de nuestro origen hispano. Es más, ya muchos se sienten orgullosos de sus raíces.

En fin, sanguinarios, despóticos, estúpidos, se nos enseñaba que habían sido los españoles, esos antecesores abominados en toda América. "Apoderaos de la instrucción y el país será vuestro", había aconsejado sabiamente a los que soñaban en liberar a Cuba de la garra española, el venerado

Maestro Don José de la Luz y Caballero, "el Sócrates cubano"[9], adelantándose a su tiempo.

Pero hablábamos de los congos y de los lucumí, y de estos dos grupos étnicos se puede afirmar que se repartieron el campo místico de la Isla con sus "Regla Lucumí" y "Regla de Congos, Mayombe o Palo Monte". Actualmente, allá en la Isla, en vano perseguidos, y aquí en el exilio, florecientes, el Padre Nganga o Palero, de ascendencia o filiación conga, no cede en número e importancia al popular Oloricha, Babaloricha (el Padre de Santo) de ascendencia o filiación lucumí. Abiertamente actúa el lucumí, porque desde siempre "fue más franca su religión, sus fiestas y su música, más finas"; solapadamente, por ser más reservada su Regla; rudo, desconfiado y temido era el congo.

"¡Bruto y malo como guao!", concluía resueltamente al hablarnos de ellos mi gran informante la sacerdotisa Odedéi, lucumí hasta más no poder, pecando quizá de apasionada pues guardaba de un congo un pésimo recuerdo. Aunque su opinión coincide con la que unas décadas antes recogía Sir Charles A. Murray,[10] de boca de hacendados y dueños de esclavos. "Congos reales, loaldos (loangos),[11] mondongos, etc., son holgazanes, malvados, con tendencia a escaparse; vivos en sus diversiones, música y bailes, pero mentirosos, rateros y dados a todo género de bellaquerías".

De su afición al aguardiente da idea la ironía de esta anécdota que me brinda S. Herrera, como rigurosamente histórica.

El congo Francisco de la Cé —los esclavos llevaban el apellido de los amos—, capataz del Cabildo, convoca a junta y se expresa en estos términos sobre dos necesidades apremiantes que confronta la Sociedad:

"Siñore, hay que asé un junta pa comprá un vitío pá la Reina..."

Se oyó a los congregados murmurar entre dientes:

—Si se pué, si pué, ya verá.

"¡Atención, conguería! Po qué eta reunión se ha reunío pa que díci yo, Francisco de la Cé, que etá fomá pa lo negro progresá y bibí mejó, y que pa progresá hay que comprá garafón aguariente y..."

Aplausos. Un repentino entusiasmo estalló entre la concurrencia y cada congregado, vaciando sus bolsillos:

"¡Qui se jaga! ¡Aquí tá! ¡Yo ponga tó!

Al contrario otros informantes negros que eran de ascendencia lucumí y que los habían conocido muy de cerca, conviviendo con ellos, nos decían, sobre todo de los congos reales, que "eran muy civilizados; tenían en sus cabildos un ceremonial de corte, un reinado". No eran brutos, no, brutos eran los Benguela, los Mondongos, los Musulungo, los de Ampanga. Por eso había muchos caleseros y criados de mano de casas ricas que eran congos reales.

Durante todo el período colonial y por algún tiempo después, fueron numerosos los Cabildos de todas las "naciones" y de congos —Basongo, Mumbona, Bateke, Mundemba, Bakongo, Musabela, Kabinda, Bayaka, Benguela, Mondongo, Mayombe, Ngola, etc.— en La Habana y en pueblos y capitales de provincias. Antaño el Bando de Buen Gobierno del Exmo. Sr. Conde de Santa Clara, Ordenador y Capitán General, Publicado en la ciudad de La Habana el día 28 de enero de 1799, los situó extramuros por lo ruidosas que eran sus fiestas y velatorios.

Mis más ancianos informantes los alcanzaron en función y los frecuentaron algunos, "allá por el setenta, cuando Napoleón perdió el mando en Francia y aquí estaba andando la Guerra de los Diez Años", dice Bamboché, que vistió uniforme de voluntario y como otros contemporáneos suyos añoraba la Colonia, el Cabildo, el Día de Reyes abolido el 1884 —"por culpa de los ñáñigos"—, los Carnavales y la Semana Santa. En las últimas décadas del XIX, estos Cabildos, donde se baila los domingos, como siempre y como en toda Cuba, ocupan casas en las calles de Monserrate, Maloja, San Nicolás, Salud, Compostela y otras habaneras, y en Regla, Guanabacoa y Marianao. Algunos se mantuvieron hasta el inicio de la primera guerra europea. El de los lucumí, "Changó Terdún", que tuvo sus días de gloria, terminó lastimosamente —"se desprestigió, se robaban los fondos, aquello fue un relajo"—, tan tarde como el 1927 ó 1928.

El Cabildo de los Congos Reales, al decir de aquellos viejos, gozó de mucho prestigio y disponía de una buena recaudación. Los de Santa Clara, Santi Spiritu, Remedios, Sagua, Santiago de Cuba, también fueron importantes. A propósito recopiamos lo que nos cuentan en una de las fichas que conservamos:

"Aquello era congo di Ntótila de verdad, el mismo reino Congo con el Rey y la Reina, la Corte, los vasallos, y todo con orden y respeto. Por eso al Cabildo Congo le decían Reinado. Las fiestas eran muy buenas, las mejores; allí se gastaba lujo, el Rey se ponía frustraque y espada y se sentaba en trono con la Reina, y alrededor la Corte. Allí se gobernaba a la africana, ¿quién le tosía a algunos de aquellos taitas, a un Rey o al que venía a ser su Ministro o segunda Plaza?" En un daguerrotipo que poseía el que fue gran conocedor de nuestra historia y de nuestras costumbres coloniales, Don Manuel Pérez Beato, el Rey del Cabildo, a quien se le da también el título de Capatáz, aparece luciendo casaca engalonada, zapatos con hebillas y el pecho atravesado por una banda. Este no llevaba espada, pero empuñaba un bastón del que pendía una borla. Un sombrero en forma de tricornio, con plumas, cubría su cabeza.

Don Fernando Ortiz, en su agotado ensayo sobre los Cabildos escribe que, cuando el gobierno español prohibió que desfilaran por las calles el Día de Reyes, descrito también en muchos libros por extranjeros que visitaron la Isla, no pretendía impedirle a los negros el derecho de reunión. El 1885 el Bando de Buen Gobierno aclaró: "La reunión de dichos Cabildos debe continuarse". El Gobierno sólo se proponía vigilarlos de cerca para evitar los desórdenes que ocurrían (por lo que sus reuniones las presidía el Celador del distrito, que solía hacer buenas migas con los negros), "sin causar molestias a los negros ni violentar sus costumbres". ¡Sin violentar sus costumbres! ¿Se hubiera concebido entonces nada semejante, escrito en inglés, en el vecino gran país de la libertad?

Entre otras causas, esa preocupación humanitaria que reflejan las leyes esclavistas españolas desde siglos atrás, esa tolerancia que hoy nos sorprende, es lo que explica que las culturas africanas —lenguas, religiones, música— hayan subsistido en Cuba tan vivas y que el negro cubano haya podido conservar sus *Roots*, las raíces que perdió completamente en U.S.A.

A propósito, esta carta fechada en 1926, que agradezco a Pierre Verger, hace muchos años le fue dada a título de curiosidad en Dahomey. Se trata de uno de los incontables Baró de Matanzas, de Esteban Baró, que seguramente conocí en mis andanzas por aquella provincia. Está dirigida al rey de Dahomey (su rey), y dice textualmente:

"Jovellanos, 18 de agosto de 1926.
Al honorable señor Su Majestad el Rey Príncipe de Dahomey.
Muy señor mío: Después de saludarlo con el mayor respeto y consideración como rey de esta nación Arará Dahomey, el que escribe a usted es el señor Esteban Baró, Presidente de la Sociedad y sus descendientes que se denominan San Manuel aidájue-dóaorosú gadaguiridá atindó ojádota me recomienda de acerle el presente escrito como hijo de africano mi padre se llama Tosú, nación tierra Sabalú aboomé, la madre de mi padre se llama Afresí sodú fiyí dojó Sabalú Tomé, el padre de mi Papá se llama Bosu aghué yetobí aguógomi bisese eyirojó Sabalú Tomé. Mi madre Asonsiede fiyirojó tacuame Tomé. Mi abuela Sé yidó. Abuelo Gando fiyirojo Tacuamé Tomé y yo siendo hijo de africano por parte de mi padre y de mi madre, que todos son naturales de Africa asegún consta en la presente doy fe de los mismo para que conste que yo soy de la misma raza de esta misma nación arará y lo pongo en su conocimiento con el fin de tener comunicación directa con usted porque así es mi deseo por tener necesidad de ir allá en cuanto yo pueda porque entiendo idioma africano y por esa causa le dirijo la

presente para saber el carácter y los fines de su respetable
nación y al mismo tiempo le ruego a su majestad me de contesta y al mismo tiempo me mande un libro simple de su reinado.
Dirección:

Señor Esteban Baró y Tosú
Presidente Sociedad Africana San Manuel
Jiquima letra H. Jovellanos,
Provincia de Matanzas, Cuba"

En general, los congos, en concepto de todos eran "muy chistosos, bambo-
lleros a matarse y mentirosos hasta no má". El malafo, aguardiente, como
hemos dicho, les encantaba, y empinaban el codo de lo lindo. Por chistosos, de preferencia, fueron los bufones de blancos y negros criollos en
tiempos de la colonia. Para darme una idea de lo embusteros que solían ser
estos congos, Calazán me refería algunas anécdotas muy divertidas de un
viejo que contaba cómo habían combatido ellos, "los hijos del Rey Melchor", y vencido al rey de Inglaterra. Copio: "y a ese negro no se le podía
contrariar porque se enfurecía. Yo lo imitaba después para reírme, pero
no delante de él. Oiga cómo contaba lo de la batalla..." Y Calazán remeda-
ba el habla y los gestos de aquel congo: "Yo va sé uté lo criollo cuento de
mi tiela, pero que no son cuento. Eso son vedá po Dió Santo Bindito y si
no son vedá, Mamá Púnga me condene. Cuando ley Mechó contendía con
ley inglé, né tá sentao en su trono y visá que baco inglé tá la bahía. Ley
Mechó manda bucá Generá en Jefe. Viene Generá en Jefe. Né mirá pó
teojo. Purao manda bucá Jefe artillero. Viene Jefe artillero. Jefe artillero
trae alifante grandísimo como montaña. Pone cañón riba alifante. Mete
piera, mete yero, metralla, tó, tó que encuentra, tó dientro metió cañón.
Acabá y va cogé punterío cuala inglé. Coge bien punterío cuatro mese.
Upa cañón, acueta cañón. Coge bien punterío ¿eh? cuatro mese coge
punterío. Cuanda é manda ¡Fuego! ¡Bún! Cañón tá sei mese sonando ¡ta
tín, ta tín, ta tín! Y tó baco inglé va ¡timbó! ¡timbó! ¡Lé! pa fando la
má.
— ¡Alabao!, dijo uno.
— ¡Relambío, tripa quemá, criollito basura miéda no sabe ná! Yo no jabla
mentira. ¡Cará! ¡Sambiampungo Kinpanga salayalembo!"
   Muchos congos a los que se daba el apodo de Mbaka (enanos), se
caracterizaban por su baja estatura, y como muestra de su propensión a
mentir, Eyeo nos contaba a qué achacaba uno de ellos, un famoso tocador
de yuca, la pequeñez de su raza.

"Allá tiera nosotro, hombre no cabe pó pueta, mujé no cabe pó pueta.

Cabeza suya toca techo. Uté ve un gaína, y allá gaína son grandísimo como vaca".

−¿Y por qué aquí ustedes son tan chiquitos?

"Poque cuando gara prisionero mundele, mete dentro baco y encoje pie, encoje tó... y llega chiquito aquí.

"Mujé mi tiera tiene pelo lango que mujé viene caminando y uté sienta riba pelo y va arrastrao como en coche. Cuando negra pasa la má; ya no tiene pelo lango".

Era de reventar de risa aquel congo que en los Carnavales capitaneaba en el Campo de Marte unas máscaras caricaturizando un batallón de Milicias Negras: [12]

> *¡Batallón de mureni!*
> *¡Firimán derecho! ¡Asujete!*
> *A su jefe nadie menia*
> *Camina como yo ténseña*
> *¡Trincha derecho! Vira la culo*
> *pa lo campo tomate,*
> *Vira la culo pa la casa mi comae.*
> *¡Carajín, carajín, cán can!...*

Pero no hay que particularizar, todos los africanos y criollos en general, con rarísimas excepciones, eran graciosos. Chistosos sin esfuerzo, como quería un diplomático venezolano amigo mío, A.S., "que un chiste saliera espontáneamente como un estornudo", y no me sería posible adjudicarle a ninguno de los negros que traté ese calificativo que entre los cubanos es fatal para el que lo merezca: sangrón, pesado o puja gracias. Se puede ser bribón, ladrón, traidor, lo peor, pero de ningún modo... pesado.

Nino de Cárdenas había conocido a los congos íntimamente. De todos los negros de nación que había tratado en sus mocedades eran sus preferidos. Cuando venía a visitarme, allá por la década del cuarenta a la derruída Quinta San José, muchas veces acompañado de su amigo Juan O'Farrill, otro anciano encantador, y nos instalábamos para charlar bajo un inmenso laurel centenario al fondo de la casa, no tardaba en llevar la conversación a su tema favorito: "la conguería". Los viejos los evocaban con entusiasmo; relataban historias, repetían sus dichos, hablaban de sus bailes y cantos profanos y religiosos, de sus brujerías certeras y aún vigentes. Se ponían a resucitar un pasado del que no se habían desprendido, y a sus muertos; personajes, algunos, legendarios aunque de carne y hueso como eran los Mfumos y Taita Ngangas que habían conocido y cuyos milagros habían presenciado.

Entregados a sus recuerdos olvidaban mi presencia, a veces yo no entendía lo que decían, pues se hablaban, gritaban discutiendo en lengua, pero bastaba con su mímica, la vitalidad sorprendente encerrada en sus cuerpos gastados —Juan tenía los ojos azules de puro viejo, Nino, "el corazón debilitado por la edad"—, y un poder sugestivo extraordinario para animar una escena, o todo aquel mundo africano llevado a Cuba, irrenunciable para ellos. Sin embargo, Nino era hijo de lucumí.

"Y los lucumí me querían mucho y con ellos aprendí su lengua. Hasta los once años estuve al lado de mi madrina, una lucumí; pero mi inclinación natural me llevó a buscar la compañía de los congos. ¿Por qué? Porque sus cantos y sus bailes me gustaban más que los de los lucumí, aunque no por eso despreciaba los toques de agbe, de bembé, el tambor grande y redondo, y los batá de Changó, tambor más refinado y con el que se llama a todos los Santos.

"A los trece años, del Ingenio Intrépido (cierro los ojos y lo veo tal como era..., veo también los barracones de otros ingenios donde decían que en un tiempo, de noche, encerraban con llave a los negros para que no se huyeran), me trasladé al Santa Rosalía de Castañé. La verdad que me huí del Intrépido con mi hermana, que estaba en el San Antonio de Sabanilla, porque un amigo mío, Pedro, me había dicho: —Nino, ¡qué diablos, vámonos de aquí! Y nos fuimos los tres al Santa Rosalía. Pedro, mi amigo, tenía quince años. El Santa Rosalía estaba moliendo y faltaban muchachos para llenar las carretas de bagazo verde. En cuanto llegamos nos colocaron enseguida con una cuadrilla de chinos.[13] Allí estaba Tadeo, congo, que era garabatero (el que separaba el bagazo con un garabato). Le caí bien al congo. Me decía: '¡tira pa cá, muchacho!, y una mañana:

—Abue, abuei, a la doce cuando suéta uté vá comé mi casa. —Pero yo fui a comer con la cuadrilla de los chinos. Timidez, y por la tarde me dice:

—¿Cómo no viní mi casa?

"Se me olvidó", contesté bajando la cabeza.

—Pue mañana uté camina pa llá. Uté mozá mi casa.

"Fui. Me mandó a los mandados. Me dio bien de almorzar. A cada momento decía algo en congo, y como eso me encantaba ponía mucha atención, y oyéndolo estuve tres años con él. Todos los días me daba una lección, y así aprendí las palabras que usted va anotando.

"¡Ay, Tadeo! Me contó cómo lo robaron en Africa. El andaba siempre con su padre, que era mandadero del Rey. Pero un día llegó de visita una comisión muy bonita de traficantes. Había siempre unos cuantos congos que trataban con los mundeles (blancos), para venderles los negros que necesitaban, y su padre, confiado, fue andando por delante con un grupo de aquellos hombres, y él atrás, con otros, distraído. Cuando se dio cuenta, se vio en el embarcadero. Iba a echar a correr, a huir, pues eso de robarse los muchachos era cosa de todos los días, pero lo agarraron, lo cargaron, lo metieron a la fuerza en una canoa y luego en un barco de vela. Tadeo vino en el último embarque de negros comprados por Durañona y Mazorra, el mismo año que yo nací".

Por las venas de algunos de mis informantes, hombres y mujeres, corría sangre real. Casi con las mismas palabras de Nino, y de otros visitantes del siglo pasado, anota Frederika Bremer: "Muchos de los esclavos que se traen a Cuba han sido príncipes y jefes de tribus, y los de su raza que los han acompañado en la esclavitud, les rinden respeto y obediencia", y narra una historia muy semejante a otras que de viva voz he escuchado a descendientes o conocidos de aquellos esclavos de alta categoría: "Un jovencito, un príncipe de los lucumí con varios de su nación fue conducido a un ingenio, donde por una causa u otra, se le condenó a recibir unos azotes. Los demás esclavos, como era costumbre en tales casos, debían presenciar el castigo. Cuando el joven príncipe se tendió en el suelo, para recibir los latigazos, sus compañeros hicieron lo mismo, rogando se les permitiera recibir el mismo castigo".

La nieta de un rico hacendado abolicionista oyó muy a menudo contar en su casa, la historia de dos esclavos de éste, Yagumí y Bengoché, que eran princesas, vendidas por su tío al morir el rey, su padre, a un negro. El tío las mandó solas a la playa a recoger caracoles, para facilitarle el robo al comprador. "Una vez mi abuelo, al comprar un lote de negros para su ingenio se fijó en una mujer que lloraba desconsoladamente. Era que, contra la ley, ¡la habían separado de sus dos hijitas! Don G.A. le dijo al vendedor que pagaría como adultas a esas dos negritas, y aceptada la proposición y compradas, se las llevó a la madre. Fueron al ingenio y allí se llamaron Florencia e Ignacia, y luego Má Florencia y Má Ignacia. Cuando nacía un niño en la familia del amo, si era varón, se le regalaba un negrito, una negrita si era hembra. En la mía, a esos negritos se les llamaba malinches. Esclava en la casa de vivienda de Don G., fue Florencia; me quiso mucho; ya vieja, me llevaba al Cabildo del ingenio, a los bembé. Don G. ordenó que la enseñaran a hacer de todo. Tuvo muchos hijos y adoptó, además, a una huérfana. La huérfana creció, se casó y le fue infiel a su marido, que al saber que lo engañaba le rajó el vientre con un cuchillo. Otra esclava vieja de Don G., con sus manos le metió las tripas en el vientre y le salvó la vida. Le sobraba un pedacito de intestino, ¿para qué lo quería?, lo cortó... y la adúltera no se murió".

Podría alargar al infinito, esta interrupción al relato de Nino con los que me han contado sobre el mismo tema en La Habana, en Matanzas, en Santa Clara, otros ancianos.

"Allá en Africa, las mujeres iban al mercado a vender ñame, maní, manteca de corojo. Una mañana en el mercado, a mi bisabuela y a su hermana, le echaron por encima una sábana y cuando se dieron cuenta de lo que les había pasado, ¡mar y cielo! Así se robaron a Mamá vieja y a tía Mercé".

"Carmen Bayo fue a pasear al pueblo con dos hijitas que tenía. Volvió sola a su casa. Se las quitaron los mismos negros para vendérselas a los blancos".

"Por un barril de aguardiente negociaba un padre a su hijo, aunque usté no lo crea. ¿Quién vendió a Teodulio?"

Y una vieja, revieja, del barrio de Tulipán contaba que ella, "vinió robá pa la bahía, en Puente Agua dúce, Casa Consistoriá, hoy ñama Triconia, era tó de caña de Catilla, paré tejía, bohío de lo congo era mejó que un paré como éta. Ahí mimo nosotro desembarcá, tiempo Generá Somerué.[14] Mi abuela conga morí de ciento dié con siete año. Bautizá en Pueto Príncipe. Cuando cordonazo malo San Francico, tenía tré sijo". (El cordonazo malo de San Francisco, ciclón espantoso e inolvidable, ocurrió el 1844, que fue en todos sentidos un año trágico para Cuba.)

Un sacerdote católico, oriundo del Camerún, tuvo la gentileza de visitarme en Madrid, en compañía de Doña Vicenta Cortés Alonso, autora de un notable libro de investigación histórica, "La Esclavitud en el Reinado de los Reyes Católicos". El sacerdote, aunque joven, nos habló del mismo terror que los traficantes negros que robaban adultos y niños para venderlos a los blancos, infundía a las personas que habían vivido los últimos días de la trata.

Se decía de Latuá, Yyalocha famosa, que era princesa; la madre de una "manejadora" o tata, de un pariente mío, princesa mandinga, se distinguía donde quiera que iba por un orgullo indomable; príncipe o rey, el padre de Bamboché, Latikuá Achikuá; princesa, la madre de Odedei; reina era Má Susana, que una guerrilla tribal hizo prisionera en el interior del Congo. De reyezuelos cautivos que vinieron a cortar caña a Cuba, poseía una larga lista. En el caso de un esclavo príncipe, "se reunió una vez dinero en el Cabildo para comprarle la libertad", y nos aseguran los viejos, que a estos esclavos ilustres, los que allá hubiesen sido sus vasallos, siempre los ayudaban a coartarse.

"Tadeo desembarcó por Cárdenas y fue a dar al ingenio Manacas, y de éste al Santa Rosalía —prosigue Nino—, más nunca supo de su familia... pero con el pensamiento seguía viviendo en su tierra; y en Santa Rosalía, para consolarse, había muchos congos; allí casó con Má Viviana, criolla, ¡buena mujer!, coloradita y bajita de estatura. Tadeo era un gran gangulero. Muy solicitado. Llegó a ser cocinero de la casa de vivienda. Cuando le dieron la libertad —él mismo se había libertado—, se quedó en su puesto, porque el amo lo quería mucho; pero por causa de un mayoral inconveniente, le dijo que quería irse y se fue. Cuando eso ocurrió el amo estaba ausente, y a su regreso lo mandó a buscar. Tiempo después murió el amo, y Tadeo dejó la cocina y salió otra vez a trabajar al campo. Durante las zafras era garabatero.

"¡Ay, Tadeo! Cuando se sentía contento me decía: 'tú son criollito sinvegüenza!' También viví en el ingenio Armonía entre negros y blancos. Negros y blancos se querían bien. El esclavo y el hijo del esclavo eran entonces familia del blanco. Pero ahora la política sucia, que se mete en todo, está avinagrando el cariño del negro y del blanco. Yo soy viejo y lo veo claro. En otros tiempos, el esclavo metido en el monte sufrió su esclavitud porque ser esclavo era cosa de aquella época, costumbre, y así era que los nuestros nos vendían. Como no era el blanco, el amo, quien nos daba los golpes, que era otro negro, el esclavo no odiaba al blanco... pero hoy quieren enseñar a odiar, y el que siembra odio recibe más votos. Antes las razas se querían más. ¿No lo cree? ¡Se querían más! Los de abajo carniprieto o carniblanco, cada uno en su puesto, se entendían; y allá arriba en las casas de vivienda, en los caserones, ¿qué pasaba?, que no había blanquito de buenos pañales que no tuviese un biberón negro y su hermano de leche negro. Se criaban como hermanos. Con Cuba libre, la política quiere sacar el racismo. Tanto discurso con tanta historia de sufrida raza, y que si la discriminación y el abuso, y tanto santísimo mulato renegado, rabioso porque su madre era como el betún, le digo que va a acabar con eso que era antes, sin ostentación ni discurso, porque era de verdá verdá, *unión sentida del corazón*".

A mi pregunta si se trataba mal a los negros en Cuba, Gabino Sandoval, que no tenía pelos en la lengua, me responde (1946): "No señor, y lo que es ahora, la verdad es que los negros no tenemos de qué quejarnos. La ley no repara en el color del pellejo y nos considera iguales. El negro que quiere subir va a la Universidad, a la Cámara, al Senado, adonde se le meta en el cuerno. Pero... le gusta mucho dormir y vivir de guagua. No digo que todos sean manganzones. Sin negros Cuba no hubiera sido rica, ¿quién sembró, quién cortó la caña? (Y se salvó el negro, porque si el buey no nace, hubiera jalado carreta.) Sin los negros no hubiera sido libre. ¿Quién peleó más duro contra España? ¿Quién parió a Maceo? Perfectamente: la Constitución lo reconoce así y nos da los mismos derechos que a los blancos. Advirtiéndole que ya ahora, cuando un negro nace... nace sin color. Se pone de raza cubana. Y eso está muy mal, porque" —apretando los dientes— "¿si madre negra pare negro, hay vergüenza?"

Hubiera hecho mis delicias leerle a Gabino lo que años después (1961), refería el "Special Warfare Area Handbood for Cuba. Prepared by foreign areas studies division. Special Operations Research Office. The American University, Washington. Under contact with the Department of the Army", que dice, entre un cúmulo de falsedades, que en aquella fecha ¡1961! "los negros pueden *ahora* sentarse en los bancos de los parques". ¿Ignoraban —como muchas otras cosas—, los intelectuales redactores del Handbook for Cuba, que el matrimonio entre blancos y negros fue declarado libre a partir de 1866? Prueba de lo poco que pesaban los prejuicios raciales desde los días coloniales, es que en las informaciones de limpieza de sangre, se pasaban por alto antecedentes que eran a veces demasiado evidentes en las facciones y el color de algunos de los demandantes. Oficialmente se blanqueaba a los mestizos, y se vendían, como es sabido, cédulas de blancos. Tan mal defendida fue por España, en sus colonias, su pureza étnica.

En otras palabras, lo que nos decía Nino, nos lo dice un autor que analizaba la sociedad y las costumbres coloniales: "Donde vive el señor, vive a sus pies el esclavo. Pero nada los une sino el corazón; ningún lazo los ata sino el cariño. En honor de unos y otros es preciso confesar que ese lazo rara vez se rompe o se relaja".

"¡Unión sentida del corazón!" Nino en ocasiones me parecía muy reaccionario... Mas acaso no le faltaba razón, y que el espíritu demagógico que animaba a algunos políticos y seudointelectuales snobs u oportunistas, podía inyectar en la raza de color el veneno de un rencor que en nuestro país, aunque desmemoriado, no tendría como en otros una justificación rigurosa.

"En el Intrépido no había barracón" —continúa Nino—, "tenía tres calles con bohíos, donde vivían los negros independientes, con sus conucos para sembrar y criar pollos y cochinos. El Corto, La Empresa, el San Antonio, San Joaquín, la Luisa de Baró, Armonía, San Rafael, San Lorenzo, La Isabelita, Tinguaro, tenían buenos barracones y enfermerías, cuando yo era niño. Entonces yo iba al Cabildo del Intrépido los sábados y los domingos. En todos había Cabildos. El Intrépido no tenía Capilla con Capellán y santos blancos. Había que ir a la Iglesia para bautizar a los negritos. El que no estaba bautizado por lo católico, se oía llamar judío. A ese lo abochornaban diciéndole que estaba bautizado con guarapo y festejado con tambor. ¡Ah sí, cómo no! El bautizo también tenía entonces muchísima importancia, lo mismo que hoy. Todos los africanos y los criollitos se bautizaban por lo católico, y claro, por lo africano también... Mi gente, como hacían en su tierra, bautizaban contra lo malo. A los siete meses o al año de nacido el niño, se le bañaba con yerbas para protegerlo de daño, le ponían su collarcito o le incrustaban en la carne lo que necesitaba" (lo que aconsejase el adivino).

"Claro está" —me explicaba un mayombero—, "que cuando Sambia mandaba al mundo a un niño, los padres, o la madre si no tenía marido, reunían a siete nganguleros para que lo bautizaran a estilo de su tierra, que le juraran la cabeza —juran kisi malongo—, y no muriese ni le entrara daño en su cuerpo. Lo preparaban con agua de río o de pozo. Lo llevaban al monte con un gallo y una jutía, hacían una ceremonia y luego, en procesión, cantando con el niño en brazos, salían del monte: Nganga la musi, nganga la musi..."

Antes o después de bautizado en la Iglesia,[15] nos contaba Hernández, uno de los muchos "paleros" de un linaje de ilustres santeros y paleros, oriundo de Sabanilla del Comendador, el niño se presentaba a una Nganga y se le ponía el nombre de un *Nfumbi* —muerto—, de un antepasado, "y si había nacido para Mayordomo, se le rayaba de chiquito" (se le hacían las marcas de la iniciación).

"Por supuesto, que al negrito también se le bautizaba a la africana", se nos advierte. "Kinani mbonga kunan toto, usted sabe, viene un niño al mundo. Se reúnen varios Padres para kuende burunkuama kunáncholo deansése kunan Sambi Sambianpungo Nsasi Nsasi kunanfinda, para darle fuerza a la cabeza de ese niño y que con la bendición de Dios y del sol, camine hasta la muerte. Así es. En el campo lo llevan al monte con un gallo y una jutía para que no se malogre y le dan gracias a Nsambi, a la gente que los acompaña, a la Madrina, la Yeri Yeri. La última que se saluda, es la madre. Cuando a aquel niño lo sacan del monte, se sabe quién es su protector, pues van 'perros'[16] y el espíritu monta y todo lo dice. Del monte salen cantando Kunanténdale kuama Nganga la musi musi, porque todavía la criatura no habla: Nkengue maina maina kuenda Nganga mboba. Eso canta el Padrino. Todos tocan matracas. Yansese wiri ko kuna Sambianpungo, Ganga Lucero Ganga kinfumbe nofumbi Ndoki la meni meni ya talankó... Que ya vino el Fumbi; los padres se dan la mano y el niño se pone en el suelo en medio del ruedo de los asistentes: la wiri ndoki meni meni kunansambe. Se inclinan todos sobre la tierra, cogen un puñadito de tierra y lo besan en sus manos, o se besan las yemas de los dedos que tocaron la tierra.

"También al niño lo lleva a casa del Padrino si no hay río, pero si lo hay cerca, todos se meten en él hast la cintura y meten al niño en el agua. O si se puede, lo llevan a bautizar al mar. Y se les bautiza también en un pozo. Allí un 'perro' con Mama Fumbe lo baja, pero tiene que haber otros cargados —poseídos— por Lucero Mundo, Cuatro Vientos o Mama Fumbe. Si el niño es enclenque se llama a Cobayende: Indo Cobayende Indo quiere mboba, o a Centella Siete Estrellas".

"Se bautiza a un niño", me dijo otro viejo, "en río, y si no con siete jícaras de agua, siete sunga (tabacos), siete hombres con corazón, malafo manputo (aguardiente), siete gajos de siete palos diferentes, ceiba, cedro verde, salvadera, álamo, ciguaraya, guamá y algarrobo. Siete sombras porque dan sombra".

Francisquilla Ibáñez nos hablaba de los bautizos "al por mayor" del Ingenio San Joaquín. Allí, cuando iba el cura, hacía cristianos a un gran número de "piquininis", y eran muchos los que se bautizaban ya bien creciditos, en la segunda dentición, marchando por sus pies a la fuente bautismal, faltos de una madrina lo suficientemente forzuda para tenerlos en brazos. Porque morían muchos bebitos, morían "judíos", se pretendió que fuese obligatorio bautizarlos a los cuarenta días de nacidos, pero en peligro de muerte y en ausencia del cura, como ocurría en el campo con tanta frecuencia, Francisquilla y todas las viejas de entonces, sabían administrar el Agua del Socorro y bautizaban a los niños moribundos, que "sin bautizá, angelito, no subía al cielo".

A juzgar por los recuerdos de Francisquilla y sus contemporáneos, uno de los acontecimientos más importantes y alegres en los ingenios, para amos y siervos, era el bautizo de los criollitos, sobre todo en los ingenios distantes de parroquias, que carecían de capilla y capellán. Muchos pequeños "se indigestaban con los dulces y se emborrachaban con la cerveza de su bautizo", lo que sucedía a menudo con los guajiros, que por indolencia, tardaban muchos años en bautizar a sus hijos, aun los de mejor posición.

El Reverendo Abbot,[17] que todo lo vio, de todo quiso informarse y todo lo explica minuciosamente a sus corresponsales, les dice que, "cuando se trata de bautizar colectivamente a los negros de una hacienda, los beneficios son considerables —los Padres (curas) están interesadísimos en el bautizo de los neófitos, porque reciben setenta y cinco centavos por cada ceremonia que celebran—, pero no pueden, por espacio de unos días, percibir más que la mitad de dicha suma. Si el hacendado quisiera aprovecharse de esta circunstancia para realizar una pequeña economía, el sacerdote suele hallarse indispuesto u ocupado en alguna labor de su ministerio que no le permite realizar la ceremonia requerida. Algunos hacendados, deseosos de ajustarse a la ley y de actuar con prudencia, entablan negociaciones con el Padre y éste se aviene a prestar sus servicios".

Un cubano por adopción, mecenas de las letras, liberal y patriota, se quejaba en inglés, bajo un pseudónimo, de que los curas no predicaban el Evangelio. Que en los campos de Cuba había hombres y mujeres que después de bautizados no vuelven a entrar en una iglesia hasta que se casan, y muchos que ni aun para este rito vuelven al templo, porque viven amancebados toda la vida.

El canónigo García Vélez, declaraba en "La Verdad Católica", que en el campo, descontando un solo caso, los hacendados a pesar de disponer de los medios necesarios, no pedían sacerdotes (capellanes), para instruir a sus esclavos, como recomendaba el Reglamento.

Con los esclavos domésticos no ocurría lo mismo; estos aprendían el catecismo y a orar en el hogar de los dueños, donde era costumbre rezar el rosario todas las tardes. Acompañaban a sus amas a misa, llevándoles la alfombrilla o la sillita de tijera, oían sermones y eran muy devotos.[18]

El Licenciado Francisco Barrera y Domingo, había escrito (conservamos su ortografía): "A pesar de que se sacrifica para comprar un negro, la gente pobre del campo y en recoger dinero con harta presión en su persona, apenas se halla un quince por ciento que les enseñe un Padre Nuestro ni Ave María, Credo, Mandamientos, lo que más admira aún, santiguarse". Sin embargo, agrega: "Desde el año 1780 hasta el 97 en que escribo esto, ha havido mucha mejora por haverse venido muchísimos sacerdotes pobres europeos que se han acomodado en los ingenios adonde tienen un vuen canonicato con las misas, sufragios, casamientos, bautismos y en enseñarles los domingos a rezar y decirles misas a los negros esclavos de muchas casas opulentas que tienen capellán e iglesia muy bonita en el mismo ingenio. Un buen sueldo que le dan los amos y tienen otros anexos de ingenios cercanos adonde por no poder costear capellán se componen con el del ingenio que lo tiene y éste los días festivos les enseña alguna cosa la doctrina cristiana, y como los negros más viejos y ladinos han aprendido muchas cosas del santo temor de Dios y las ven acer los negros nuebos venidos de Africa, las aprenden pero sin saber lo que se hacen, aunque por una luz interior vienen a comprender todas las cosas que son necesarias a un cristiano para salvarse."

Jameson en sus "Cartas de La Havana", treinta años después nos dice: "Es cierto que al negro se le enseña religión, sólo el ritual, pero únicamente aparta su fetiche para sustituirlo por una reliquia. La barbarie de la superstición permanece y aún cuando hallan pasado muchas generaciones, conservará todas las características de su estado anterior."

El bautismo, para los que pretendían justificar el pecado de la esclavitud, era la salvación del negro, su única posibilidad de alcanzar la beatitud eterna. De la beatitud eterna nunca me hablaron mis viejos, más no dejaron de explicarme que la importancia que le daban al bautismo se debía a que "fortalece la cabeza" —refuerza a Eledá—. Además de acercarlos a la raza blanca, establecer lazos de parentescos espirituales con ésta, integrarlos en la familia cristiana —repito aquí las palabras de Ceferino—, este sacramento "es el que pone nombre, y nadie es alguien si no tiene nombre". "Bautizo santifica nombre".

Ya hemos dicho otra vez que no es posible "Asentarse" en Regla de Ocha (lucumí), en la que el sujeto que se inicia recibe otro nombre lucumí, que es secreto, sin antes haber sido bautizado en la iglesia. Y esta es una tradición que nunca en Cuba deja de practicarse, según los Bablorichas e Iyalochas más ancianos que me informaban.

No sé hasta qué punto era del todo exacto, por generalizar demasiado, lo que afirman muchos de aquellos extranjeros que en el pasado escribieron sobre Cuba. Uno de ellos dijo que saltaba a la vista que, de cuantos pueblos existían en el mundo, era el nuestro, en lo religioso, el más negligente. Otro, que en ella la Iglesia había renunciado a ejercer sus funciones espirituales; que a la mayoría de los cubanos no les interesaba la religión; que se iba poco a los templos, los de La Habana estaban vacíos, sólo con mujeres y negras. Los confesionarios también vacíos, y cuando los domingos acude la gente, lo que escandaliza (a los protestantes), es la falta de devoción, de respeto, las conversaciones en alta voz, la distracción de los feligreses que no se concentran ni atienden al oficio.[19]

Ya en años finiseculares, precisamente los días de grandes solemnidades religiosas, el Viernes Santos, de tanto silencio y respeto que no se oía volar ni una mosca, para divertirse, jóvenes bromistas, estudiantes los más, entraban en las iglesias e introducían perros, prendían con alfileres a los feligreses unos con otros, echaban cangrejos en las pilas de agua bendita y vertían en ellas nitrato de plata, que luego de persignarse los fieles, dejaban manchas negras en sus rostros. Si el Orden Público podía sorprender a los autores de esas maldades, los multaba.

Los hombres, ya desde mediados del siglo XIX, no frecuentaban asiduamente las iglesias. Los ideales de la revolución francesa habían cruzado el mar, y en algunos medios la risa de Voltaire barría los prejuicios religiosos. Se creaban logias masónicas y se hablaba y se escribía de independencia y de progreso. La mayoría de los cubanos, es cierto, entendía que las prácticas religiosas era cosa de mujeres, y aunque tampoco escaseaban los calambucos, eran muchos los que preferían una vida mejor en la tierra a ganar el cielo con oraciones y sacrificios. Mas no faltaban los católicos convencidos y sacerdotes dignos de este nombre. Y en ello conviene Wurdermann después de denunciar que, "los curas tienen familias", son viciosos, "juegan a

27

los gallos",[20] pero no niega que se encuentran muchos "cuya conducta caballerosa y su devoción al culto les asegura el amor y el respeto de su rebaño, y que en todo actúan como fieles pastores. (Hay más tolerancia en Cuba, dice, que en muchas colectividades católicas europeas.)

"El clero es tolerante y está respetado, sin que nadie le regatee sus derechos, el país es poco religioso, es decir, poco beato", observa a la vez, hace más de cien años, el sevillano D. Antonio de las Barras, "tan poco beato que las familias oyen misa el 1 de enero y entienden que ésta sirve para todo el año" y "hay extranjeros de todas religiones y sectas que no hacen ostentación de la práctica de sus cultos y todos los tratan e intiman con ellos sin preocuparse si pertenecen o no a la misma confesión".

Pero a pesar de que aumentaba el número de los descreídos e indiferentes, a pesar de lo precario de la educación religiosa, ser católico era, lo es aún, tan natural como respirar. "En el interior de las poblaciones, en proporción con la mayor o menor ilustración religiosa de sus habitantes, se mide el entusiasmo de sus fieles: todos católicos en la masa aunque como siempre hay bastantes pecadores pero no *herejes* y libertinos".[21]

No importa, como advierte el Reverendo Abbot el 1830, que "la negligencia en las formas se acentúa, que los jóvenes en las procesiones permanecen cubiertos en presencia de la Santa Hostia, mientras sus padres extienden sus blancos pañuelos en el suelo seco o húmedo, en cualquier lugar de la calle en que se hallen, y a su paso se hincan de rodillas"; que en pleno auge de la industria del azúcar, según Salas y Quiroga, "sea vergonzoso que un país tan adelantado en la industria esté en tan considerable atraso en punto a instrucción —el esclavo rústico no recibe ninguna, ni siquiera el consuelo de la religión—", es innegable que nuestro pueblo, jamás en su ignorancia o aparente despreocupación religiosa, llegó al punto de dejar de bautizar a sus hijos, considerando que era un sacramento indispensable; ineludible como el de la extremaunción.

"A la hora de la muerte nadie se olvidaba de Dios. Los que echaban nitrato de plata en la pila de agua bendita de la iglesia del Cristo, decían que eran libres pensadores y cantaban como gallos en la puerta de la iglesia en las misas de gallo, a las doce de la noche, haciéndose los graciosos, buscaban al cura si un pariente estaba en artículo de muerte o lo pedían ellos mismos si se sentían morir". La anciana señora que así me hablaba, me describió una escena que yo, por mi edad, no pude presenciar.

" ¡Corre, que por ahí viene la Majestad! ¡Busquen las velas, pronto! Era que pasaba el Viático, sonando la campanilla que lo anunciaba. El cura llevaba los Santos Oleos para el moribundo. La gente, en las ventanas o en los balcones, encendían velas, y el público en la calle, blancos y negros, seguían al Viático. El que podía compraba su vela e iba detrás. Si alguna persona en las casas por delante de las que pasaba su Divina Majestad, sabía tocar el piano —y entonces se tocaba mucho el piano—, tecleaba la Marcha Real. Las mujeres en las ventanas, en los portales y en las calles, se arrodillaban, los hombres se descubrían. Cuando el Viático llegaba a casa del moribundo, la gente que lo acompañaba se quedaba a la puerta esperando, con las velas encendidas. Al entrar, el sacristán daba tres campanillazos. Luego, al retirarse, seguía tocando por la calle; y de nuevo se acompañaba al Viático hasta la iglesia".

Arrodillarse al paso del Viático era, como en todos los países católicos, una muy antigua costumbre que se observó en Cuba hasta la guerra Hispano-Americana. El primer artículo del Bando de Buen Gobierno del Exmo. Señor Conde de Santa Clara (28 de enero de 1799) ordenaba:

"Que oído el toque de la campana que anuncia por las calles el Santísimo Sacramento, deberán arrodillarse todos en tierra, sin distinción de personas, no verificándolo dentro de las volantas como quiere satisfacerse exigiéndose irremisiblemente seiscientos maravedís a los contraventores por la primera vez doblándose en las siguientes aplicándose las dos terceras partes a los clérigos que acompañan a Nuestro Señor y la otra para la justicia que lo execute y no teniendo con qué pagar esta multa sufrirá tres días de prisión".

No recibían instrucción religiosa en los campos, pero creían en la eficacia de la absolución y de los Santos Oleos, y libres los negros en los pueblos y ciudades, por propia determinación solicitaban para sí y los suyos, en sus últimos momentos, la presencia de un sacerdote católico. Y la visita del cura sucedía a la del Babaloricha o Nganga o vice versa. Ya sabemos que desde que comenzó la trata el bautizo fue obligatorio para que las almas paganas de los negros no se consumiesen en las llamas eternas del infierno, y que así salvado el bozal, no se le calentaba la cabeza con sermones ininteligibles que daban lugar a dichos como el que ha llegado hasta nosotros: "Quedarse como negro en el sermón" —los pies fríos y la cabeza caliente. De las interpretaciones que daban los bozales a las enseñanzas del cura, se contaban anécdotas graciosísimas: al capellán del ingenio que le pide al bozal le repita lo que acaba de explicarle sobre las tres personas de la Santísima Trinidad, éste le responde resueltamente:

"Santísima Trinidad é piña, mamey, zapote".

Su actitud de asombro durante algunas ceremonias y fiestas eclesiásticas, fue objeto de risa no sólo de blancos sino de negros criollos avispados. El ladino se burlaba del bozal.

Una negra lleva a su negrita por primera vez a una fiesta de la Iglesia. La negrita curiosa al ver a un monaguillo que balancea el incensario humeante y oloroso ante el altar, le pregunta a su madre:

—Mamita, ¿qué es eso que sube y que jía?

—Cállate borrica, ese é la zúcaramandinga pá jumearle sabroso el hocico a la Víngen.

De la ingenuidad del africano, de la impresión que le causa una festividad católica, del juicio que forma de éste se ríe y nos habla el autor de los conocidos versos de "Un negro que fue a la fiesta de San Marcos en su pueblo".

En cuanto a otro sacramento, el del matrimonio, se recomendaba a los amos que los negros se casasen por la iglesia. No importaba que perteneciesen a dueños de dotaciones de distintos ingenios. La iglesia los instaba a evitar las uniones ilícitas entre sus esclavos. Tarea difícil que de rareza pudo cumplirse.[22] Por una pudibundez difícil de imaginar, que mueve a risa, cuando a principios del siglo XIX (1818) los puertos de la Isla se abren al comercio internacional, repugna a la moral de los hacendados tener negras en sus tierras. José Antonio Saco dice que estos consideraban escandaloso tener en sus haciendas negros de ambos sexos que no fuesen casados... "Y las pocas mujeres que se traen de Guinea", protesta un abolicionista "sirven para el placer de los tiranos".

El 1833, el Capitán Alexander cuenta que "un viejo español mentecato no permite ninguna   ujer en sus fincas. Alega que sería dar lugar a que sus negros observaran una conducta inmoral. No necesito detallar las consecuencias de este criterio, sino dejar sentado que sus negros están siempre huídos". Se afirma que hubo fincas en que la totalidad de los esclavos eran hombres.[23]

La restricción de la trata modificó, forzosamente, un criterio tan absurdo, y contra natura; pero parece que en los ingenios, el número de hombres, no por moralidad, superó siempre al de mujeres.

Y después de tan larga digresión, volvamos a nuestros congos.

Otro de mis maestros, Gaytán, también sentía por ellos grandes simpatías. Como Nino, tenía sangre lucumí. Su madre, de la finca "El Deleite de Gaytán", y su padre, eran lucumí, así como una abuela, que recordaba siempre cantando:

Wé gué lé gué
Ara gogó enisá niro

Badi badi so Iyá temi
Baga dái wi mo dei mo yo.

Había crecido en las "Tejas de Valdivieso" donde abundaban los congos y convivían en buena armonía lucumí, gangá ñongoba, gangá kisi, algunos mandingas, ararás y carabalís. Gaytán se complacía en contarnos cómo se fabricaba en la finca todo lo que hacía falta: las velas para alumbrarse; se derretía grasa animal, de carnero y cera de abejas, se cocinaban ambas sustancias y una vez entibiadas le echaban hilos de algodón, para mechas, dentro de los moldes. Se tejían sacos de henequén distintos a los actuales, y sogas de majagua, guamá y henequén. De la playa —Salinas de la Playa de Méndez—, se llevaba a las Tejas, en garrafones, el agua del mar, para aprovechar la sal que quedaba en el fondo. El también cargaba agua andando a pie una legua. Para salar los alimentos y darles buen gusto, los congos tomaban el palmito de la palma pequeña, que abrían para sacarle el corazón, y seco, lo empleaban para dar sabor. Los lucumí de la costa mezclaban, para guisar, el agua dulce con la salada. En general, los negros eran muy industriosos, y en las haciendas alejadas de la capital o de los pueblos, fabricaban cuanto hacía falta.

"Cazaban un animal, lo cortaban y arreglaban, sin que se le posaran las moscas, y comían de su carne seca durante un tiempo. Los pescados no los escamaban. Los abrían por el medio, los secaban al aire y los guardaban para su consumo. Hacían carbón, construían bohíos. Todos los sábados teníamos fiesta en Valdivieso. Se hizo una casa con horcones de caña brava, techada con pencas de guano y allí bailábamos al son de botija y timbalito. También se tocaba yuca. No se oía hablar español. Una nieta de Ma Viviana, morenita como Casimira Martínez, que hablaba más congo que castellano, casó con un blanco y vive en La Habana... ¡Pero ya no quiere hablar congo, la refistolera!

"Había entre aquella negrada unos congos Makinimá, y uno de ellos tocaba un instrumento que era una güira con un alambre, que apoyaba contra el pecho. Mientras tocaba no podía cantar. En las Tejas estaban todos contentos, saludables, viviendo y comiendo a la africana, cada uno con sus costumbres, y sus 'Santos'. El barracón era muy grande y cada uno jugaba como en su tierra. Donde no había barracón había Cabildo".

Al revés de lo que siempre oí en La Habana a muchos negros viejos habaneros, que ser enviado al ingenio significaba para el esclavo la amenaza de un castigo horrible, y lo ratifica un forastero francés que escribe el 1817: "Los ingenios son teatro de abusos espantosos y por eso los esclavos de la ciudad los consideran lugares de castigo", casi todos mis otros viejos informantes, que habían nacido y vivido en ingenios y haciendas, creían

31

que se estaba mucho mejor en el campo que en la ciudad.

Si el esclavo doméstico se maleaba, "se reviraba" o "emperraba", se le mandaba a pasar una temporada al barracón del ingenio, muy recomendado al Mayoral, y allí se le tenía un tiempo recapacitando, y la estancia se prolongaba de acuerdo con la gravedad de la falta cometida. Si ésta no admitía perdón, el infeliz jamás regresaba. Entonces, era posible, solía ocurrir que la pasión de ánimo más que los castigos físicos o la fatiga, no tardaba en matarlo.

"Si el negro Juan Joseph no anduviere del todo derecho, te lo enviaré para que me lo vendas en un ingenio", le escribe desde México el presbítero Arango a su hermano Casimiro.

Es decir, que para el esclavo rural, no obstante la ruda faena de los meses de zafra, la autoridad abusiva del odioso contramayoral que pesaba continuamente sobre él, ¿sería igualmente terrible el traslado a la capital?

La labor agotadora de los ingenios, todas las miserias, las humillaciones, los insultos —a que eran tan sensibles los negros, que de pena o de ira se suicidaban o se dejaban morir de hambre—, han sido descritas por Anselmo Suárez y por Cirilo Villaverde en las páginas más sombrías de su novela Cecilia Valdés, tan leída y popular, y antes del movimiento abolicionista, Barrera y Domingo, con su pintoresco y mal estilo, nos ha dejado el cuadro siguiente del "infierno en vida" que era el ingenio para el bozal.

"Dos horas antes de amanecer se levantan todos los negros, así los nuevos venidos de Africa como los viejos ya en el ingenio, al insufrible trabajo del campo. Un manatí o látigo de cuero es su desayuno sin más motivo ni más falta que querer su mayoral o contramayoral.

"Desde las tres de la mañana está trabajando, al norte, al frío, al aire, al rocío, sereno, agua, etc. Todas las intemperies les caen encima a estos desdichados, desnudos, encueros y sin poder volver la vista a ninguna parte; así están hasta las ocho: tocan la campana y van a almorzar, ¿pero qué?, una raíz de yuca o un boniato asado o cocido en un caldero, este es todo su almuerzo, sin más pan, que por maravilla lo prueban ni aun enfermos, pues el cazabe alguna vez cuando enfermos se los dan. Reciben al mismo tiempo que el almuerzo la ración para la comida, la que se compone de un no muy grande pedazo de tasajo o carne de cecina como llamamos en España, más podrida y vieja que un cuero de hacer abarcas. Se la van entregando a un famoso cocinero que la va zambullendo así como se la dan, en un caldero más sucio que una chimenea y más lleno de cardenalillo que espátula de boticario.

"Entregada la ración del cocinero, vuelven al campo bigorizado aquel estómago con aquel tan nutritivo y decantado almuerzo, permaneciendo así trabajando hasta las doce, exaustos de fuerza y muertos de hambre, se retiran a su buhío o podridísima choza a comer aquella malísima y cortísima ración, acompañada de un plátano asado. Lleno el estómago de tan espléndida, sabrosa, nutritiva como abundantísima comida, los dejan descansar para que así hagan mayor asiento y se digiera en la túnica felposa estomática, hasta las dos, y luego vuelven a su acostumbrado afán del campo hasta la oración, que se retiran otra vez a su choza, más pobre que cuantas tuvieron en la Tesaida los más rectos Santos y penitentes anacoretas.

"Días, semanas, meses y años permanecen en esta faena exceptuando el tiempo de la molienda, que entonces es aún peor, pues no descansan ni de día ni de noche. Aquí es soberano Dios de las misericordias, adonde teneis a estos pobres infelices y miserables esclavos con vuestra diestra poderosa, trayéndoles luces a su tosquísimo entendimiento para que no se desesperen y se maten todos, pues aunque muchos lo hacen, hay muchísimos más que se abstienen de tan miserable atentado y sufren con tolerancia todas las penalidades de la Esclavitud, palos, hambres, sedes, enfermedades horribles, desnudeces, fríos, lluvias; vientos, escarcha, contumelias, afrentas, baldones, ultrajes, etc. etc., y si esto es entre christianos qué vamos a dejar a los franceses e ingleses y demás sectas protestantes; esto es muchísimo peor, como lo tengo visto en una colonia de ellos".

Tan desgraciada, nos dice el Licenciado, es la existencia de los esclavos en el ingenio, "privados de todo humano remedio, condenados a un trabajo continuo, expuestos continuamente a los rigores de un mayoral brutal o de un amo codicioso y feroz. De esta vida tan miserable depende que unos metan las manos en los trapiches para que se estrujen, otros se queman los brazos o se los cortan, otros se harrojan en las calderas hirviendo del azúcar, otros asesinan a los mayorales y les sacan las entrañas y se las comen, otros asaltan a cuantos tienen dominio en ellos aciéndose después zimarrones o montaraces huyendo a los bosques y comiendo lo que encuentren".

Pero no se olvida de decir, en calidad de testigo y quizá también un poco exageradamente: "No niego que en las colonias españolas hay inhumanidades, pero afirmo que hay mil millares de veces más humanidad que inhumanidad. El ejemplo es claro, para cada negro que se liberta en las colonias francesas e inglesas, se libertan en las españolas mil, y juro por la Santa Cruz que no exagero nada de cuanto llevo dicho en línea de los castigos a los pobres negros esclavos, que es nada en comparación de lo que vi en Santo Domingo con los esclavos franceses del Guaranico", y añade refiriéndose a la crueldad, especialmente de los franceses: "Collares de hierro con largas y afiladas puntas; calzones y medias de la misma manera, muslos, nalgas, brazos, cara y cuellos despedazados de los azotes, máscaras de hierro con puntas agudas y que sólo dexan libre la vista y un poco la voca. Así los hacen hacer los mandados por toda la ciudad, y por mucho tiempo así descansan estos infelices. Vean ahora los imparciales si esto se usa en España". (Muchos autores franceses al referirse a la parte española de la isla de Santo Domingo, convienen que en aquella los españoles no maltrataban tanto a los negros o que éstos, más que esclavos, son como compañeros de los amos.)

En efecto, no se hace mención en Cuba, ni en tiempos en que se trataba con mayor dureza a los esclavos, que éstos sufrieran tormentos comparables a los que eran sometidos en las colonias inglesas según Waller y en las francesas según Vartec. Los documentos del siglo XVI nos dicen que los delitos cometidos por los negros tenían pena de azotes: se les ataba a una ceiba o a la picota y allí públicamente recibían el número de latigazos que merecía su culpa; o pena de cárcel, cepo y grillo como se continuaba haciendo en el XIX. En caso de reincidencia se les enclavaba la mano derecha o se les cortaban las orejas. Pero nuestros más furibundos antiesclavistas, por mucho, y con razón, que cargasen la mano de horrores, no nos han presentado un personaje semejante a Chaperon, encerrando a un negro en un horno; ni nos describen, aparte de los zurrigazos más o menos numerosos pero inseparables de la esclavitud, el suplicio del esclavo culpable que destrozan amarrado a un caballo, los pies atados bajo el vientre del animal y las manos en la cola; el horror del negro que entierran vivo dejándole fuera la cabeza —como hacían en Africa los mismos africanos con sus enemigos— bañada de miel para que las hormigas y las auras vinieran a devorarla. O la exasperación de aquel que le abrían heridas a propósito y le vertían en ellas manteca hirviente; del que le encendían un fuego en el vientre o le aplicaban planchas al rojo candente en los pies para curarle la "cimarronería".

Como a los blancos delincuentes, en Cuba a los delincuentes negros se les daba garrote, pero no se les colgaba clavados por las orejas. El derecho esclavista en las colonias españolas desde muy temprano suprimió y persiguió estas horribles salvajadas, como era el desjarretamiento, cercenar orejas y brazos. Se sabe que igual que a las reses, se "calimbaba" a los esclavos, pero esto dejó de hacerse por orden de Carlos III, y a la marca impresa al fuego en la carne sucedió durante un tiempo una planchita de lata con el nombre del siervo, que se le colgaba al cuello.

No se supo en Cuba lo que era la Croix de fer de Saint André (la cruz de hierro de San Andrés),[24] la máscara a que alude Barrera y Domingo, que se le ponía a los golosos de caña y de guarapo que encantaba a los negros. Ni los Quatre Piquets (las cuatro picas), ni L'Echelle (la escalera), Hamac (hamaca), Brimballe[25] y otros castigos oficiales, de los que Madden, al atacar "las terribles atrocidades de la esclavitud española", no puede decir una palabra. Allá los verdugos eran esclavos que condenados a muerte, para que desempeñasen sin piedad ese oficio les conmutaban la pena. Además, por mutilar, quemar, colgar, azotar, etc., algo podían cobrar.

El legendario Conde Barreto, que según cuenta la conseja pactó con el Diablo y cuando murió, una noche de tormenta, éste se lo llevó y quedó el féretro vacío, dejó sin embargo encomendado en su testamento que se diese la libertad a varios de sus esclavos. Testamento que tuve en mis manos y que no se acuerda con la fábula urdida en torno al satánico personaje, que nunca se entretuvo en "bruler le cul du nègre"[26] (quemarle el culo al negro).

En Cuba se castigó "con prisión, cadena, mazo y cepo", y con azotes "que no pasaran de veinticinco", para los esclavos, y hasta 1883 de rareza para los... semiesclavos, los empadronados. Pero las labores del ingenio durante la zafra exigía de bozales y criollos un esfuerzo superior a sus fuerzas: "Hay ingenios", escribe un inglés a mitad del siglo pasado, "donde los esclavos, de las veinticuatro horas del día, trabajan veintiuna (?), donde hombres y mujeres son conducidos como bueyes a la labor y con menos piedad que a los bueyes. El cultivador de caña" —no era tan extenuante el trabajo en las vegas y cafetales— "calcula que al tratar así a sus esclavos estos pueden morir al término de siete años, y que entonces es hora de renovarlos". Siete años de vida cubrían los gastos de inversión y dejaban buenos beneficios...

No obstante, parece lógico que al hacendado, aún cuando fuese un monstruo, le convenía que le duraran más los esclavos, sobre todo, cuando cada uno valía —a mediado de siglo— quinientos pesos y más. Por otra parte, la pobre mentalidad hispano-criolla no sabía calcular así, le faltaba ese frío sentido práctico que sabe cómo hacer dinero de todo. Quizá por eso no hubo en Cuba las "breeding farms", granjas de crianza de negros que abastecían a los hacendados sureños y que a ochocientos dólares por negro, resultaba un negocio brillante. Mas se insiste en que muchos ingenios durante la zafra —y en esto no se obedece un Bando que desde 1842 dispone que se trabajen diez horas diarias, distribuídas según el criterio del amo, al esclavo sólo se le conceden dos para dormir. Media hora para almorzar y una hora para la comida. "Los negros van casi desnudos a los campos. Las negras tienen para cubrirse un saco de café. Le abren un agujero en el medio para meter la cabeza, y dos en las esquinas para los brazos". Una anciana señora que pasó su infancia en un ingenio me asegura que "cuando las esclavas daban a luz, a los dos días salían a trabajar".

A veces la faena no termina con el día: "Las noches de luna cargan madera o materiales de construcción, o se les emplea en otros menesteres hasta las nueve, que suena la campana que los conduce a su establo, al barracón, donde se guardan como un rebaño, los hombres separados de las mujeres y cerrados a cal y canto. No digo que en todos los ingenios se trate mal a los esclavos; pero de ellos abusa una gran mayoría, como tengo oído de boca de hacendados españoles".

"El domingo no les trae ningún reposo a estos desgraciados; porque de diez a cuatro de la tarde se les permite filantrópicamente, trabajar en sus campos. Individuos de ambos sexos son azotados cruelmente con un látigo de cuero de vaca. En resumen, los negros en los ingenios de Cuba, están mal vestidos, sobrecargados de trabajo y mueren en la proporción de diez por ciento al año, a pesar de la humana y excelente regulación fiscal promulgada por el gobierno español".

Y una anciana señora cubana, Doña Belica Xenes, cuya familia se distinguió entre otras cosas por su bondad con su dotación, me contaba:

"Yo he visto a los esclavos en otros ingenios, no en el de mi padre, donde se les trataba muy bien; él les tenía tanta lástima que cuando la guerra del 68 vinieron a requisarle sus negros, compró uno en mil pesos para no entregar ninguno de los suyos. Sí, pues yo los he visto sucios, harapientos, descalzos, con un chaquetón y unos pantalones de rusia, y a las pobres negras, con una camisa de tela gorda, todo el día trabajando, y chapeando también de noche clara, hasta las diez, para volverse a levantar al toque de madrugada. Y con hambre, infelices, no comían más que harina, tasajo y plátano, y eso sin sal, porque no les daban sal. ¡Ni sábanas para taparse del frío! Yo guardaba comida y les daba cuanto podía, porque muchos venían a verme desayunar y a pedirme, por la ventana de mi cuarto; y se volvían locos de alegría con lo que les daba. Aquello me partía el alma y sufría del triste espectáculo de la esclavitud".

Un párrafo de nuestro tantas veces citado Licenciado Barrera y Domingo, le hubiera evocado a nuestra anciana amiga la avidez suplicante de aquellos ojos que ella no había podido olvidar, cuando del otro lado de su ventana de barrotes de hierro contemplaban comer a la niña que ella fue, transida de piedad: "No pierden de vista cuantos bocados usted haze, se alegran sobremanera cuando le dan alguna cosa, y si es cantidad, que les ha fortalecido el estómago, se arrodillan agradecidos, vaylan, estiran los brazos, en fin, todo es alegría".

Son los mismos gestos, que por atavismo he visto en algunos negros yiejos cuando en estado de trance, "montados" por su Santo en la fiesta de Ocha, extendían una mano al blanco bien vestido, que depositaba en ella una moneda. ¡El Ingenio! Escuchando a Doña Belica Xenes me venía a la mente lo que escribió la Bremer sobre aquella sociedad esclavista que conoció y detestó: "Cuanto más noble es una mujer en Cuba es posible que sea menos feliz".

36

"Si hubieses visto a los cimarrones, los que huían a los montes, cuando volvían destrozados por los perros, hechos un horror, a veces más muertos que vivos. ¡Qué herejía! ¡Y les curaban las mordidas con sal y aguardiente! A Don Pedro Armenteros le trajeron un esclavo de los suyos que se había huído y se enfureció tanto al verlo tan maltratado, que le dio una apoplejía y murió de repente".

Es incomprensible que la esclavitud no produjese en toda persona aun medianamente sensible la misma compasiva indignación que hacía exclamar públicamente a un sincero antiesclavista inglés durante la campaña abolicionista en Inglaterra, que tantos beneficios había obtenido de la trata: " ¡Con tal que los negros se liberen inmediatamente, nada me importa que corra a torrentes la sangre de los blancos y que Inglaterra pierda todas sus colonias, en las que viven esclavizados seres humanos".[27]

El espectáculo deprimente que le ofrece a D'Harponville un ingenio que visita en Güines, movido por negros famélicos y esqueléticos, y las monstruosidades que cuenta haber presenciado el no muy "reliable" inglés Madden, para quien la esclavitud en la Isla, como ya sabemos, "es la más destructiva par la vida humana, la más perniciosa a la sociedad, la más degradante para el esclavo, más envilecedora para el amo, peor que en cualquier otro país esclavista en la faz habitable del globo", y dice que podría hablar de muertes de negros perpetradas con inmunidad, de negras — ¡qué raro!— separadas de sus hijos, de ingenios en que no se ve un solo negro viejo (?), de crímenes abracadabrantes cometidos por los mismos dueños, la esclavitud habría de inspirar en toda alma bien nacida la piedad que encontramos expresada en estas líneas de la Bremer: "Es cierto que oigo con frecuencia a las negras conversar y cantar durante su incesante tarea, imperturbables al chasquido del látigo, y que de noche oigo cantos africanos y alegres exclamaciones, aunque si vienen del trapiche les falta melodía y música. También sé que los trabajadores de este ingenio se turnan cada siete horas, de manera que disponen de seis, cada cuatro horas para reposar y refrescarse, y durante dos noches descansa el ingenio y pueden dormir; pero aún así, no logro conformarme a esto. Ni aún ahora, aunque puedo soportarlo mejor desde que he visto a los esclavos en su labor y en buen aspecto, incluso la alegre apariencia que en general tienen en esta plantación". Porque en Cuba, en algunos ingenios —sobran testimonios— y así nos lo dice otro viajero, Dana, no siempre se abusaba de la cuarta en el ingenio que visitó: "Hace tres años que no se azota un esclavo. Y ese castigo no se le ha infligido aquí a ninguna mujer."

Y Salas Quiroga: "Se habla mucho del rigor con que los esclavos son tratados en la Isla de Cuba. Hay en esto una exageración marcada aunque no deja de ser odiosa la verdad".[28]

Es un lugar común que repiten cuantos visitaron la Isla durante el período esclavista, que los esclavos domésticos —de los que hablaremos en otras notas—, son felices y los que están destinados a los ingenios están penando en el infierno y si no en el purgatorio. "Sobre todo", escribe X. Marnier, "los negros que están confiados a un intendente (mayoral) cuando el dueño del ingenio reside en la ciudad. Allí los esclavos constreñidos a una ruda labor están expuestos a duros castigos. En el ingenio, para vengarse de malos tratos que los desesperan, se rebelan, se suicidan y otros huyen a los montes, donde son perseguidos por perros que olfatean su pista mejor que el lebrel la caza. Frente a esos perros el negro más osado pierde toda decisión y trata de defenderse, pero enseguida se aterra. El perro le salta a las orejas y lo vuelve al redil y al trabajo con la cabeza ensangrentada.

"Debo aclarar que esos casos no son frecuentes y estoy convencido de que los negros que forman la mitad de la población de Cuba[29], son generalmente, por no decir que todos, más felices y están más satisfechos con su suerte que aquellos que libertados por la filantrópica Inglaterra, tienen el honor de vivir en sus colonias. Los ingleses, sin embargo, gritan indignados cuando el nombre de Cuba se pronuncia ante ellos. Dicen que le han dado setenta mil libras a esta pérfida Isla para que no practique más la trata pero, ¡ay! se han evaporado al sol de la administración, y la trata continúa tranquilamente".

Los forasteros que vienen del Norte, también nos dice el autor de "To Cuba and Back", "son lo suficientemente crédulos para imaginar que verán cadenas y huellas de sangre, y si tienen cartas de presentación para dueños de esclavos de clase alta, al contemplar su manera de vivir y escuchar en su mesa las anécdotas que cuentan las señoras, no hallan signos de corrupción o violencia; probablemente pensarán que han visto lo que es la esclavitud en su totalidad. Mas no saben que la gran hacienda de caña con humeantes chimeneas, de la que no oye decir nada y que no visitará, ha pasado a manos del acreedor de su dueño en bancarrota, y está en las de un administrador que desea sacar lo más que pueda en el más breve tiempo y vender a los esclavos sin tomarse el menor interés por el futuro de estos.

No saben que el otro ingenio que pertenece a un joven que pasa la mayor parte de su tiempo en La Habana, es un antro de licencia y crueldad. Ni que los perrazos atados en la perrera de la casa donde se hospeda son los sanguinarios mastines cubanos que están amaestrados para perseguir y apresar a los negros fugitivos; que los ladridos que escucharon la noche anterior se debieron a la captura de un esclavo en la que participaron todos los blancos. No saben que el hombre de mala traza que ayer se presentó y que las señoras trataron con cierta repugnancia, es un cazador profesional de esclavos".

Tampoco es fácil y muelle la vida del amo si éste cuida a fondo de sus intereses y es consciente de sus deberes. Con respecto a sus esclavos, apunta el mismo autor, "tiene que defenderlos de los otros negros y de los blancos, con pocas probabilidades de saber la verdad de boca de negros y blancos, y hacer cumplir las obligaciones que se imponen a los que se casan. Vigilar el robo, las violencias y la vagancia dentro del ingenio. Averiguar lo que ha de suprimirse y lo que es preciso prevenir; la labor que es necesario realizar, mas no de modo abusivo, y todo esto sin ayuda efectiva, tropezando con los obstáculos que le oponen los intermediarios blancos. No es sólo a su propia gente a quien el dueño tiene que vigilar. Son las raterías y violencias de otros ingenios y fincas vecinas, las visitas nocturnas que prohibe la ley, los robos de los negros horros del vecindario y de los blancos de abajo, que han de impedirse y castigarse. El dueño es un policía y a la vez un economista y un juez".

A las buenas no era difícil manejar a los negros, opinaban por experiencia los hacendados sensatos y humanitarios de la época. Positivamente no es el amo a que están obligados a obedecer y a respetar "como a un padre", y que tiene derecho a imponerles penas, a quien se le ocurría maltratar a sus negros.

"El amo era bueno", así lo creía el esclavo. "Mi suamo" casi siempre representaba a los ojos de la dotación el papel de un mediador compasivo que lo salvaba de la inflexibilidad del aborrecido mayoral.

Si el amo está en el ingenio de buena gana le sirve de padrino al esclavo culpable. Intercede, suspende un novenario[30], le hace quitar los grillos o lo libra del cepo.

"Mi suamo" es la encarnación oportuna del ángel de la Misericordia. Debe haber sido conmovedora la escena que ofrecían los esclavos dando la bienvenida al amo, cuando éste llegaba a sus tierras. Todos, jóvenes y viejos, mujeres, niños, los negritos en traje de Adán y Eva,[31] que se pasan el día jugando y correteando, se arrodillan a su paso y le piden la bendición. A quien el esclavo detesta con toda su alma, a quien ninguno perdonó, es a ese hombre de la "musinga -ngombe", del "pachá", de la "cáscara de vaca", del látigo.

Un poco de su odio, de haberlo habido, pudo haberlo reservado el esclavo, y todo descendiente de africano, a Cristóbal Colón, que enseguida se dio cuenta que el trabajo de un solo negro valía más que el de cuatro indios (y por supuesto, al sublime Padre Las Casas). Su odio se concentró en aquel personaje siniestro que lo vigilaba a toda hora, sonando el cuero, el tipo más repugnante que produjo la esclavitud, sólo comparable al reyezuelo, jefe o pariente que los vendía en Africa al blanco. Este personaje era el Mayoral, tradicional verdugo del esclavo, y sus contramayorales mucho más miserables y aborrecibles, porque eran de su propia raza. Desde el 1832 el Mayoral debía ser blanco.

> *¡Ah! Mayorá·son malo*
> *Tira cuero dó mano...*
> *¡Marayo parta lo Mayorá*
> *Que to mi cuepo me etá temblá!*
> *Que témbere que témbe neye,*
> *Que témbere que témbe fuá*
> *Vamo Francico a trabajá*
> *Que tu no quiere y refunfuñá...*

Era el jefe supremo de la dotación. Tenía bajo su dirección las labores agrícolas que se desarrollaban en las tierras del ingenio. Los contramayorales, negros siempre, eran capataces de cuadrillas y los encargados de castigar a los esclavos, mujeres y hombres, destinados al "chapeo", a las siembras, a los cortes de caña y a otras faenas.[32] Abusaban de sus poderes y arbitrariamente "les meneaban el guarapo", es decir, les pegaban a los que les eran antipáticos, vengaban viejas rencillas tribales, y descargaban todo su rencor en las mujeres que no respondían a sus avances.

Catalino Murillo, que vio de párvulo dar un boca-abajo a una negra embarazada, me grita: " ¡El canalla en el ingenio no era el dueño, era el mismo negro cuando podía pegar!"

Si tenemos en cuenta la observación de un buen conocedor de bozales, "la inclinación a mandar que en ellos pasa de toda moderación", y una crueldad primitiva, no es raro que a los adjetivos con que aún se maldice la memoria del negro Mayoral, se añada invariablemente "que no hay peor astilla que la del mismo palo". Si no exactamente en un infierno, en un purgatorio debían vivir los esclavos rurales, cuando leemos anotaciones tomadas del natural como esta del Reverendo Abbot (1823): "Los capataces castigan los pecadillos con tres golpes de látigo; los Mayorales las faltas mayores, y éstas se limitan exclusivamente a un número de azotes. El amo, por las grandes ofensas, robo, borrachera, etc., se toma la libertad de ordenar a veces, hasta doscientos azotes", pero "atiende con cuidado las espaldas heridas. Desde mi ventana observé a los negros agrupados en orden, un poco antes del amanecer, para presenciar el correctivo del Mayoral. Oí los chasquidos del látigo, pero ningún otro ruido. Oí diez golpes más, cuando ya estaba a media milla de mi camino". Escenas semejantes eran normales en la vida de un ingenio. El látigo, si no caía en el lomo del negro, restallaba sin cesar, simbólicamente, en el aire, como el del domador de fieras, menos dignas de compasión que el esclavo.

"¡Malo, malo el ingenio en que faltaba el amo! Porque en ese la negrada siempre estaba maltratada, y los Mayorales, que mandaban en jefe, se despachaban a su gusto dando leña y haciendo todo el mal que podían. Cuando los dueños llegaban, se levantaban los castigos, se acababa el abuso mientras estaban allí en la casa de vivienda", nos decía también un hijo de esclavo que nunca abandonó los cañaverales.

Y Salas y Quiroga: "El señor vive en los meses de cosecha no como un rey entre su pueblo, sino como un patriarca entre sus hijos. Todo allí, casas, máquinas, animales, hombres, es propiedad suya. Si se descompone una caldera o se quiebra el brazo un negro, igualmente está obligado por su interés propio a componer la caldera o curar el brazo. Así que este lazo entre el interés y la humanidad favorece notablemente a la raza oprimida. El señor tiene relegadas sus facultades en el Mayoral, generalmente hombre rústico y duro, pero vigilante, inteligente. Este es el que dispone los castigos y los ejecuta; el que reprende y mortifica; el que va siempre con un látigo en la mano y rodeado de armas. Por eso raras veces los esclavos lo aman".

La Condesa de Merlin repite más o menos lo mismo que cualquiera de mis viejos nacidos en barracones y bohíos de ingenios de la provincia de Matanzas, y estos negros no han leído a la bella escritora franco-cubana. "El amo", cuenta Mercedes de Santa Cruz y Montalvo, "cerca de los esclavos los escucha, los perdona si han merecido algún correctivo, y contiene al Mayoral siempre áspero e inmisericorde en sus rigores. El enemigo más temible es el contramayoral, esclavo como los otros, y por esto más duro y cruel con sus compañeros, especialmente con los que han sido de una tribu enemiga de la suya: entonces llega a ser implacable, por espíritu de venganza".

Y también el difunto Cipriano, que tenía cuando lo conocí, como Juan O'Farrill, los ojos claros de los negros centenarios, me explicaba que: "Los negros que venían de Guinea, por causa de las guerras que andaban allá en sus tierras, seguían aquí sin hacer las paces y queriéndose comer vivos. Si el contramayoral era lucumí y le tocaba castigar a uno de Dahomí, ya sabía el de Dahomí lo que le esperaba, y si le gustaba su negra o su hija, ya sabían también lo que pasaría.[33]

"Siendo yo niña" —me contaba Doña Belica Xenes—, "en la Emilia de Pablo Armenteros, había un Mayoral que exageraba tanto los azotes que ya no podían más los pobres negros. Los despertaba a latigazos. Era un hombre sin conciencia. El contramayoral, José Catalino, que me daba miedo porque era un negro muy feo, tenía los ojos salientes como bolas, entró en el barracón a ver qué pasaba que no salía el Mayoral ni los esclavos. Adentro, entre José Catalino y los negros, hicieron picadillo al Mayoral".

41

"Po que lo malo malo de l'antigüidá eran lo moreno mayorá", opina categóricamente Francisquilla Ibáñez.

Sobre lo que ocurrió con otro Mayoral en el San Joaquín, nos cuenta María del Peñón de Montalvo, hija de una esclava de María de Jesús Pedroso: "El San Joaquín era de Don Joaquín Pedroso, lo llamaban Batalla, no sé por qué, pues él y su mujer eran muy buenos amos y cuidaba mucho de su dotación. Pero vendieron el ingenio, que compró Don Francisco Feliciano Ibáñez. Ese trajo Mayorales malos, castigaban demasiado a los negros. Ibáñez estaba siempre en La Habana, y el Mayoral, Fermín Zopato, mayombero malísimo, lo tenía amarrado.[34] A las mujeres nos enamoraba y como no nos dejábamos, ¡cuje con ellas! Por eso los negros decidieron acabar con él..." Francisquilla la interrumpe manoteando acaloradamente: "¡Ese Mayorá de San Joaquín, diablo, diablo! Y malo tó San Joaquín, tenía cepo, calabozo. Ese Mayorá con boca abajo mató a la difunta Agripina. ¡Embarazao que estaba Agripina, pobrecita! ¡Ay, lo que yo he víto chiquita yó, Señó! ¡Lo que yo pué contá! Mucha mujé tenía máca de buey en nánga" —marca de azotes en las nalgas—, "y cuando dotación mató Mayorá no se podía má. A machetazo y guatacazo ¡ah, bien mueto etá, so cabrón, bien mueto tá! Dipué llegó Símbico" —el Síndico— "y asunto se acabá".

Otra vieja, Cornelia, hace al Mayoral el único culpable de la infelicidad de los negros.

"¡Si lo sé yo!, ese no tenía entrañas. Y mire, de Mayoral malo se libró mi madre, que era esclava de Teresita Herrera. Ella le dijo al Mayoral que no la llamara, que estaba preñá, y una mujé preñá recogía yerba ná má. El Mayorá le gritó palabra *ocena* y la amenazó, ¡agárrala para darle un boca abajo! y ella se le tiró arriba y lo agarró por un chivo largo que tenía. Se armó el gran sarimambé. Vino el dueño y botó al Mayorá, que se fue pal Manuelita. E que pal Mayorá si uno trabajaba bien ¡malo! y tó lo que hacía el eclavo era malo. El amo etaba lejo. El blanco tenía *concensia* es la verdá".

Juan Francés presenció la muerte de un amigo suyo al tirarle el contramayoral un cuerazo, sin ánimo de matarlo, pero se le enredó en el cuello y al retirarlo lo estranguló.

En La Florentina, recuerda otro testigo, "un Mayoral le puso de castigo a un moreno que a la campanada de la una, tuviese tumbados trescientos cordeles en cuadro, de caña. Se imagina usted, ¡un solo hombre hacer eso! El negro metió mano a trabajar; si paraba el Mayoral lo sonaba, y tanto hostigó al moreno que lo volvió loco. Lo malo fue que no se huyó. Fue a quejarse al amo, pero el amo no le hizo caso. Tenía trabajo por la mañana, el domingo por la tarde estaba libre y fue al tambor; al llegar empezó a cantar:

> *¡Ay Dió Dió lo Mayorá!*
> *Dice que yo tumba cañaverá*
> *Cópe la una*
> *Yo tumba cañaverá.*

Los dueños muchas veces se sentaban a oír Yuka, y el amo le preguntó: —¿Por qué tú cantas eso? ¿Qué quieres decir? "Que po que yo no pué tumbá cañaverá yo tumba é". Y lo mató."

En el cafetal de Utrera, "un Mayoral enamorado de una negra que le era fiel a su marido, se lo mató. La negra cuando llegó el amo, que se había ausentado durante un tiempo, habló con él de noche y le contó el crimen del Mayoral. El amo sabía que era una buena mujer, seria y cumplidora, y resolvió despedirlo, pero el mismo día, varios chinos y negros que estaban en un descepe, mataron entre todos, a guatacazos, a aquel malvado".

Al Mayoral maldito se le achacaba que el negro, maltratado, escapase de ingenios y haciendas y se hiciera cimarrón.

"Huía por un mal momento que había tenido", dice Tiyo, "y cuando se serenaba, tenía hambre y se arrepentía, iba a la casa de un amigo del dueño para que le sirviera de padrino. Y no pasaba nada".

El negro, cual oveja descarriada, volvía al redil. Porque muchos no huían por maltrato, como le había contado su padre al viejo Mantilla, sino porque eran "haraganzudos", y no querían la brega de la zafra. En tiempo de zafra había epidemia de cimarrones en todo el país.

En Matanzas se iban muchos al Pan de Matanzas y en Oriente a la Sierra. En los campos lo gracioso era que muchos cimarrones iban a buscar comida y a proveerse de agua a los ingenios y fincas, encubiertos por los "carabelas" —compañeros— que no eran "piolas" y los protegían. Pero entre ellos estaban los que Ña Francisquilla llamaba los "piola", los negros adulones de los blancos, que eran de su misma dotación o de otros ingenios y fincas vecinas, que los denunciaban y se prestaban a cogerlos por unos pesos; y había los expertos en cazar negros, los rancheadores que "rancheaban", es decir, los que se dedicaban a perseguirlos con sus perros infernales que paralizaban de espanto a los fugitivos. Con un olfato infalible, estos perros les seguían el rastro por la manigua, bosques y lomas e invariablemente los descubrían y atacaban. Sin embargo, había cimarrones que tenían suerte, no daban con ellos y se "apalencaban"; en las montañas de Santiago de Cuba, muchos cimarrones se agruparon y formaron un pueblo. El pueblo del Palenque en Palma Soriano se llama así en recuerdo de los cimarrones. Allí en las montañas estaban a salvo.

"Había morenos que no podían evitar ser cimarrones, se huían, se les perdonaba, volvían a huírse, y lo mismo que en los ingenios era en los cafetales y en las fincas, en los potreros y en la ciudad".

En los periódicos de la época aparecen continuamente, con las ventas de esclavos, anuncios como éste:

"Desde el Domingo 21 de Agosto se fugó de la casa de su amo el negro llamado Simón (Sara en su tierra) de nación mandinga fula, estatura 5 pies y 2 ó 3 pulgadas, nariz aplastada con la punta algo levantada, la cara redonda y la boca regular faltándole un diente en la quijada superior, su voz algo afeminada. Hay noticias que anda en la playa de Judíos de el Ojo de Agua, en las juntas o Cabildos de negros en los arrabales donde tiene paisanos que favorecen su evasión. La persona que lo entregara a Don Pedro Reguier, en Pueblo Nuevo, junto a la escuela pública, será gratificada con media onza de oro y al que lo ocultara, responderá ante la ley de los daños y perjuicios que haya ocasionado".[35]

Cimarrones hubo en Cuba en todos los tiempos, desde el Siglo XVI hasta el XIX, pero no se registraron en los campos insurrecciones realmente importantes de negros —y por cierto es un dato interesante, que estas les eran denunciadas casi siempre a los amos, por algún esclavo o esclava, fieles al extremo de dar por ellos la vida—, hasta las que ocurrieron el 1843 y 44 en la provincia de Matanzas.[36]

Aún cuarenta años más tarde, un matancero, Don Francisco Ximeno —su gran retrato al óleo, de niño, sentado en las rodillas de su negra nodriza, lujosamente vestida, presidía, ocupando un gran espacio de pared, la sala de mi amigo Manuel Ximeno—; le echaba las culpas de aquellos sangrientos sucesos que conmovieron a Cuba del 1843 al 1844, sobre todo a la crueldad de los Mayorales y contramayorales, que también en concepto de La Sagra, eran una desventura para los hacendados.

Ya he dicho que a mis viejos de Pedro Betancourt y Jovellanos, en Matanzas, en La Habana a viejos matanceros de excelente memoria como Saibeke, no les gustaba evocar acontecimientos desagradables, aunque anteriores a ellos, y cuando les preguntaba qué habían oído contar a sus padres de esclavos alzados "en tiempos de España", en los ingenios que conocían bien, Triunviriato de Alfonso, la Luisa de Baró, Alcancía de Peñalver, las respuestas eran evasivas, incoherentes las noticias. Sí, por allí "parece que hubo sus más y sus menos hacía muchísimo tiempo", y... "un fuego que por poco acaba con Matanzas". Les preguntaba también si habían oído hablar de Plácido. No. Sólo una viejita de apellido Diago, me contestó, "ese fue un cantante" (¿querría decir un poeta?).

Tal vez se le pueda achacar la causa de aquellas revueltas a la "suavidad" de los Mayorales, a la poca disciplina y a la tolerancia de los amos, como escribe Wurdermann, que les permiten visitar a los esclavos de otros ingenios e ir a las vallas de gallos —donde ya sabemos por el protestante Abbot, y otros autores—, que los curas, si el negro tenía dinero encima, apostaban con él mano a mano.

Pero más responsable parece que fue en las fechas a que nos referimos, un cónsul inglés, David Turnbull, agente oficial de los abolicionistas, cuyo libro traducido al español por Gustavo Pittaluga hijo, "Travels in the West. Cuba with Notices of Puerto Rico and The Slave Trade. London 1844", no pudimos llegar a publicar. Tampoco nos fue posible a María Teresa de Rojas y a mí ofrecer a los que se interesan por la historia de Cuba, la rica e inédita documentación que sobre la Conspiración inspirada por Turnbull, existe en el Ministerio de Ultramar en Madrid, que amablemente nos hizo copiar hace años, el Profesor Mario Hernández Sánchez-Barba. Turnbull llegó a la Isla el 1838 y ese mismo año fue nombrado Socio de Honor de la Real Sociedad Patriótica.

Ya había dejado de convenirle a Inglaterra la trata, o se le había escapado de las manos; bien podía condenarla por inmoral e inhumana. Graville Fox y el admirable Wilberforce, habían ganado la partida; desde el 1807 ningún barco inglés volvería a cargar un solo africano y la Gran Bretaña perseguía ahora, a los que clandestinamente los llevaban a Cuba, después de haber firmado, el 1817, un tratado con España por el que ésta recibió cuatrocientas mil libras y se comprometió a cesar de un todo aquel comercio infame el 1820. Pero los africanos continuaron llegando ilegalmente y el número de esclavos aumentó. Eran imprescindibles para el fomento de los ingenios, y treinta años de importación ininterrumpida después del tratado anglo-español convirtieron a Cuba en la mayor productora de azúcar del mundo. Lo era el 1850.

Los que dudaban de la sinceridad de los sentimientos filantrópicos, un poco tardíos, de la "Pérfida Albión", pues sabían que ésta ambicionaba el control exclusivo del comercio azucarero, pensaron que lo que se proponía, al liberar a sus negros de Jamaica, era dar un ejemplo impresionante que podría imitarse en Cuba. Inglaterra deseaba la destrucción de la agricultura en la Perla de las Antillas.

David Turnbull, todo lo contrario de un compatriota suyo que llevó su mismo apellido, Gordon Turnbull, autor, a fines del Siglo XVIII, de una inadmisible "Apología de la Esclavitud", era un ferviente abolicionista, magnífico propagandista y servidor excelente de los intereses de su gobierno.

Se le acogió con esa hospitalidad tradicional criolla que tantos extranjeros apreciaron y de la que otros se aprovecharon, como Turnbull, para sus fines. Era lógico que los cubanos de ideas avanzadas, como Don Pepe, recibieran con los brazos abiertos al representante de un país tan civilizado y abogado de una causa tan noble (me permito esta familiaridad de llamar Don Pepe a Don José de la Luz y Caballero, el maestro adorado de la juventud revolucionaria de la época, a quien mi padre veneraba, porque su retrato, su historia, sus aforismos, su estatua, me salían continuamente al paso durante mi infancia, con decir, que me dormí muchos meses mirando su efigie meditabunda, pintada al óleo, poco menos que de tamaño natural, pues a mi madre, sin saber dónde ponerlo, no se le ocurrió nada mejor que colgar, provisionalmente, a Don Pepe frente a mi cama).

Y era también muy lógico que el General Jerónimo Valdés, a la sazón Gobernador, celoso de la tranquilidad de la Isla, tuviese sus razones para vigilarlo de cerca... Turnbull no perdió el tiempo. Activo propagandista, como está dicho, sin medirse y adoptando una actitud de arrogancia muy inglesa, se entremetió de tal modo en los asuntos internos del país, que un criollo catedrático y abogado, José Agustín Govantes, protestó ante el gobierno de las intrigas e ingerencias del inglés, que Govantes tachaba de humillantes.

En verdad, las finanzas de la Isla no eran compatibles todavía con la filantropía que al fin, desplegaba Inglaterra con los negros, demostrando ahora con su conducta lo que había dicho en el Siglo XVII —cuando más provecho sacaba de ellos—, su filósofo Locke, tan admirado por Don Pepe: que era inconcebible que un inglés, un inglés gentleman, fuese partidiario de la trata; y Govantes y los hacendados, que temían una repetición de lo ocurrido en Santo Domingo —sin dejar del todo de ser caballeros—, alarmados con las propagandas inglesas, opinaban que la abolición de la trata, aunque deseada por la mayoría, no debía ser el resultado expeditivo y peligroso de las instigaciones interesadas de la Gran Bretaña, sino obra propia, fruto maduro de la prudencia. Aceptada en principio, reconocida su justicia, deseada, habría de realizarse gradualmente, cuidando de no ensangrentar ni arruinar al país. Y así fue cuando sin odios ni conmociones sociales, naturalmente, se decretó la libertad de los negros, cuarenta años después.

Las autoridades españolas pidieron la deposición de Turnbull conceptuándolo como una amenaza a la tranquilidad del país. Lord Aberdeen, Ministro de Relaciones Exteriores, sucesor del Vizconde de Palmerton —que respaldaba los manejos de Turnbull—, le ordenó que abandonara la Isla. Lo que hizo en el mes de junio de 1842, para regresar a ella en octubre del mismo año; esta vez el General Valdés, hombre ponderado y de honradez intachable a juicio de todos —no se beneficiaba con la trata—, se creyó en el deber de hacerlo detener y de expulsarlo de Cuba. Pero la semilla que el gran abolicionista arrojó en las zonas azucareras más propicias dio frutos: después de revueltas que pudieron atajarse a tiempo, hubo otras más serias en el 1843 que costaron muchas vidas de esclavos, como la del ingenio Alcancía, de Peñalver, en Cárdenas —se dice que su dotación fue ganada por la propaganda de los maquinistas ingleses del ferrocarril de Cárdenas—, las del Triunvirato de Alfonso, en que los negros saquearon las fincas vecinas y prendieron fuego a los cañaverales, como en la Luisa de Baró.

El General O'Donnell, que sucedió al buen Gobernador Valdés, aumentó la vigilancia en aquellas jurisdicciones matanceras elegidas de antemano por Turnbull, que dejó agentes que continuaron preparando el terreno para una insurrección que comenzaría por Matanzas, para extenderse por toda la Isla, y contaría, como lo había ofrecido, con el apoyo de Inglaterra. En mayo de 1844, en Matanzas, que va a ser testigo de tristes acontecimientos, se observa algo anormal en el comportamiento de los negros, y corren rumores inquietantes. Es una esclava quien confiesa a su amo y amante, Santa Cruz de Oviedo,[37] que se está tramando una conspiración para matar a todos los blancos. Lo esconde en la habitación en que los negros se reúnen secretamente para hablar y lo que escucha lo convence que la delatora no ha mentido. Informa a otros dueños de esclavos y se entrevistan con el Capitán General, que ni corto ni perezoso, inicia una investigación oficial. Se sorprende a los cabecillas negros que ultiman los planes de su revolución; se dice que reunidos en casa de un pardo llamado Jorge López, hizo uso de la palabra Luis Guigot, emisario de Turnbull; hay mulatos y negros, los primeros más inteligentes y ambiciosos, a la cabeza, que marcharan unidos para exterminar a la raza blanca. Se descubre que para el cargo de Presidente de la Junta Central, estaba nombrado Gabriel de la Concepción Valdés; el poeta Plácido,[38] para Tesorero, Santiago Pimienta; para General, Vargas; para Embajador, José Dodge, porque además de español hablaba inglés y francés. La revolución comenzaría con el alzamiento de las negradas de los ingenios, y la señal sería un fuego que se provocaría en una gran casa de madera propiedad de Don Antonio M. Lazcano. Los negros contramayorales eran el medio de comunicación entre la ciudad y los ingenios y haciendas.

Aquellas noticias sensacionales estremecieron a la población, como la conmovería más tarde la muerte de Plácido, recitando desde la capilla al patíbulo su "Adiós a mi lira", pura leyenda.

El sargento negro Domingo José Erice, después de declarar cuanto sabía de la conjura prefirió suicidarse a morir asesinado por hombres de su mismo color. En cuanto a Plácido, el gran personaje de la Conspiración de la Escalera, el mártir, se negó a confesar y sostuvo en todo momento que era inocente, pero mencionó a Don José de la Luz y Caballero y a Domingo del Monte, que se hallaban en París. Se ha dicho que en el interrogatorio conducido con la peor intención por el fiscal de la causa, Pedro Salazar, le prometió indultarlo si acusaba a del Monte y a Luz y Caballero.[39] Lo que hizo también el moreno libre Miguel Florez, amigo de Turnbull, no obstante ser el inglés buen amigo de Luz y Caballero.

En fin, el 15 de junio de aquel año de 1844, un Consejo de Guerra condenó a muerte a los dirigentes de la conspiración, a Guigot, a Plácido, a López, Román, Quiñones, Pimienta y Torres. A presidio y a la pena de azotes a muchos esclavos y el día 22 al amanecer, en Matanzas, se cumplía la sentencia.

Era perfectamente comprensible, honroso para Plácido, que se hubiese comprometido en aquel movimiento. No tenía por qué proclamar su inocencia sino enorgullecerse de haber declarado en su poema "El Juramento":

> *"Ser enemigo eterno del tirano*
> *Manchar si me es posible mi vestido*
> *Con su execrable sangre".*

No le fue posible manchar sus vestidos con la sangre del tirano, pero sí,

> *"Morir a manos de un verdugo*
> *Si es necesario para romper el yugo";*

y sus líricas protestas de inocencia, su conocida Plegaria a Dios, escrita la víspera de su muerte, no convencieron a muchos. Morir por la causa que había querido servir, confesar que anhelaba, porque era noble y justo, libertad y derechos sociales para la raza negra, hubiera sido más hermoso. Pero Plácido, aunque no era un buen poeta, era poeta; de apariencia más blanco que negro,[40] y quizá no quiso pasar a la posteridad confundido con los negros. Cuentan que después de sentenciado, actuó con un valor que no se hubiese sospechado en el pobre Plácido hecho trizas de los días del interrogatorio. A uno de sus compañeros, condenado a muerte, a Pimienta, le dijo para darle ánimo:

"¡Somos inocentes, la posteridad nos absolverá!"

La posteridad lo hizo mártir.

En el invierno de aquel año fatal, sucede, para terminar con esta historia, algo inesperado.

Miguel Florez, el negro talabartero que se atrevió a denunciar a Luz y Caballero y a Domingo del Monte como implicados en la conspiración, acusa ahora al fiscal Salazar de haberlo obligado a calumniar a los blancos, y se retracta de los cargos imputados. El verdadero autor de aquellas mentiras era Don Pedro Salazar. El General O'Donnell lo encausa, y sus fraudes y supercherías le valen ocho años de presidio en la cárcel de Ceuta. Allí muere loco. ¡La Lechuza! Se contó que Plácido, antes de morir, le anunció que después de muerto lo perseguiría en forma de lechuza,[41] en la prisión, se le aparecía una que fijaba en él sus ojos amarillos, redondos y brillantes, y era tal el terror ue sentía Salazar, sabiendo que era el alma de Plácido que venía a visitarlo, que enloqueció.[42] Y por último, veamos lo que escribió Wurdermann sobre la Conspiración:

Leopoldo O'Donnell, acostumbrado a las luchas civiles de la vieja España, resolvió adoptar un sistema de terror nombrando una comisión militar que empleó los mismos medios que en Irlanda el 1798, y si cometió mayores excesos fue porque pudo actuar con toda impunidad. Como aquellas de Dublín se establecieron en Matanzas y en Cárdenas, casas en que se torturaba. Se llevaba allí a los acusados y se les azotaba para forzarlos a confesar. El horror generalmente bastaba para doblegar la firmeza del negro y arrancarle el secreto que guardaba en su pecho. Podría afirmarse que la urgencia del caso demandaba medidas rápidas y duras, pero las atrocidades cometidas en Cuba este invierno, dejan una mancha indeleble en el carácter español y no admiten paliativos. En algunos casos mil azotes cayeron sobre un solo negro. Murió un gran número de ellos bajo esta tortura continua. Y aun muchos más de pasmo, heridas y gangrena. Obtenida así la confesión, especialmente cuando el prisionero se hallaba bajo la tensión de un interrogatorio, no siempre podían ser exonerados. No eran pocos los que moribundos, declaraban que cuanto habían dicho era falso. Un número de hacendados blancos, criollos y de extranjeros fueron arrestados por semejantes testimonios y confidencias. Abandonados al capricho de un subcomisionado que visitaba el ingenio, toda la población tenía miedo de pronunciar una sola palabra en contra de tales actos, y veían desesperados sacrificar sus propiedades. Hay que decir en honor de los cubanos, que su actitud de repulsa fue tan acentuada que influyó en que O'Donnell ordenara secretamente a sus agentes que moderasen su celo, y el Jefe de los Lanceros de Cárdenas, que cometió los actos más violentos, fue menos cruel. Se consideraba contrario —como hoy—, a la política de un gobierno despótico admitir que éste no obrase bien, y así los crímenes de esos hombres quedaban impunes. La conspiración fue aplastada al descubrirse, y las proezas de los negros, repentinamente quedaron reducidas a una profunda sumisión. Está de más decir que los horrores de Santo Domingo se hubieran repetido. Muchos blancos hubiesen sido flagelados y quemados vivos, etc. Los planes estaban tan mal organizados que los insurrectos sólo hubieran podido presentarle a los monteros armados que los contuvieron, una masa inerte, y su revolución, destruirlos a todos".

El francés Rosamonde de Bauvallon escribió que Turnbull, "arrojando la máscara de una hipocrecía humanista para arbolar la bandera roja de la insurrección, es una lección que no escapa a la perspicacia natural. Todos desean igualmente la supresión de la trata, y quizá sueñan en secreto con la independencia de la Isla".

Bauvallon encontró mucha gente con ideas progresistas y de orden en Cuba, y otros que se dejaron sorprender por la pérfida campaña del Cónsul inglés.

Mas volviendo al tema de los Mayorales como de todo hay en la viña del Señor, también los hubo que aunque habían de mostrarse severos con los "revencudos", los revoltosos, tajalanes y cimarrones, cumpliendo su deber, no hubiera sido justo llamarles malvados. Fueron muchas las veces que de niña, presente en las conversaciones "del fondo" —de los sirvientes—, cuando recordaban "cosas de antes", les oía comentar a los de mayor edad y a las "cotorronas",[43] la suerte que habían tenido sus antecesores, porque al llegar a Cuba los habían comprado para quedarse en La Habana y no para llevarlos al monte.

En uno de aquellos paseos diarios en coche de caballo por los antiguos barrios de la ciudad, mi padre, que siempre me llevaba con él, me mostró una casa antigua, frente a los muelles, bajo cuyos portales se vendieron por algún tiempo los esclavos que llegaban al puerto. Mas no era aquél el mercado de ébano. Existían varios al otro lado de la bahía, en Regla.

Fue a mi padre, que como todos los cubanos de su generación (la del 68) había sido abolicionista, a quien oí contar por primera vez los horrores de la travesía del africano en el barco negrero. Se ha escrito tanto sobre el tema que no vale la pena repetir lo que todos sabemos. Sólo esta frase lapidaria de Bamboché:

"Si no hubiera habido tambor abordo, no hubiese habido esclavitud. Porque no habría llegado un solo negro vivo".

En efecto, para airear y alegrar un poco a los negros, los subían a cubierta y los hacían bailar.

Bamboché me contaba de un congo compadre suyo, brujo del pueblo de Cidra, que se puso tan triste cuando lo vendieron en Loango que se "emperró" y no quería comer en el barco para morirse, "pero le abrieron la boca con un aparato, como un calzador, y a la fuerza lo hacían comer, porque no podía cerrarla".

El único, y pequeño incidente que recuerda mi viejita de Pachilanga, de su viaje a Cuba, es que algunas "mercancías fueron lanzadas al mar, tal vez para aligerar la carga o evitar algún contagio. Lo que pensando en negrero no tenía mayor importancia, pues no mermaba sus ganancias: a $450, y a veces a $1,500 la pieza, unas cuantas que se tragara el mar ¿qué más daba? El 1847 el negro que se vendía en Cuba en $650 se pagaba en Africa a $10.

Ya en tierra, tras la dantesca travesía que duraba hasta tres meses, el africano llegaba a menudo en el colmo de la fatiga; extenuado, como se decía "alma en boca y huesos en un costal".[44]

El 1783 el Dr. Dionisio de Quesada le escribe desde Camagüey —donde por el momento se facilita conseguir bozales a precios equitativos— a Don Casimiro Arango: "mi padre llevó tres, porque estaban muy estragados, y en su casa, siendo reducida, temió se le apestaran; dichos negros no son capaces de hacer trabajos de consideración pero los que tenían intención de comprarlos querían irlos experimentando y acariciando para que perdieran el temor y no se huyeran como suelen hacerlo los de aquella calidad. De los tres que llevó mi padre, me consta que enfermaron dos, y aunque uno se curó en casa" —se curaban sólo con alimentos frescos, después de los atrasados que les daban en el barco—, "el otro fue preciso remitirlo al depositario para que lo medicara hasta que se restableció".

Normalmente, la mercancía humana, por buena y resistente que fuese, llegaba por fuerza, ligeramente averiada.

"Lo que sí debía chivar mucho era el *reconocimiento*. Eso de que lo traquetearan a uno por sus partes para saber si estaba bueno por ahí", comentaba Juan B. que conocía "mucha historia antigua". "Pero en fin, menos mal si después de tanto miedo,[45] tanta apretazón, tanta peste, tanto peligro, encontraba aquí un buen amo". Porque la suerte de aquella pobre bestia en que habían convertido al africano, trocándolo en su tierra por tabaco, aguardiente, pólvora, telas, cacharros, cuentas, abalorios —codiciadísimos eran los collares de corales—, para que en América se dispusiese de ellos como de una cosa; se vendiera, se alquilara, se cambiara por "mula o caballo" —esto se leía con frecuencia en los anuncios— o se jugara a la pata de un gallo —que así jugó su dueño a Policarpo en una feria—, iba a depender exclusivamente de eso, de dar con un dueño de buen corazón.

La relación que hace Massé de su visita a un mercado de piezas de india de La Habana, vale la pena de ser traducida. Vamos a trasladarnos con él al año 1825. "Los barracones ocupan un terreno considerable. Se construyeron para las tropas destinadas a la recuperación de Pansacola hace cuarenta años. Le costaron al Rey cuatro millones y se harían por quinientos mil francos. Dicen que algunos de los constructores están presos todavía en el Morro.

En estas casernas se encierran los rebaños de negros a medida que desembarcan y se venden. Se componen de una gran pieza cubierta de paja

51

y dividida en varios departamentos. En el primero se hallan los empleados, carceleros; los siguientes están reservados a las esclavas (mujeres); al fondo están los hombres. Varias salidas comunican a un gran patio, y a un extremo se hallan varios anexos destinados a cocinas y otros fines. En el dormitorio de los esclavos, a ambos lados, se han distribuido sus lechos, tarimas a un pie de alto del suelo. De día, a menos que no haga mal tiempo, se les obliga a andar por el patio. Unos toldos los protegen del sol y hay bancos de madera o de piedra dispuestos a lo largo de las paredes.

Se embarca a los desventurados negros como a paquetes de algodón o de pimienta; se les trata durante la travesía como si fuesen cargas de patatas o naranjas, que se lanzan al mar si se estropean,[46] y los restos, más o menos considerables deciden la suerte de la especulación en el intervalo que transcurre entre el desembarco y la venta.

Hay que decir en elogio del gobierno español que ante sus ojos, hasta cierto punto, no se atreven a violar los sentimientos humanitarios con que ha de tratárseles. No puede decirse lo mismo de otras Administraciones europeas en América. Se cuentan trece negrerías. Se les puede visitar exceptuando las horas de reposo. La alimentación que allí se les da a los esclavos me ha parecido sana y bastante abundante. Se tiene cuidado de hacerles cantar y bailar a menudo y de que marchen en cadencia. Por la mañana los negros y las negras se bañan en el mar cercano, y aunque desnudos los dos sexos, no ocurre nada contra la decencia". Observa que la actitud de las negras recuerda la de la Venus de Medicis, pero sin proponérselo, porque es una "pose" habitual de ellas, −avec la même grâce− (con la misma gracia). "Al salir del barco cada negro recoge su taparrabo y lo usa mientras no está vendido. Gracias a la dádiva de un capitán o marinero, algunos se hacen turbantes con otro pañuelo, o lo usan como bufanda.

No faltan comerciantes generosos que regalan a los negros de su cargazón coberturas de lana. Un colono que visita el mercado examina si los hombres son vigorosos, jóvenes y de buena raza".

No podía imaginarse Massé que hubiera mujeres tan negras y sin embargo bonitas, y se rebela contra el prejuicio que hace "ñatos" a todos los negros: " ¡No! No todos los negros tienen la nariz aplastada ni los labios tan gruesos, inclusive hay negras que por la pequeñez de sus bocas darían envidia a más de una francesa.

A menos que un negro se encuentre muy enfermo no se le consiente dejar de cantar y bailar con sus compañeros, para que parezcan alegres y saludables. Un vendedor de negros, un negrero, es tan cuidadoso de su mercancía como un tendero. Las danzas son expresivas; consisten en paseos, otras me parece que tienen un carácter guerrero y religioso. Separados de sus mujeres los negros no tienen un aire muy satisfecho.

En sus andares, en sus gestos y posiciones, las negras respiran voluptuosidad, y a falta de hombres se distribuyen el papel, pudiéndose apreciar en sus bailes el temperamento de sus países, en general lascivos. Casi todas las esclavas son de talla pequeña y bien formadas. Había una que no se cansaba de bailar, obligando a las demás, y sus guardianes blancos no le prohibían este exceso que la hacía feliz. Una linda bailarina debe caer muerta de cansancio. Las negras bozales no son coquetas. Había una mandinga desnuda; sus aires, sus gestos, dejaban apreciar toda la pretensión que es capaz de exhibir la 'petite maitresse' de un país civilizado. Tenía un chal nada más, que se arreglaba coquetamente de mil maneras, más que para cubrirse, para revelar sus encantos.

Varias marcas sirven para distinguir a las *naciones*. Los brazos, los senos, las mejillas, la espalda reciben tatuajes, a veces bellos, que son adornos individuales; otros son el cuño de la nación a que pertenecen. Los cabellos tejidos demuestran una paciencia inaudita; pondrían a prueba el arte de nuestros peluqueros. Su arreglo debe ocuparles el día entero.[47] En la esclavitud tienen que sacrificar este adorno que da tanta gracia a sus cabezas. Las nucas se afeitan a los pocos días del desembarco".

Massé penetra en el barracón número siete. (Al que lo acompaña le gustan las negras.) Allí una joven africana le pide tabaco. El francés le regala un paquete que la transporta de alegría. La esclava lo distribuye entre sus compañeros, que acuden, rodean a los blancos bondadosos, toman sus manos y gritan ¡tabaco! "La primera palabra que aprende el bozal es Habana, la segunda, tabaco".

Massé distingue una gran variedad de matices en la coloración de los negros —entre los carabalí, descubre que los hay como rojos—, ve algunos que son más bien amarillos, otros... "negros rubios con el pelo rojo", y dice: "No hablo de negros blancos que serían objeto de curiosidad", y sin embargo los había, los hay —los albinos—, para los lucumí hijos de Obatalá.

"Muchas ladinas toman parte en los bailes y cantos de sus compatriotas recien llegados. A algunos negros de afuera, los guardias les permiten mezclarse con las nuevas víctimas, a otros los echan, porque vienen a desmoralizarlos".

Y llega el día de la venta, que se anuncia en un pequeño billete que se recibe con el periódico.[48]

"Los compradores esperan la hora fijada en la pieza en que se alojan los guardianes. Todos los negros están encerrados en la otra, y la puerta que conduce a ella, al abrirse a los compradores, es asaltada por sus agentes. Es curioso observar cómo se disputan los puestos frente a esa puerta. Un hombre en mangas de camisa suda a mares. Suena la hora, la puerta se abre al fin, y los compradores o sus agentes, se precipitan sobre los negros. Realmente el espectáculo es horrible. Cada uno se hace del mayor número de negros que pueda reunir para escoger después. Cuando se ha hecho la selección y completado la compra y salen los esclavos con sus pañuelos al brazo, entonces, qué gritos, qué gemidos, lanzan sobre todo las mujeres, quienes por el sitio que ocupan en la habitación son las primeras expuestas a la irrupción de aquellos bárbaros. Empavorecen, se abrazan todas, dan muestras de una violenta desesperación. Los compradores se esfuerzan en calmarlas. Se las selecciona, se rechazan del grupo las menos frescas, o que han sido puestas de lado por otros compradores.

Las esclavas escogidas reciben vestidos, y entonces las mujeres lloran menos. La vista de una gran camisa empieza a consolarlas. Algunas veces se escribe por la parte de atrás de la camisa, el nombre del dueño y el nombre que se le dará a la esclava. Pero a veces sucede que hermanos y hermanas o padres e hijos están en grupos diferentes y se hacen gestos, se señalan con la mano, y ahí empiezan los gemidos. Se venden juntos la madre y el hijo pequeño, y estos lloran viendo llorar a la madre. Una señora blanca lleva de la mano a un niño; acaba de comprar tres negritos y se los enseña a su hijo; los negritos acarician a su dueño, aunque ya éste los empuja".

La operación que hacen los compradores examinando al esclavo se la calla Massé, para no ofender el pudor.

"Se les mira el sexo pues si tienen hernias, el trabajo las agrava. Todas las mujeres estaban ya tranquilas y vestidas, cuando oí unos gritos agudos en la cocina, adonde se habían retirado unos negros, acurrucándose junto al fuego. Era una negra joven que tenía una venda sobre los ojos, amenazada de perder la vista,[49] la que gritaba de aquel modo a medida que se marchaban sus compañeros".

Massé, que calcula siempre en francés, nos dice que una pieza, un negro de primera, valía 420 piastras, y un muleque, un muchacho, 400; que en aquella fecha ya no se hacían créditos por diez y ocho meses; la mercancía se vendía al contado. La carga no se vendía toda el mismo día, y siempre quedaba en los barracones un remanente de enfermos, de ciegos, ¡y había quien especulaba con estos desechos humanos, quien los compraba a su propio riesgo, por cincuenta o cien pesos!

H. Tudor el autor de "A Narrative of a tour in North America" (with an excurtion to Havana). Vol. II, London 1834), vio en la bahía un barco negrero que llegó con doscientos cincuenta esclavos. Lo cazó el schooner Skip Jack, pero pudo escapar en la oscuridad de la noche; y vio el sitio en que estaban confinados los esclavos, desnudos con taparrabos y exhibidos como cerdos. De acuerdo con sus edades, se hallaban en lotes sentados en el suelo, comiendo, devorando más bien, una mezcla de plátanos salcochados salpicada de huevo y arroz, una especie de potaje que se hubiese dado a un puerco.

Tres de estos infelices estaban muy enfermos debido al hacinamiento durante el largo viaje, uno de ellos, especialmente, parecía moribundo. Postrado y quejándose en el suelo, desnudo como había venido al mundo. No era más que hueso y pellejo. Nadie le tuvo lástima, nadie le dio ropa, comida o medicinas, como si sus amos comprendieran que perderían pronto el dinero que gastasen en él, pues la muerte se le acercaba. A pesar de su deplorable estado, dice que todos fueron puestos a la venta, y que al negro que yacía postrado en tierra se le alzó del suelo para demostrar que no estaba muerto, y un posible comprador no perdiese del todo la esperanza de verlo restablecido. Sin embargo, el hambre y la enfermedad lo habían minado y se desplomó exhausto. "Los especuladores de sangre humana, extraño es decirlo, ofrecieron dinero por este cuerpo inservible y por otros dos negros enfermos, que se vendieron en... dos pesos". Inquiriendo a la mañana siguiente Tudor supo que el pobre negro había muerto en la noche.

De los barracones en extramuros en que se efectuaban las ventas de esclavos, escribe Bachiller y Morales: "Yo recuerdo, y era muy niño, la alegría con que se dirigían a las personas con quienes simpatizaban, gozosos y complacidos, especialmente los jóvenes, para que los sacasen de esos corrales".

Proverbialmente por dichoso, repetimos, se tenía después de su venta el africano que no era llevado a un ingenio a expiar su crimen: el de haber nacido negro.

Tres décadas más tarde que Massé, un autor que ya hemos citado, Richard Henry Dana Jr., acompañado por un rico e inteligente hacendado, visita también los barracones de Regla, cruzando en unos minutos la bahía en el "Ferry boat", aquel "ferry" que comunicaba La Habana con Guanabacoa, que muchos habaneros, reglanos y guanabacoenses recordarán, pues funcionó hasta el 1928.

Estos anchos y cortos vapores de rueda que hacían ese servicio desde madrugada hasta la noche a mediados del pasado siglo, y además de pasajeros —el pasaje costaba un real sencillo, medio real el de niños de cinco hasta ocho años y el de los negros—, transportaban carga, quitrines y volantas con un solo caballo y sus caleseros, y otros tipos de carruajes, carretones, carretillas, vacas y bueyes.

En Regla, cuenta Dana, "pocos minutos de camino nos llevan a una pequeña factoría donde todos los trabajadores son chinos. En el patio posterior de ésta hay una serie de edificios bajos a los cuales se llevan los esclavos para exhibirlos. En el 'Ferry boat' traíamos a un individuo de poca estatura y rostro delgado, que era un vendedor. Allí los esclavos, dirigidos por un negociante y un corredor, forman un semicírculo. El Sr. les habla bondadosamente. Están vestidos y no se les examina más que los ojos; no se requieren exhibiciones de su fortaleza y de habilidad, nada de esos registros ofensivos, sobre los cuales hemos leído tanto; qué exámenes había hecho o iba a hacer el negociante en mi ausencia, no lo sé. El lote consistía en unos cincuenta esclavos de ambos sexos y de todas las edades, algunos viejos y otros muy viejos, y el Sr. se negó a comprarlos todos. El traficante le ofreció entonces separarlos y el Sr. eligió la mitad de ellos, que fueron puestos aparte.

Observé la circunspección de todos —de los elegidos y los rechazados. Era difícil descifrar el carácter de sus emociones. La desesperanza se fijaba en las caras de unos, y en la de otros hubiera sido difícil decir si la ansiedad o la decepción que se leía en ellos se debía a que habían sido escogidos o rechazados. Cuando se hizo la separación y advertí que los esclavos no se atrevían a sugerir si un lazo natural o de afecto se rompía con esto, pregunté al Sr. si algunos de ellos no serían parientes. Me dijo que se ocuparía de ello, pues nunca separaba a los familiares.

Habló con cada uno de los que había escogido preguntándoles si entre los que habían sido puestos de lado tenían algún familiar. Fueron pocos los que señalaron a sus parientes y el Sr. los compró. Una esclava era una madre anciana y otra una hija pequeña. Me siento satisfecho de que en este caso no se hubiese llevado a cabo una separación.

Le pedí al Sr. me dijese en qué se basó para seleccionar a los esclavos, pues no me parecía que había elegido sólo a los más vigorosos. En la raza, me respondió. Aquellos negros probablemente eran oriundos de Africa, bozales, excepto el más joven. Los tatuajes de las razas les eran conocidos a los hacendados. Nombró una más inteligente que las otras, más difícil de manejar, pero muy superior cuando era bien tratada. Todos los que compró, sin importarle la edad o la fuerza, pertenecían a esa raza. Pienso que esa tribu preferida era la lucumí, aunque no estoy seguro".

Y sin duda lo era. En aquellos años de gran prosperidad económica —del cuarenta al sesenta y ocho—, es cuando la demanda de lucumís fue mayor.

Pero sustituyendo a los primitivos trapiches que se movían por fuerza animal, dejando muy atrás aquel notable adelanto que en la industria del azúcar representaba por el 1818 —que fue un gran año para Cuba—, la máquina de Martín Lamy que ¡hacía dos revoluciones por minuto! y daba un chorro de guarapo superior al de los trapiches corrientes, se introducen en Cuba, del 1830 al 40, las máquinas de vapor. Estas se van perfeccionando cada vez más y aliviarán las fatigas del esclavo. El cuadro que me han pintado mis ancianos informantes sobre sus trabajos en el ingenio, no muestran los mismos colores sombríos que emplearon muchos autores al describirnos las miserias de la esclavitud rural. Sus noticias se ajustan más bien a las que da Gallanga en su libro "La Perla de las Antillas", escrito el 1873, y otros contemporáneos suyos: "Es liberal y realmente patriarcal el trato que se da a los esclavos en Cuba". Gallanga los vio en los ingenios de Poey y de Zulueta, "gordos, con movimientos lentos, zalameros y a ciertas horas ruidosamente alegres".

Los esclavos en los ingenios que visité, nos dice, "están cargados de trabajo. De noche muelen las máquinas hasta las tres. Sin embargo, la suerte está muy lejos de ser lo miserable que se imagina.

Hay dos fases en la producción del azúcar. Primero: el trabajo en el campo de caña, que puede ser y es actualmente, ejecutado en una gran proporción, por trabajadores libres y en muchos casos por hombres blancos.

Segundo: el trabajo en la casa de azúcar, que tritura la caña y convierte el jugo en azúcar, que en una gran proporción lo hace la maquinaria, que diariamente se perfecciona. El orgullo de dueños de ingenio como Poey y Zulueta, es el haber logrado reducir la labor que antes hacían los esclavos y disminuir notablemente el número de 'manos' —en cientos y miles—, dejando a los que quedan una tarea que no es de ningún modo más pesada que la de los operarios de las fábricas de Manchester, Sheffield o New Castle. Zulueta sólo emplea quinientos obreros manuales y hábiles en el campo y en el ingenio".

La condición del esclavo había mejorado indudablemente. Veinte años antes el Dr. Physician observaba que a pesar que la faena del esclavo es fuerte durante la zafra —en los ingenios más que en los cafetales—, pues ésta comienza en noviembre y termina a principios o fines de junio, "los negros se ven sanos y fuertes. No pierden el sueño ni el apetito". De las veinticuatro horas del día, disponían de cinco o seis para dormir, dos para comer y reposar al mediodía. Los domingos, tarde y noche repiqueteaba el tambor. Y el 1888 Mathurin M. Ballou,[50] declaraba: "Aunque aborrecemos en su totalidad el sistema laboral cubano, no negamos sin embargo que los esclavos, en lo que a comodidad material se refiere, están mejor alimentados, alojados y cuidados que la cuarta o quinta parte de la población de Irlanda y de la India, y es más, que esta comparación puede establecerse con la de la mayor parte del continente europeo".

El caso es que a mis viejos, los buenos y alegres recuerdos les habían borrado los malos; callaban las historias oídas si no vividas, de las insurrecciones de esclavos en los ingenios matanceros, de la conspiración del 1844, de los maltratos de contramayorales malvados, y sólo les agradaba rememorar las fiestas y diversiones. Muchos a contrapelo me relataban un crimen, un acto de violencia, un accidente, y estos eran frecuentes, como el que me cuenta Francisquilla (las viejas eran más dadas a narrarnos las calamidades que habían experimentado o presenciado).

"Nosotro tá bajo casa lo ingenio cuando ingenio era de masa. Un chino manila puso uno pincho pa colocá la masa y nosotro tá mirá chino. Chino se decuidá. Chino enganchao, garrao entre masa que lo metió en el techo. Quita lo pincho. Vamo poné caña. ¡Dió bindito, Siñó! ¡Ni botón camisa apareció de chino! Y ese chino a mí me gutaba".

Lo cierto es que he conocido ancianos matanceros y villaclareños, que a pesar de la cercanía a la capital, nunca la visitaron, ni soñaron jamás en abandonar su terruño.

"¡Se divertía uno tanto en el ingenio! Un día aquí era un tambor en un Cabildo de Santo, otro allá un plante de congo, y todos a bailar", suspiraba Heriberto. "Los congos tenían Cabildos en todos los pueblos. En Nueva Paz la mayoría eran congos. Yo iba con mi padre a las fiestas de Macurijes, Bemba y Sabanilla. Eran desafíos de bailes. Para mí los mejores bailarines, sin discusión, eran ellos. ¿Quién puede olvidar a Agustín bailando Mumboma? Era algo único. ¡No, niña, usted no ha visto nada!"

"¡Aquellas fiestas de los Congos Reales! ¡Dios bendiga a mis Nkula[51] que en Gloria están! Ya se acabaron en Cuba los Congos Reales. Mire si eran grandes que el Día de Reyes, en el Palacio del Capitán General, hasta que no llegaban los Congos Reales, no se repartía el aguinaldo.

A veces la música de sus fiestas la hacían con botijuelas que sonaban como tambores: umbó kín bín bín Mbú...

El cabildo de los congos portugueses y de los congos reales estaba en el ingenio Santa Rita. El 'Santo' de los portugueses se llamaba "Gangasímba; el de los congos reales Yeyenkila, pero en las fiestas abiertas no bajaban". (En las fiestas profanas no se producía el trance.)

"Unión de Reyes, Alacranes, Cabeza, Camarioca, Bemba, Ceiba Mocha, Macurijes, Sabanilla del Comendador, Corral Nuevo, Nueva Bermeja, en todos esos pueblos bailé y toqué el tambor. ¡Levanta Ngoma Kokero bóbele Ngoma! ¿Entiende? Quiere decir, ¡a tocar, a hacer hablar el tambor!"

"Ay, las fiestas de los Hernández, mayomberos, en una casa que tenía un flamboyán inmenso, en la misma calle en que vivía Francisco Cataneo, un moreno muy inteligente, maestro, amigo de Juan Gualberto Gómez y de Campos Marquetti!"

Para estos descendientes de congos es un título de nobleza declarar que su antecesor era del ingenio Desengaño, del Acana, del Santa Rosa o del Triunvirato, del San Cayetano, de la Luisa o del Armonía.

Makindó, del Flora, gracias a una lotería se libertó; claro que volvió al redil, a su provincia querida, la Ifé de Cuba para los lucumí, Mbanza Kongo para los congos, pero antes "caminó" toda la Isla, visitó todos los cabildos de congos —en Sagua la Grande el de Kunalunga, donde había un pozo en que tenían "sus Mbomas[52] y grandes secretos". Aún existía antes de la entrega de Cuba a Rusia.

En tiempos en que vivía en Sabanilla del Comendador un rey Congo, "Melchor", iban a rendirle homenaje una vez al año, todos los congos matanceros, pues Melchor era rey de todos ellos.

Makindó consideraba que en la provincia de Santa Clara "la más sana de Cuba", acaso los congos fueron más numerosos que los lucumí.

"Es posible —me dice un 'pilongo'—[53], había muchos; eran congos todos los que figuraban en la procesión de la fiesta de la Virgen de la Caridad del Buen Viaje, de la que eran muy devotos.

El 1890 vi el entierro de una conga Reina de Cabildo. En la calle, en cada esquina, se hacía una ceremonia: colocaban el cadáver en tierra y varios negros lo saludaban con grandes banderas españolas. La autoridad los dejaba en plena libertad de practicar sus ritos".

Sin embargo, en la colonia siempre se prohibió "que se conduzca a los Cabildos los cadáveres de negros para hacer bayles o llantos al uso de su tierra". Esta interdicción, que se renueva en todas las Ordenanzas posteriores, en las municipales de la ciudad de La Habana del General José de la Concha, 1855, leemos: Cap. IV, Art. 40: "Para conducir algún cadáver a los cabildos y velarlos depositados en el interior hasta las veinte y cuatro horas, avisará el Capataz del cabildo al celador del barrio. Pena de dos a cinco pesos".

Cap. V. Art. 55.: "Los que formaren el duelo de los entierros de la gente de color, usarán sus trajes ordinarios y no disfraces; irán de dos en dos si marchasen a pie y no se detendrán en las puertas de las bodegas o de otros establecimientos públicos, a la ida ni a la vuelta del cementerio. Pena de cinco pesos".

Mas no parece que esta Ordenanza se cumpliera al pie de la letra en ningún tiempo. En el campo, por supuesto, era letra muerta.

"Al Ikú, (difunto) se le lloró siempre a la africana en el cabildo o en su casa", me aclara Calazán, "así era cuando yo nací y así fue antes de yo nacer, y así es. La Guardia Civil perseguía que se bailara la caja del muerto en los entierros, pero yo llevé a enterrar a muchos muertos, bailando. ¡Remando pá Boboya, remando pá Boboya! y se paraba uno en las bodegas a echar un trago.

Tuñé tuñé vamo a casa Mamboya
Tuñé Tuñé vamo a tuñé tuñé
A casa Kanguera...

Bien claro especificaba el artículo 10 del antiguo Bando de Buen Gobierno:

"Tampoco se permitirán bayles en las casas particulares donde esté expuesto el cadáver, ni llanto como se ha dicho, aunque bien podrán acompañarlo guardando la debida moderación, y si executaren lo primero se' exigirá la multa de dos ducados a los que actualmente baylaren y cantaren, si fueren libres, y a los esclavos se castigarán con veinticinco azotes, aplicándose los insolventes libres por tres días a las obras públicas..."

(Como entences, entiéndase llanto por rito fúnebre.)

Makindó, igual que Calazán, rodando por la Isla, "lloró y bailó mucho muerto". Allá en Remedios tuvo un compadre, en Trinidad se "enredó" y quiso mucho "una temporada" a una conguita mbándola, pero en cuestiones de mujeres no tenía preferencias: confiesa que las de todas las tribus le gustaban. "Por aquel entonces", me contaban, "los negros libres de nación tenían tres o cuatro mujeres, y a una de ellas le llamaban La Principal o la Nkundi. La Principal tenía autoridad sobre las demás. Comía con el marido servida por las otras. Lo que sobraba era para éstas y los hijos. Los hijos varones no podían entrar en el cuarto en que dormía la Principal con su marido".

"A Tá Susano", me contaba Baró, "le conocí dos mujeres muy buenas que tuvo de por vida, Anita y Santa. Santa era mulata. Vivían en la misma casa y se llevaban admirablemente. Se querían mucho las dos. Sin embargo, otras veces, las mujeres del mismo marido se encelaban, se odiaban, se agarraban de las pasas..., pero la costumbre era esa", y concluía Baró, "más cómodo era tenerlas juntas en una misma casa que una por aquí y otra por allá".

Como los lucumí, los congos anteponían el nombre genérico de Congo al de la tribu o región de que provenían: congo babundo, congo musakamba, congo mpangu, congo bakongo, congo musundi, congo loembi, congo mbángala, congo kisenga, congo biringoyo, congo mbaka, congo kabinda, congo ntótila, congo bangá, congo musabele, congo mpemba, congo makupongo, congo kasamba, congo motembo, congo makuá, congo kumba, congo ngola, congo kisamba, congo nisanga, congo muluanda, congo lundé butuá, congo nbanda, congo kisiamo, etc,

De los nisanga conservo copia de una escritura del Archivo Nacional de La Habana: 1867-1869.

"Prío Morales, moreno libre, congo nisanga, exige se restablezca Cabildo para tener deliberaciones. Capataces y Matronas serán 1º Capatáz, Corrales y 2º Eduardo Cabrera, 3º Ibañez. 1ª Matrona, Mercedes Pulgarón, 2ª Marta Tranquino, y 3ª Apolonia Domínguez. Nombraron como Patrón al Señor Jesús, María y José.

Extramuros barrio del Pueblo Nuevo, calle de la Salud 167. Los antecedentes de Merced Pulgarón, libre, y los de Apolonia. No tienen antecedentes. No son desfavorables. No pueden informar sobre Rosendo Ibañez, vecino de Pueblo Nuevo 4 Dr. en la última cuadra antes de llegar a Cuarteles, en una casa de Cabildo, por cuyo motivo paso este expediente. Aparece después una certificación de Fermín Pérez. 7 Septiembre de 1867. El moreno libre Rosendo Ibañez, natural de Africa, de veinte.... sobre sirviente y vecino de la calle del Salvador no. 8, es de buena conducta y nada consta que lo perjudique. El barrio de Pueblo Nuevo y el determinado por el gobierno para establecer los Cabildos, y correspondiendo esta demarcación a la calle de la Salud 164 como se haya comprendida en el lugar designado, Noviembre 4 de 1867, concedido el permiso que se solicita aquí en la ciudad de La Habana en 25 de noviembre de 1867. Don Francisco de la Madrid, comisario de policía del IV Distrito, ante de mí el escribano del Gobierno se trasladó en virtud del decreto que antecede a la calle de la Salud 164 donde se hallaban reunidos varios individuos de los que componen el Cabildo de Nación Congo Muango bajo la advocación de Jesús, María y José en número de 9 hombres e igual de mujeres y se procedió a la elección de Capataces y Matronas que han de regir el Cabildo, obteniendo votación unánime los individuos siguientes: 1º Capataz Pico Corrales 2 y 3 Eduardo Cabrera y Rosendo Ibañez. 1ª Matrona Mercedes Pulgarón. 2ª Matrona Apolonia Domínguez. 3ª Matrona María Marta Franquine. Dieron Francisco de Alvarado y Francisco de Castro". (Y se expidió el documento que da el gobierno en estos casos.)

Ese mismo año de 1867 se constituyen en La Habana otros dos Cabildos congos, concediéndoles patente. Cada vez que en esos expedientes se menciona a los Cabildos de Congos Reales, de Congos Ngola o de Agró, Carabalí Agró, nunca se omite declarar que "existen desde una época remota".

Juan O'Farrill había tratado a muchos gangá —"congos o parientes muy cercanos de ellos"— a gangás poangá, a gangá Ñongobá y a los gangá kueré, que bailaban con un delantal parecido al wabí de los lucumí, acompañándose de un tambor parecido al Ncheme de los abakuá, forrado como éste, pero sin cuñas.

He oído mentar a otros ancianos a los gangá kisi, que tenían su Cabildo en La Habana, y a los gangá gorá, romú konó, misense.

Si le damos crédito a O'Farrill, de toda la "conguería" eran ellos los mejores, los que más apreciaban los amos por su buen carácter y "porque no tocaban el piano" (no robaban). Eran honrados. Los ratos más divertidos y alegres de su estancia en el ingenio, Juan se los debía a ellos. Ningún otro africano contaba historias con tanta gracia. Todos los cuentos que me narraba en aquellas tardes inolvidables bajo el laurel mitológico de la derruida Quinta San José, deliciosamente complicados o deformados por su arteriosclerosis, los había aprendido con los gangá. Sólo les reconocía un defecto y gravísimo. Celaban como locos a sus mujeres, y el pobre Juan, que solía repetirse, volvía a poner de ejemplo a un Otelo gangá que había tenido varias mujeres y a todas les prohibía que se asomasen a la puerta y que saliesen de casa. ¡Las enterraba en vida!

"Este negro enamoró a una negrita llamada Kombé, muy linda, y aunque su madre le aconsejó que no le hiciese caso, la muchacha se encaprichó y se casó con él. Soyangué, el gangá, se llevó muy lejos a su mujercita, al monte, a un bohío en lo más solitario, donde sólo pasaban las arrias de carbón. Allí no iba nadie a visitarla, ni su familia, y al cabo de algunos meses, la muchacha desesperada le rogó que la llevase al pueblo, que se iba a volver loca de soledad. En aquel encierro no se volvió loca pero se enfermó. Se consumió. No hablaba, no tenía fuerzas para nada, no quería vivir más. Soyangué fue al pueblo a buscar un remedio que él conocía, y al volver la encontró muerta.

El gangá aquel tenía dos perros, uno se llamaba Wayorima y el otro Aé. Los dejó de guardia a cada lado del cadáver y volvió al pueblo a comprar una caja para enterrar a Kombó. Cargó con el ataúd de pino en la cabeza, acostó dentro a la muchacha, encendió cuatro velas y se sentó a la cabecera a llorarla.

Wayorima aé Kombó Soyangué
Aé kombó Wayorima Soyangué.

(Somos nosotros Wayorima, Aé, Soyangué los que te velamos, Kombó.)
A eso de las cuatro de la mañana pasaron los carboneros con las arrias de carbón. Ven que hay un muerto en el bohío, paran y bajan a interesarse.
—¿Cómo no nos avisó para acompañarlo?
¿Y sabe usted lo que les contesta el gangá?
—No avisa, no, poque hata dipué de mueta yo cuido mi mujé. Yo

siempre ha sío celoso. Hata que no entierra yo no sabe si son buena pa mí solo na má. Aquí no quiere má acompañamiento. Y le señaló a los dos perros."

José Manuel Baró coincidía con Juan en ensalzarnos un día, en el pueblo de Limonar, aquel gracejo único de los gangá.

Toda su infancia había transcurrido en esta región que conocía al dedillo.

Vivió en el ingenio de los Grave de Peralta y en el cafetal de Crabb. De las ruinas del antiguo Ariadna de Chartrand, tan visitado a mediados del siglo pasado por los extranjeros que a pesar del temor que les inspiraba la fiebre amarilla cruzaban el mar, unos para contemplar las bellezas de la Isla, otros, los yankees, que la codiciaban, para estudiar qué ventajas ofrecía su anexión o su compra,[54] nos llevó al cafetal de Crabb, en lo que él llamaba Baró chiquito —seis caballerías y no recuerdo cuantos cordeles. Allí estaban las ruinas de la casa de vivienda, la casona que había conocido llena de animación y de vida, enteramente invadida por la vegetación; el batey desaparecido, y junto a lo que era enfermería —de ésta se conservaban los muros de la fachada— estaba la casa de sus padres... porque el esclavo que fue su padre, luego con su trabajo se convirtió en ganadero. José Manuel parecía realmente emocionado. Veía asomar por todas partes las figuras desvanecidas de antiguos conocidos, y hasta de animales, los fantasmas del perro Componte y de la perra Diana, de la finca Chartrand, feroces guardianes, tan temidos que nadie se atrevía a acercarse a ciertas horas por sus alrededores; la mula en que Tá Cesareo daba vueltas a la noria cantando hipnotizado

Caminando caminando
Caminando caminando
¡Hála mula!
Caminando...

Frente a las altas tapias del pequeño cementerio se le presentaban las imágenes familiares de Lorenzo Baró, el pocero, Má Lení y su marido Chekué Chekué, Má Komé Chimba, que cocinaba un karalú exquisito, un caldo de yerbas que se recogían en el mismo batey, con maní y ajonjolí. Pablo Noka, el enterrador, "que debía sacar a los muertos de los ataúdes cuando los dolientes no pagaban los veinticinco pesos de rigor[55] y los echaba en la fosa común". Polvo en el polvo, allí reposaban los blancos separados de los negros. Donde se levanta un enorme aguacate en la esquina del cementerio chino, sepultaban a los negros, y separados de todos, a los niños "judíos", sin bautizar.

Allí en el Crabb este Baró trató con los gangá. Se les admiraba porque cantaban en los velorios unos cantos tan tristes, que todos los presentes lloraban. De repente variaban el ritmo, y con las lágrimas frescas aún o haciendo pucheros, la gente se echaba a reír a carcajadas. Era un arte que sólo tenían los gangá: hacer llorar e inmediatamente hacer reír.

"Moría un gangá, se corría la voz y de las fincas vecinas venían a su velorio", nos cuenta otro viejo que fue del ingenio Jorrín, y de apellido Jorrín.

"¿Usted sabe? el amo de mi padre era Miguel Jorrín y Moliner, hijo de Don Gonzalo Jorrín. Al rayar las cuatro de la mañana, los gangá dando vueltas alrededor del cadáver, cantando cantos muy importantes que partían el corazón, empezaban a despedir al muerto. Era siempre una mujer la que hacía de gallo (la que iniciaba los cantos). Decían en uno de ellos que Dios crió a sus hijos para comérselos, porque sus hijos cometían faltas y las faltas se pagan con la muerte. A semejanza de Dios, hoy los únicos seres en el mundo que se comen a sus hijos son el cocodrilo y el caimán".

Aquellos gangá adoraban un santo que llamaban Eserikika.

En el pueblo del Perico, Florinda Pastor era, hace años, jefe de una familia de más de cien individuos de origen gangá ñongobá. Formaban un clan cerrado y se dedicaban especialmente, me dio a entender, al culto de los antepasados. En sus velorios, todo el tiempo que el cadáver está de cuerpo presente cantan y bailan, y con los cantos comienzan los trances:

> *Doyan doyan*
> *Ikikiwe kikiwe yengué*
> *Mañengue báncleo*
> *Yangué pa mi wana yengué*
> *lo mando al cielo*
> *Van koromaé Nengueré*
> *Yaó bondé yá*
> *Boyaya yambuke bongué*
> *Lloró lloró kimbi ya oro pondé*

Con cantos lo acompañan al cementerio:

> *Indé indé bondé son de baina...*

Cada cierto tiempo celebran sus ritos, y en los aniversarios de sus muertos, invocan y "lloran":

Kere yan waio aó maó
Kere weyo yan weío
Vamo a llorá morilé
Lloró lloró kimbi ya oro
Pondé kengue un ke yambasina
Mamba chó wanwege iyaó
Kende yao kende yao kende yao
Llama ó llama owé
Llamando a Tá Bondó
Umbé ya mambe
Mamba tambulende
Mamba pangulembe
Mama kore mamambeke...
Diambo bondian bembé
Diambo ndián gondia abaní

Florinda Pastor y su gente emplean en muchos de sus cantos una jerga entremezclada de palabras castellanas antiguas, bantú y yoruba. Por ejemplo:

Dale manguengue, dale gongoní
Dale kó we ma o Iyá Iyá Changó
Obé Obé Obé Oyá Oyá Oyá
Changó koya ma diké obé obé obé.

(—Porque cruzamos Palo Monte con Ocha, me explican. Invocan también a los Orishas.)

"En todos los velorios de congos se canta y baila; todos se parecen. Se tocaba gongoriko o kinfüiti —Sikiringoma Yalulendo Tomasike—, por ejemplo:

Tango moana tango moana
Füiri lurié tango moana
Bafiota füiri lurié
Tango moana lé mundele
Füiri lurié tango moana
Mungonga füiri lurié.

(Negro muere, se va, no vuelve más. Blanco muere, se va, no vuelve más.)

Se cantaba girando alrededor del muerto envuelto en una sábana y tendido en el suelo, y se le recordaban prudentemente los servicios que había recibido de sus carabelas cuando era vivo. Como hacen los ñáñigos en los "ñampes", se le dibujaban unas marcas con yeso blanco, y cuando cada grupo de africanos terminaba de cantarle, volvían a levantarlo del suelo. Pero los cantos de los gangás para los muertos eran, son los más bonitos".

En vez de blandones de cera el negro utilizaba como candelabro la cepa del plátano, en número de cuatro, seis, siete u ocho. Los congos musundi acostumbraban encender ocho velas. Los criollos, que eran los últimos en cantarle al difunto, encendían cuatro. Así en los velorios se reunían y fraternizaban los negros de todas las naciones, lucumí, arará, ausá, mandinga, carabalí, congos.

Desde cierto punto de vista los velorios que tanto disfrutaban los negros, no dejaron de tener entre los blancos, y en las clases altas del país un cierto carácter festivo.

Por lo regular, y desde luego en relación con la importancia y popularidad del desaparecido y su familia, eran muy "animados" y concurridos. En las casas de la aristocracia y de los ricos, "se pasaba muy bien", a pesar del imponente aparato fúnebre que se estilaba antes de mediados de siglo y en los tiempos a que se refieren mis informantes habaneros más ancianos: las paredes cubiertas de negras colgaduras en la cámara mortuoria, el alto catafalco de subido costo, sobre el cual se colocaba el féretro no menos suntuoso, y en torno, el mayor número posible, doce por lo menos, de grandes candelabros de metal o madera, los blandones de hachas de cera que debían arder constantemente. También entonces, el pesar de los parientes del difunto debía expresarse en la forma más dramática; así, a todo pulmón, las mujeres gritaban su desesperación, eran presas de violentos ataques de nervios y las escenas desgarradoras y ensordecedoras se repetían espectacularmente a cada frase convencional de consuelo que en el "acompaño a usted en su sentimiento", usual todavía, pronunciaban compungidos los que se acercaban a darles el pésame. Si la casa era de planta baja, la puerta del zaguán y aquellas grandes ventanas coloniales de románticos noviazgos, que daban a la calle se abrían de par en par, pudiendo el público disfrutar también del triste y ... movido espectáculo. Además, abiertas las puertas al público, podían entrar al velorio cuantos quisieran rezar por el alma del desaparecido, o persignarse ante el féretro. No era necesario para realizar un acto tan piadoso y que se agradecía, por lo demás muy corriente, tener la menor relación de amistad con la enlutada familia.

Así fue como uno de los parientes de un difunto descubrió en un rincón del zaguán de la casa en que estaba expuesto el cadáver, a un amigo suyo que lloraba a moco tendido. Se acercó a él y tratando de consolarlo le dijo:
—" ¡Cuanto lo siento, no sabía que eras su amigo!
No, le respondió secándose las lágrimas, yo no lo conozco, pero acabo de enterarme que se ha hundido la goleta que llevaba mis sacos de azúcar y

estoy completamente arruinado. Pasé por aquí y ningún sitio me pareció más apropiado para llorar mi pena.

La fúnebre velada, a pesar de las explosiones de dolor, de los lamentos que eran de rigor, fuera de la cámara mortuoria se pasaba agradablemente, charlando, comentando los últimos acontecimientos, chismeando, los viejos, como hoy, recordando el pasado y criticando al presente. En algunos, para matar el tiempo se recurría a las adivinanzas, y había personas que tenían fama y se apreciaba su presencia en los velorios, por las muchas que sabían o que inventaban. A medida que avanzaba la noche el café, tazas de caldo suculento mantenían bien despiertos y locuaces a los concurrentes, y muchos compromisos amorosos se sellaban, podría decirse que a la luz parpadeante de los blandones de cera que mezclaban su olor al de las flores —en Cuba la muerte olía a azucenas—, y surgían nuevos amores platónicos entre la gente joven.

No se economizaba en tendidos y entierros. Los pobres hacían los más grandes sacrificios para tender y enterrar dignamente a sus muertos. El lujo desplegado en algunos sepelios del pasado, quedó grabado en la memoria popular, como el de la Condesa de la Reunión de Cuba, al que, hecho entonces insólito, se dijo que fue al cementerio un grupo de mujeres que socorría la Condesa; y los de otros personajes, como el del famoso abogado Anacleto Bermúdez, el de Don José de la Luz y Caballero, acompañado por miles de admiradores. A nuestro pueblo siempre le han encantado los velorios y los entierros.

"A uno le gusta llorar bien a su muerto", y ... " ¡qué bien lloró a su muerto!", es un comentario que oí más de una vez en honor de alguna viuda.

Veamos cómo nos describe el Capitán J.E. Alexander en sus Transatlantic Sketches, (1833), un entierro en La Habana:

"El cadáver se viste de gala, gran despliegue de velas. Las volantas de los amigos del difunto se reúnen y el féretro se coloca en la primera volanta, la cual se cubre con una tela negra. A los lados, van cuidándolo esclavos vestidos con largas casacas rojas bordadas de oro, con sombreros, y empuñando bastones. En procesión se dirigen al Campo Santo. Al llegar, el féretro se baja de la volanta, dejando al descubierto la cabeza del cadáver, que está en continuo movimiento por el rápido andar de los cargadores. Es una escena precipitada. Tras la misa, dejan caer el cadáver sin muchos miramientos, en una tumba poco profunda y se le echa encima cal y tierra, mientras el féretro se guarda para el próximo muerto que lo necesite. Cuando se entierran niños, los concurrentes cantan aires alegres ante éstos. Un funeral se conduce en La Habana de una manera que avergonzaría a la nación más incivilizada".

No es menos curiosa que la nota anterior lo que dice Alexander sobre el sepelio de los párvulos. La misma crítica que hace a los funerales tal como se practicaban en Cuba —y no parece ser muy exacta su descripción—, la encontramos en la mayoría de los viajeros que escribieron sobre nuestras costumbres.

La condesa de Merlin observa: "El entierro de una persona de alto rango se hace en La Habana con una pompa que parece pagar anticipadamente la deuda de los recuerdos. Colocan el cadáver en un carruaje de cuatro ruedas, el único tal vez que existe en la ciudad. Los clérigos y las comunidades de frailes van rezando en alta voz junto al carruaje y enseguida se ve un gran número de negros de gran librea, adornadas de galones y de escudos de armas, en calzón corto, caminando en dos filas, con cirios en la mano. Los quitrines de lujo cierran la comitiva que se prolonga hasta la infinito. Un negro de librea, mi querido Marqués, es un espectáculo curioso y divertido, bien poco en armonía con la seriedad de semejante comitiva, y aunque a pesar mío, para no faltar a la verdad histórica, mezclo a las tristes imágenes de esta carta, la pintura de este vestido lujoso y grotesco que se lleva en estos casos.

Las familias de La Habana tienen la costumbre de prestarse mutuamente sus esclavos para mayor ostentación en los entierros". Sin duda que debe haberse reído, como lo escribe, de los negros, engalanados con aquellos trajes de paño bordado, cubiertas las cabezas con un sombrero de tres picos, "jadean y soplan como cetaceos, se desabrochan las casacas, se suben las mangas hasta los codos, mueven los hombros como para desembarazarse de aquel peso, y para completar la caricatura, sus sombreros apenas conservan el equilibrio para no caérseles de la cabeza". ("Voyage à La Havane, 1840.)

De los velorios en Santiago de Cuba, Hippolyte Pirron nos dejó este apunte: "Junto al muerto pasa la noche, sin devoción, una docena de personas. En la sala, para los que velan, hay una mesa abundantemente servida con platos exquisitos y vinos, y durante toda la noche se bebe, se conversa, se ríe. Los dolientes hacen como los demás, aunque en ciertos momentos van a arrodillarse frente al cadáver y lanzan gritos espantosos. El instante en que hay que gritar está reglamentado: una media hora, poco más o menos, antes de salir el cadáver. ¡A gritar! y lloran y aúllan para que se tenga una buena opinión de sus sentimientos y para satisfacer a las almas de los que se van".

Desaparecieron los negros cortinajes, los impresionantes catafalcos, los zacatecas de indumentaria inolvidables para los que alcanzamos a verlos en nuestra infancia: extraños, diablunos, anacrónicos personajes con peluca, tricornio, pantalón corto y casaca roja. Los muñidores de las funerarias en la primera década de la república, siguieron vistiendo igual que los zacatecas, menos los galones que ribeteaban las casacas con los blasones de las familias de los esclavos, que hacían guardia al cadáver de los amos y luego cargaban su féretro.

Dos zacatecas iban plantados en el estribo de atrás de la carroza fúnebre tirada, de acuerdo con los medios económicos del finado y sus herederos, por una o más parejas de caballos empenachados. Recuerdo los de tres parejas —los más costosos— al zacateca montado en un caballo de la primera pareja, vestido enteramente de negro. Pasaron los años y también dejaron de cubrirse con telas, hasta en las familias más tradicionalistas o atrasadas, como se prefiera llamarlas, los espejos y adornos, ¡las estatuas!, en los hogares que había visitado la muerte. "Se aliviaron" los lutos, que eran rigurosos e interminables. Tanto que en la ciudad de Santa Clara la autoridad se creyó en el deber de combatirlos por el tiempo que duraban. El traje de estos lutos, muy largo, semejaba la sotana de un cura. Un capirote puntiagudo cubría la cabeza del doliente, y un manto pendiente del capirote caía sobre su espalda. A ese lóbrego atuendo el pueblo villaclareño llamaba loba. ¿Fue este vestuario el origen del que llevaban las "viudas" de Trinidad en nuestro siglo; que no eran tales viudas, sino enamorados que a la media noche acudían a una cita y se ocultaban bajo este disfraz? Aún en la década del 40 transitaban algunas "viudas" por la oscuridad de las callejuelas trinitarias cuando la ciudad dormía.

Y los tiempos cambiaron aún más; muy de prisa después de la primera guerra mundial, y por último, se llevaron a velar los muertos a las agencias funerarias, versiones cubanas y ruidosas de los "Funeral Homes" —los cabarets de los muertos, como los llamaba con mucha gracia, una gran señora cubana. Pero no perdieron del todo los velorios el carácter social sui generis, expansivo, de los antiguos, que choca con la imagen y la solemne etiqueta silenciosa de la muerte y que ha sorprendido siempre, es comprensible, a los extranjeros, sobre todo a los yankees, para quienes a fuer de realistas y prácticos, la muerte sólo obliga a los vivos a un acto de presencia, lo más breve posible, en la funeraria, con la consiguiente rápida conducción del cadáver al cementerio. Time is money! ...

Aquí en el exilio, la vieja costumbre de acompañar el cadáver de un amigo y a sus familiares la noche previa al entierro, aunque desaparecerá por falta de tiempo, se conserva aun gracias a los propietarios cubanos de funerarias. En estos velorios se tiene la oportunidad de reunirse con viejas amistades de las que se había perdido el rastro, y con otras que por los impedimentos de una nueva y dura vida de trabajo, de prisa odiosa, se ven muy de tarde en tarde, precisamente en algún velorio.

En memoria de aquel Jorrín "palero" visité una mañana de lluvia lo que fue el ingenio del amo de su antecesor. Ahora al recordarlo me viene el rico olor que trasciende en nuestra tierra de su entraña húmeda. No olvido el fango en que se hundían nuestros pies hasta alcanzar la puerta y franquear el umbral de la casa de vivienda ruinosa; las goteras sonoras que caían en una palangana en medio de la sala, ni el coro de ranas y guasábalos que nos llegaba por una ventana abierta a la desolación de un campo abandonado. En un rincón, la bastonera que guardó, seguramente, los bastones de Don Manuel Jorrín, su butacón, un sofá y una mesa isabelina, otra del mismo estilo de factura cubana y la luna turbia de un gran espejo tallado y desdorado, en el que diariamente al avanzar el atardecer, asomarían los rostros fantasmales de los que allí moraban el 1868.

"Crains dans le mur aveugle un regard qui t'epie".

En el patio, rodeada quizá sin sospecharlo, de algunas esclavas muertas hacía casi un siglo, una mujer blanca, ya vieja, encargada de cuidar la casa, que se entretenía en cultivar rosas Francia, príncipe Negro, Bombón Cubano y claveles, me permitió curiosearlo todo. De pronto, en la típica y amplia cocina, un rayo de luz bañó los azulejos a mano alzada, y tres gatitos que vivían en ella salieron del horno a calentarse al sol. En el último cuarto de la casa estaba el baño: una batea, una cuveta para baños de asiento, palanganas y lebrillos españoles que despertaron mi codicia de coleccionista.

La buena mujer traza la historia de otros aparatos higiénicos que conserva la casa. Una silla de servicio y varios bacines de loza, recalcando que los había de plata.

"Después de la Guerra de Independencia se usaron bacines de esmalte", y concluye a mi gran sorpresa, "¡después de la guerra, ya no busque comodidades!"

Decididamente, esta señora, bien aferrada a su tiempo —un tiempo inmóvil— o a su pasado que para ella es presente, desprecia el water closet admirable, las duchas y los bidets modernos que aquí en USA no se usan.

Cesó la lluvia. No tardó en oírse respirar al sol y visito las ruinas del barracón desierto, donde callando a los pájaros, canta un niño unas décimas a desgañitarse y escapa al verme. Después de andar un rato por los alrededores me encuentro con una guajira que regaña a un mozalbete en la puerta de su casa. Contestando a mi saludo se cree en la obligación de explicarme por qué el muchacho, que debe contar unos catorce o quince años y es su hijo, lleva el pelo tan largo. Es que había enfermado gravemente y su abuela le ofreció a San Francisco, si lo curaba, no pelar al chico durante un año. No era tan severa la promesa; a otros niños se les dejaba varios años con el pelo largo. Nada de eso, valdría hoy.

Buscando con quien hablar e informarme sobre los congos, que deseaba conocer mejor, tuve la suerte aquel día, de toparme con un antiguo vecino de "Las Cañas" de Don Juan Poey, que aunque era descendiente "por parte de madre" de minas[56] como lo era Omí Tomí ("de esas minas que comían tierra se abrían heridas, se echaban a las calderas, se mutilaban o suicidaban con tal de no doblar el lomo") de congos sabía mucho. No retuve su nombre, aunque me contó cosas interesantes sobre Mayombe que ya saldrán más adelante a colación.

Todavía por la década del cuarenta vivían en la colonia "Cocodrilo" tres congos Makuá: Santiago, Benita y Anacleta. Estos Makuá que a fines del siglo XVIII comenzaron a llegar a Cuba, procedían de la costa Oriental de Africa, de Mozambique[57] y fueron numerosos en la Isla.

De los makuá kaurele, "que adoraban a los muertos", de su baile, también nos habló Gaytán:

"Hacían su música con dos tambores chicos. Uno se toca con dos palitos, el otro con las manos. Cuando los congos de Las Tejas terminaban su makuta, entraban a tocar los makuá. Bailaban en parejas. El hombre descalzo de frente a la mujer, lucía chaleco negro y pantalón blanco corto. La mujer con chancletas y bata de muchos vuelos. Por lo tonudo imitaban a los pavos reales. El daba un brinco e iba hacia ella. Decían los tambores:

¡Pan! Kai kitín kitín tín ¡Pán!

y la caja:

Kéte kéte kéte téke téke tén kénke tikén ká

Retrocedían, volvían a avanzar.

La lengua de los makuá era difícil y no se habló corrientemente. También de la parte de Mozambique "que era de los portugueses, trajeron unos parientes de los makuá, muy simpáticos, bonitos, negros como el azabache, que querían a los amos como perros". No recuerda mi informante el nombre de esos negros. Y otros, que "se iban volando para su tierra, por lo que no se compraron más".

71

Parece que hubo muchos esclavos que volvieron volando a Africa, cuando no había transporte aéreo, sin suicidarse. ¿Cómo explicar este fenómeno? Sencillamente se trataba de brujos, "brujos que volaban". A juicio de Ceferino, voladores eran casi todos los congos hechiceros —los de Angola volaban de un territorio a otro—, y las brujas también. (La violencia de trance de Mayombe, los saltos convulsivos, las vueltas vertiginosas, dan lugar a pensarlo.)

En apoyo de lo dicho refería el caso de un príncipe congo Mboma que cayó prisionero de otro reyezuelo, con una sobrina suya y doscientos desgraciados más y fueron vendidos al negrero. Destinados a Cuba, en la travesía, este negro, después de despedirse de su sobrina, todavía adolescente, le aseguró que regresaba volando a su país y se lanzó al mar. La sobrina, a los pocos días de llegar a La Habana fue trasladada, en un lote de cincuenta esclavos, a un ingenio. Andando el tiempo pudo obtener noticias de su familia al reconocer como coterráneo suyo a uno de los nuevos esclavos que había adquirido su dueño. Este le aseguró que su tío vivía aún, que gozaba de excelente salud y que no le había mentido en el barco al confiarle que se arrojaba al mar para volar a Africa.

En toda Cuba se creía en la existencia de las brujas voladoras que de noche chupaban la sangre a los niños. El chófer que nos guiaba en Bayamo no lo dudaba. Estas de que me hablaba aquel buen bayamés no tienen nada que envidiar a las de Matanzas, las temibles de Corral Falso, Mamá Viviana o Tona. Allí, al igual que en toda la Isla solían volar las Canarias, como aquella Doña María de que hemos hablado en otra parte, que fue por los aires a Tenerife y sorprendió a su marido con otra mujer.

Por suerte hay medios de castigarlas dejándolas sin piel, según nos relató un viejo matancero que vio volar, no a una mujer sino a un brujo ndoki de su pueblo de Bemba.

"En una finca por Madrugas había una que era la causa que ninguna madre viera crecer a su hijo: todos los niños morían porque ella les chupaba la sangre.

Había en el pueblo unos jimagüitas muy bonitos con los que la ndoki no se atrevía. Crecieron un poco y pidieron permiso y la bendición a su madre para ir a librar a la gente de aquella bruja diablada y como a los Ibeyi no se les niega nada la madre los dejó ir. (Estos Ibeyi, como el narrador, eran lucumí.) Es sabido que tienen grandes virtudes, poderes, que nacen adivinos y curanderos, y que el pueblo los considera como seres extraordinarios.

Ya lejos de su bohío uno de los jimaguas le dice al otro:

—Apoya tu oído en la tierra pues me parece que por ahí viene la bruja volando. Así era. Oyó un ruido como de un moscardón enorme y en el ruido una voz: Mamá bi oba va comé uté yén yén, va comé uté. ¡Era la ndoki!

Los Ibeyi improvisaron una carpintería y se transformaron en carpinteros. Apareció la vieja.

—¿Han visto pasar a unos niños jimaguas?

—No señora, aquí hacemos bateas; no ha pasado nadie.

Se alejó muy molesta porque sabía adonde iban los jimagüitas y sospechaba cuales eran sus intenciones, pero como ellos se crecieron, la vieja no los reconoció. Llegaron al pueblo, recuperaron sus formas y entraron en una casa donde fueron bien acogidos y explicaron lo que se proponían. En ella habían muerto ya dos niños y la madre temía que el que había nacido hacía unos meses corriese la misma suerte que los otros. Inmediatamente los jimaguas prepararon un cubo con sal y ceniza. A la medianoche apareció la bruja, y como es costumbre de ellas se quitó la ropa y luego la piel del cuerpo. Los Ibeyi, que velaban, se apoderaron de la ropa y de la piel y la impregnaron de sal y ceniza. Así es que la vieja, como no puede volverse a poner la ropa y la piel por culpa de la sal y de la ceniza se quedó sin cuero. Sorprendida por los jimagüitas estos llamaron al pueblo, que se arracimó al fondo de la casa y la amenazaba mientras ellos cantaban imitándole:

"Mamá bi oba no va a comé na, uté yén yén, no va comé ná uté".

La mataron a palos, que es lo que merecen estas brujas".

La ruda, la sal y la ceniza les son funestas, pero también si el sol las sorprende fuera de su piel contribuye a matarlas.

En Manzanillo me contaron lo que había sucedido hacía años con dos brujas blancas (isleñas), que fueron volando juntas a una casa. Pero en aquella casa crecía una planta de ruda, y como esta planta es enemiga de las hechiceras, antídoto de brujerías, no se atrevieron a entrar, y un vecino insomne las oyó dialogar junto a la puerta:

—Entra tú.

—No, entra tú.

—¡No, por nada del mundo, que dentro hay ruda!

Alzaron tanto la voz que despertaron a la madre de un hermoso niño cuya sangre se habían prometido vaciar. Su habitación daba a la calle y entreabriendo la ventana la mujer gritó:

—¿Qué tiene la ruda?

—Por picuda y aguda, no se sabe el contenido de la ruda.

Y levantaron el vuelo como dos tiñosas.

Mariwanga no es solamente el nombre que oiremos dar a muchas ngangas y a la diosa Oyá de los lucumí, cuando se la invoca y actúa en "juegos" de Palo Monte Cruzado y en la Regla Kimbisa. Mariwanga fue una mujer de carne y hueso, una negra esclava del ingenio La Diana de Soler. "Mariwanga vino a América con dos hermanas suyas. Estas fueron a Santo Domingo o a Puerto Rico. A Mariwanga le tocó venir a Cuba. Pero al llegar a la Diana le advirtió al Contramayoral que el día que le sonara la musinga (el cuero) en las costillas, no la vería más. Y ese día llegó. Ella se escondió en la letrina y de allí volvió a Africa volando.

Mariwanga se entretenía en tirarle kimbamba (brujería) a los congos de Soler y de los alrededores, pero todos creían que quien arremetía contra ellos era un hombre. Tan seria se puso la situación que un Nkisa de los mayores y de vista muy clara, buscando quien era el enemigo, vio al fin en el espejo la figura de una persona acostada en el suelo: ya tá, dijo. Aquí tá uno con cabeza pa bajo convesando con cazuela. ¡Ah!, pero é tiene nalgatorio grandísimo. ¡Matako mandunga! Ese culo gordo no parece de hombre". Fueron siguiendo al "yimbi" —medium–, que los llevó a gatas, olfateando el suelo, siguiendo el rastro, hasta un bohío que era el de Mariwanga. Ella abrió la puerta.

"¡Yo misma soy Mariwanga! ¡Yo tengo siete sayas! Y se fue quitando las siete sayas y tirándoselas una a una al Mbua, al que la había descubierto. Luego les cerró la puerta.

Las Cabezas de Prenda (los brujos) hicieron junta y allí mismo reconocieron a Mariwanga, y en esa junta que se llamó Cobayende, reconocieron también el valor del Palo Caballero".

"Cuando una mujer dice a ser bruja como Mariwanga, que se amarre el Taita el pantalón. Son el diablo, y todas tienen madera de brujas. Pero señor, si al Diablo lo engañó una muchacha con carita de yo no fui. Ella dijo una mañana en la plaza que quería casarse con un hombre que tuviese todos los dientes de oro, todos los dedos con anillos de oro, bastón con puño de oro, leontina de oro, reloj de oro, abotonadura de oro, la hebilla del cinturón de oro, gafas de oro, espuelas de oro, oro, oro en todas partes. ¡Un hombre de oro! El viento le llevó sus palabras al Diablo. Fue a verla a su ventana. Era bonitilla, y se enamoró. Pidió prestado todo lo que ella quería y se presentó en su casa.

Aquí estoy, le dijo. Yo soy el que quieres para marido. ¡Mira! A la vista de tanto oro la madre dio su consentimiento. Y se casaron. Pero después de la boda se fue a su finca en tierra de Diablos, llevándose a su mujer y el baúl de ésta. Antes, en el camino, devolvió dientes y prendas a los que se las habían prestado: a un dentista los dientes, a un abogado con quien tenía tratos, las gafas; a un chulo de Jesús María, el cinturón con hebilla de oro; a un magistrado la leontina de oro, el reloj, el bastón, y los anillos a una *busquenque*;[58] las espuelas al calesero de un conde que vivía del juego, y se las alquiló.

Al verlo sin chispa de oro, se le cayó el alma al suelo a la muchacha. ¿Cómo me zafaré de este adefesio? —se preguntó. El Diablo la instaló en su casa y le encargó a su centinela el Gallo, que no la perdiese de vista. A la primera ocasión, ausente el Diablo, que laboraba su campo, la muchacha, con idea de fugarse, se acercó al muro que cercaba la finca, y en el momento de saltarlo, el gallo, que la vigilaba, le avisó al Diablo. Este corrió a buscarla. Meses después, la muchacha llenó dos ntuku (sacos) de maíz y los vació en el suelo a la puerta de la casa, confiando que mientras el gallo comía tendría tiempo de escapar. Pero el gallo, que era muy perspicaz, estaba sobre aviso, picoteó el maíz:

> *Kóngoro makongo ¡tóc!*
> *Kóngoro makongo, ¡tóc, tóc!*
> *Kóngoro makongo,*

y mientras huía la muchacha, acabando de tragar el último grano la vio:

> *Kóngoro makongo,*
> *Kóngoro makon... ¡tóc!*
> *Kóngoro makongo*
> *Kokorí kongo*
> *¡Yombo se va!*

dio el alerta y otra vez la muchacha tuvo que volverse atrás. No importa. Dejó pasar algún tiempo, el necesario para que el Diablo olvidase aquella segunda intentona, y un día, muy cariñosa, le pidió un favor:

—Quiero que le lleves a mi madre mi baúl como un recuerdo. No lo necesitamos, pero prométeme que no lo abrirás, porque yo estaré mirándote.

—Te lo prometo.

En un descuido del Diablo la muchacha se metió dentro del baúl. El Diablo lo cargó sobre sus hombros.

—Pesa, murmuró, y salió andando con la rapidez con que se mueven los pies de los diablos.

—¡No lo abras que te estoy mirando!, le decía ella a cada rato.

—No, mi mujer.

Se detenía el Diablo, y la voz de la muchacha lo espoleaba:

—¡Sigue, sigue, Matoko (marido), que te estoy mirando!

Sonreía el Diablo y apretaba más el paso. Llegó a casa de la suegra y le entregó el baúl.

El Diablo jamás volvió a ver a su mujer. ¡Tan joven y tan linda!"

El tambor que se empleaba para tocar en los cabildos y sociedades de recreo congas, el tambor para divertirse hombres y mujeres, era la makuta "padre del tambor Yuca", el tambor largo que se hacía sonar con un palo. Lo acompañaban otros dos, de los cuales sólo uno se golpeaba con la mano.

Comparemos las descripciones de mis informantes con las que dejaron algunos autores extranjeros que presenciaron los bailes de los esclavos en los ingenios. Cuenta la Bremer, excelente observadora:

"Ahí están reunidos en el terreno detrás de la casa y a la sombra de un gran almendro, unos cuarenta o cincuenta negros, hombres y mujeres, todos vestidos de limpio; los hombres en su mayoría con camisas o blusones, las mujeres con trajes largos y sencillos. Allí vi representantes de varias naciones africanas, congos, mandingas, carabalís, lucumís y otros, bailando al modo africano. Cada nación imprime a sus danzas sus propias variaciones, pero en lo esencial todas son iguales. Estas requieren siempre un hombre y una mujer, y representan invariablemente una serie de cortejos en los que el amante expresa sus sentimientos, en parte con un temblor de todas sus coyunturas, de manera que tal parece que va a caer hecho pedazos cuando da vueltas y vueltas alrededor de su pareja, como un planeta en torno al sol, y en parte por unos magníficos saltos y evoluciones, a menudo envolviendo a las señoras con ambos brazos pero sin tocarlas;[59] sin embargo, esto varía en las distintas 'naciones'. Un negro, un carabalí, puso tiernamente su brazo alrededor del cuello de su pequeña dama mientras le colocaba una monedita de plata en la boca. Y un contramayoral negro, un hombrecillo feo, bajo cuyo látigo había visto a las mujeres trabajando, se aprovechaba algunas veces de su cargo para besar a las jóvenes bonitas mientras bailaban con él, y para interrumpir el baile de otro hombre con alguna linda negrita y ocupar su lugar, pues es costumbre que si alguno de los mirones arroja un palo o un sombrero entre los bailadores, estos se separan y el que lo arroja puede sustituir al bailarín. De este modo la mujer debe bailar con tres o cuatro compañeros sin abandonar su puesto".

Wurdermann nos dejó las siguientes líneas sobre estos bailes de negros en Matanzas:

"Los domingos los dedican a divertirse. En muchas partes de la ciudad, en Pueblo Nuevo, se verán ondear banderas que señalan los sitios en que se congregan los negros para bailar sus danzas nacionales, pues aquí todas las tribus que se han traído de Africa conservan sus costumbres. Uno puede imaginarse viéndolos divertirse que se está en sus tierras natales. Su baile es único. La música de dos o tres tambores, hechos de troncos huecos de árbol y sellados con parches de cuero de vaca sin curtir; un grupo de hombres y mujeres vestidos llamativamente, que llevan el compás con las manos y una mujer avanza e inicia una danza lenta, arrastrando los pies, chancleteando y haciendo varias contorciones, reta a uno de los hombres. El más decidido de ellos sale al ruedo y ambos luchan por ver cuál de los dos se cansa primero, la mujer dando pasos que el hombre intenta superar, entre los gritos de la concurrencia. Una mujer que ha sacado a dos o tres buenos mozos de la arena, le cede al fin su lugar a alguna bella impaciente que ha estado contemplando sus triunfos con envidia. A veces un negro robusto ocupa el campo mucho rato y las mujeres, una tras otra bailan para ser vencidas y retirarse celebradas por la risa de los espectadores. Todo el tiempo se escucha un canto sordo, monótono como la música de los tambores, en el que se repiten tres o cuatro palabras en un tono más o menos animado a medida que la acción de los bailadores crece o disminuye en rapidez.

Estos bailes están bajo la protección de la Autoridad Civil que los autoriza los domingos y días de fiestas religiosas".

Advierte que el orden que los preside es debido al respeto que le tienen a sus Reyes y Reinas los negros de cada tribu.

A los toques de makuta —yuca o makuta, dicen indistintamente mis informantes—, iban las negras vestidas con lo mejor que tenían. El bailador de makuta bailaba con un delantal de piel de gato montés o de venado. Llevaba a la cintura, en los hombros y en las piernas, campanillas pequeñas y cascabeles; colgada del pecho, una gangarria. El hombre marcaba el compás con todo el cuerpo y perseguía a la mujer, metida en una falda anchísima, para "vacunarla": se detenía de pronto ante ella, haciendo un movimiento brusco y frontal con las caderas. Se daban muchas vueltas y se oía decir a la makuta: Tinguí tiki tikín.

Hubo grandes bailadores de makuta; Villayo fue uno de ellos; su fama llegó a eclipsar la de Pancho Becker.

Nino de Cárdenas nos describe así la orquesta que animaba aquellas "Kisomba Kía Ngóngo", fiestas de congos:

"Tres tambores la formaban. El cachimbo, que es el tambor que marca; la caja, que es el más sonoro, que da los golpes, y la mula que lleva el compás. El koko se sitúa detrás de estos tres tambores, y el kinfüite,[60] que era un tamborcito como un arpa con una soga que se frotaba con un paño mojado, Kii Kii... A ese conjunto se le daba el nombre de makuta. Samlile matoko, le llamaban al tambor pequeño, al alcahuete. Acompañaba a la makuta un coro de cantadores. Eran los mismos bailarines. El que levantaba el canto se llamaba Gallo Makuta. Los bailarines, hombres y mujeres, le respondían al Gallo o gallero, plantado en medio de un corro de cantadores. Era un baile agitadísimo.

Chakrichá
Chakrí
Chakrichá...

—Tambó la muli (la mula) observa la viejita Juana, decía:

Kitán kitán
y junto lo tré

Ande tu vá pera yo
Allá l'equina baracó
¿Quién son pícaro como tú?"

No pocos de mis informantes alcanzaron el glorioso Día de Reyes; frecuentaron los Cabildos, "los reinados", bailaron y cantaron makuta.

¡Kitumbo yalelé lelé úm!

"Los primeros Cabildos que salían el Día de Reyes eran de los Congos Reales; los Mumbata y los Gangá. Iban al Palacio del Gobernador con un parasol enorme y llevaban los tres tambores: Llamador, Mula y Caja. Decía el llamador: Kimbán kimbán kimbán. La caja: Kereketeketén kereketeketén kereketeketén. El conjunto: Kimbá kimbá kimbá. El que toca los palos al pie de la caja, ese no se divertía.

Siempre había sido así, los primeros que desfilaban eran los congos; después iban los demás Cabildos, el lucumí, el Rey lucumí vestido de blanco, con ideripón (gorra roja), y a caballo; el arará, el mandinga, el carabalí. Los criollos llevaban una botella para pedir el aguinaldo. Cantaban: ¡sácalo, sácalo que está escondido!, y los que les daban metían la moneda en la botella.

Cada congo tenía su baile. Muy bonito aquel que se bailaba con un gato disecado". Todavía estaba en pie, en el pueblo de Jovellanos, en la calle de San Lorenzo, la casa donde los congos daban sus fiestas, y en ella se bailaba ese baile "tan bonito" que gustaba a Bamboché. Era el Cabildo de los Congos Musunde. Debajo de un altar escondían su "fundamento" (objeto de adoración). Un gato "albino" adornado con cintas y cencerros, me describen los que lo vieron. Cuando el Rey y la Reina bailaban, el Rey luciendo chaqué y bombín, se colgaba el gato de la cintura. Mientras bailaba nadie podía decirle una palabra, ni él debía hablar. En el tambor se ponía una señal. El Rey, se dirigía al tambor, daba dos pasos con cada pie, con una inclinación de cabeza saludaba al tambor y se volvía a la concurrencia y saludaba. Después avanzaba la Reina seguida de tres damas. Una la abanicaba, las otras dos llevaban la larga cola de su bata. Describiendo los mismos pasos que el Rey saludaba desde lejos al tambor y a la concurrencia. Entonces comenzaban los cantos:

Ma Rosario Ma Rosario
Congo tá acabando...

Ma Rosario se llamaba el "Fundamento", es decir, el gato.

La casa que ocupaba aquel Cabildo era propia, y los congos celebraban sus fiestas públicamente. El Alcalde de Jovellanos, Don Francisco González, era muy creyente. Les fabricó aquella gran casa y les concedía todas las licencias que le pedían. Para saludar a los Reyes en los Cabildos congos, se repicaba el "San Guisao", un toque así llamado y exclusivo para S.S.M.M.

"Cuando los lucumí terminaban su fiesta, despedían a los Ocha y les daban las gracias con un canto; nosotros le dábamos gracias a Nsambia. Mamá Yamba bailaba y cantaba; llenaba su delantal de maní,

¡Je de je de jededé!

y la conga le tiraba a los asistentes puñados de maní.

¡Je de jé dé jededé!
Piña junka bai
Santo Miniyó
¡Je de je de jededé!

La otra noche soñé que estaba con todos ellos oyendo cantar makuta:

Nto tó tolí yayé yayé..."

Cuando se daba fin a un toque de yuca, me aseguraba una viejita "cancamusa", el tambor decía clarito, clarito:

> *"Isaura lechuza*
> *Cernicalo fremboyán*
> *Avisa mayorá*
> *Que ya la fieta s'acabá".*

Los toques más antiguos del tambor yuca, "los verdaderos", opinan Nino de Cárdenas, Juan O'Farrill, Herrera y Baró, eran los de Wataba, Watawa o Walubia, genuinamente africanos.

La Watawa —Kongrí Watawa—, dejó de tocarse; pero los viejos no olvidaban que sonaba:

> *Ki Ki Kirijín kí*
> *Kejín kejín*
> *Ki kiri Jín.*

Después reinó la Manawa de los criollos, y a fines de siglo el Kendeke o Muralla que acabó con la Manawa.

La Tahona era toque de rumba y "fue la madre del Kendeke y abuela del Wawankó. Era la rumba de los antiguos".

"Cuando yo nací", dice Nino, "los congos apenas tocaban Tahona; pero de aquella tahona salieron los pasos de la conga, sí, de las congas de hoy para arrollar. Todo lo nuestro viene de atrás".

"Wawankó

> *Koromiya ¡Oh!*
> *Wawankó koromiya...*

sí que bailé mucho.

La manawa se cantaba en todas partes. Sabá Caballero no era negro ni congo. Era mulato, pero hablaba como un congo y fue el Caruso de la manawa. Iba de una finca de Guamutas, en Matanzas, a cantar a San José de los Ramos, y cantaba de la mañana a la tarde, en congo y con los congos.

Sabá andaba sin zapatos y los llevaba colgados de un hombro, y a la vez era muy elegante. Ombere, decía, pero hueso kangoma, burujo é... (Yo soy hueso kangoma.)

> *Ie mulero npongalán bié en la mula.*
> (Mula se refería al tambor; que suene bien la mula.)"

Juan, entre otros, me canta esta manawa,

> *"Pero poco makerato*
> *Si guarina pide ngoma*

Ngoma no pide día domingo
Pero poqué motivo
alacrán para rabo abajo ngoma

Cucaracha que tá bajo yagua
Si eteneme tiene diente
Cuenta hueso caliente
Kata pare ngondubiola
¡Eh! kindoki chamalongo tu kuenda
E wé íle weíle blanco yo malo
Kuenda negro él lo manda matá
Kuenda chino él lo manda matá"...

Esta manawa, dice Juan después de un silencio, es del tiempo del cometa, aquel que metió mucho miedo, y ahora también me acuerdo de otro cantico.

Tata Perico ven acá
¡Júm!
Cuando cometa te salí
¡Ay ay! ya yo fuiriri!

quería decir, cuando salga el cometa me moriré".

Al anunciarse la aparición del cometa Halley se produjo un verdadero pánico en todo el país, pues ésta coincidiría con el fin del mundo, y el pueblo así lo creyó.

Grandes "manaweros" fueron el poeta congo que ya hemos mencionado, Sabá Caballero, Ta Antonio y Mariano Oviedo del ingenio Saratoga, propiedad de un francés "Musiú Payet".

"Había en aquel ingenio un negro cimarrón incorregible. Era Mariano Oviedo. Musiú había dado orden de atraparlo y que se lo llevasen. Los Civiles (la Guardia) lo prendieron y lo metieron en el calabozo del Saratoga. Alguien le dijo que la Guardia iba a matarlo y entonces, Mariano Oviedo, en su calabozo, sacó este canto.

Ilé lé lé soldao pañol no mata yo
Musiú Payet va matá yo Mariano Oviedo
No, no mata yo.

La dotación lo oyó cantar, se amotinó y pidieron en balde que lo perdonaran. Musiú Payet desapareció. Castigaron a Oviedo. Murió, y poco tiempo después de su muerte a Musiú Payet le cayó la mala. Empezó a perder, a perder, y se arruinó completamente".

En aquellos alegres toques de manawa se producían lo que llaman mis informantes "porfías", que por los disparates que se oían provocaban la hilaridad de la concurrencia.

"Decía uno de ellos: Bibijagua mocha grano.

Respondía otro: Y mancaperro lo bota pa fuera.

—Y vueta riba nom hay ná.

—Yo taba yá.

—Por ese mimo motivo ya peje morí pó su lengua.

—Lagartija son sivisiante (sirviente).

—Otra vé yo taba allá. Vueta riba no hay ná.

—Juruminga[61] é caballero...

En una de esas "porfías" se emperró un congo, que ya no podía más y dijo:

—Cuando yo llega la Cabildo cotesía é lo primero. Bueno día tó lo Tata. Bueno día tó lo Máma. Saludando a mi Madrina. Saludo Nsambia poque mi madre son cotudera que ensarta un gúja siete legua. (Una aguja a mucha distancia.)

El "gallo", un cantador que debía tener buena voz, se plantaba ante los tambores y "escribía". Escribir se llamaba el solo que entonaba y que coreaban los asistentes. "Otro gallero le arrebataba el canto, y se decían y se contestaban durante horas a puya va y puya viene. El criollo escribía improvisando. Las que más gustaban, las que hacían reír más a la gente, el autor las repetía y el público las aprendía". Se escribía (improvisaba), muy aprisa, y Juan, que tuvo "un gran pecho de gallo manawero", con su vocecita apagada, tampoco ahora puede detenerse para facilitarme la empresa de anotar sus cantos, "pues pierde el hilo de la retahíla":

El ingenio la Gambolina
Ya la caña con volante
Ahora boyero la Polina
Echó vara arriba ngombe
Yo brinca volante. Entra Pancho Patinanga
Jutía tá en el monte. Gato pidió zapato
Jutía le contesta que no tiene bodega
Mañana si Dios quiere me voy casa Carnero
Pa que me preste su cayuca
Carnero me contesta que no pué prestar cayuca
Po que el día que cielo truena ¿con qué va tocá su casco?
Tata Kian Kémbo yo lleva trè día
Conversando lo gallo abajo la loma

Cabecera Kián Kembo si no siete luyande
Bakalán pemba ngo mandembo tuá rire
Mañana día Domingo tó la mayoca nía Manuela
Si no siete bangrima, día mundele bangadián
Si no es por eso mundele boberiame.
Nguembo kereto kubulanga
Guen bué kereto angué nboe, kubulanga
Sakana cuento sakananga
Yo brinca lusansa yo encontrá nkala boca abierto
¿Cómo nkala no me muerde?
Si yo habla mentira Siete Rayo uno huevo
Sambilán Sambianpunga
Karabalí wako matari wuan congo imbange
Lumueno va kánga mbua, ¡cucha bien!
Kolongu yaya. Cabeza negro viejo bueno pa la kiyumba
Y cabeza de Aura Tiñosa bueno palo pa kindembo.
Cosa yo vito nunca vito
Mi padre son jatero enlaza toro con insengo
Mi madre lavandera nsukula lele munantoto
Mi marina coturera ¡cosa yo nunca vito!
Ensata guja bajo nube
Bueno biyaya, sube palo. Nunca angarra con la mano.
Ndile vamo la Bana a bucá tela real, porque aquí tienda
Don Pancho no vende má tela a real.
Gallito, abrí kuto, güiri mambi.
Cucha como yo kimbila
Cabildo la gallina no le entra cucaracha
Porque Nsusu se lo ntamba.
Bueno, caballero, como no hay bulla no hay guerra.
Yo estaba chiquitico, yo sukula lele munantoto
Mandinga suku fiame, Santo Barbra Bendito.
Yo llega, caballero, río seco. Río seco tá corriendo.
Zacateca tá pescando. La mar quiere crecé.
Gallo no hay lugar. Mosquito tá preso porque tiene malo genio.
Yo simbá, yo lémba, yo cautivo cosa mala
Mundele lasimbiriko bondán tolo kawa lalá
Karabalí tongoriame mandá mbúa bricá lango.
Bueno caballero, Bamba cubana matá gando
Mató un kumbi día domingo.
To día tá peleando Sol con la Luna, to día tá peleando.
Kángara muka nani: día muerto de cunchencha

Cuanto Kisondo guaddía munga.
Cuale cunvento guaddía tango...
Mayimbe, la mayimbe, abri kuto guaddiá mambo.
Mundele Kasimbiriko bondán toro que awalá lala
Liweña vá cambiá palo, kunda ke
Eh Dió Walubbia, yo me ñamo Walubbé
Gallo tiempo malo, Barikó Sarabanda
Kekeremene tiene diente, Mundele tá jugando
Po que tiene sikangombe; si no tiene sikangombe
Pa mi mundele bobería, mundele nkanga mboa
Mi pecho tá roncando, parece toro galano
Que etá nriba la loma.
Luwanda, luwanda, yo só congo luwanda
Mirán hueso mi cabeza, tú longán bisi
Bakutu virá, hueso mi cabeza longán bisi
Ngóngoro su ekán suei, se cambié
Ngóngoro suekan suei Tataburire ndiambo, buey cabeza
Ahora manca perro sube a mochá guano
Ahora jicotea, guano que manca perro mochó
Lo va tendé la sabana...
Jicotea mocha guano, manca perro bota fuera
Cangrejo dice Kubulá kuame kubulanga
Tulanke, vamo a vé, vuela chulangué
Yo llama yerba buena, nunca pone malo
Yo saulembe congo diangúngua, ramo la cabeza.
Tuanilá con gualupe ello juntaron cabildo
Padí cocina kimbamba. Y ello me convidaron pa dí a comé kimbamba.
Yo le conteté clarito: yo no come kimbamba
Poque kimbamba, vianda mala, fue é que mató mi padre.
¡Gó! Mambi dió. Saludando saludando
Yo saludo a Sambia que mi padre
son ganadero, enlaza toro con guataca.

A veces no faltaban "gallos" blancos en los toques, y de un isleño llamado Don Antonio, mis viejos recuerdan estos fragmentos de una de sus improvisaciones.

Yo vi una jicotea con dolor de cintura,
Un gato muerto de risa y un cangrejo relinchando,
Un sapo estaba llorando porque no tenía corbata.

> *Un día por diversión, sembré una mata malanga*
> *Y del corazón saqué un mosquito mojiganga.*
> *Vino un lechuzo con ganga*
> *Un aura con tabardillo,*
> *Malo de un dedo un piojillo,*
> *Y un sapo con espejuelos.*
> *También yo vide en el suelo*
> *Un majá preso con grillos...*

Los negros se burlaban de los isleños, quienes, según Calazán, sólo arrancaban a las cuerdas de sus guitarras, cuando acompañaban sus cantos, un sempiterno estribillo.

> *Chárra varravá chárra varra cha varrillo...*

Antes de la guerra del 95, los negros viejos de Valdivieso, me cuenta Gaytán, cantaban unas décimas de otro canario, Don Marcelino de la Rosa, tío de Don Carlos de la Rosa, vicepresidente de Cuba el 1925.

> *Informaron la Gallinuela*
> *el Martillo y la Chinchilla*
> *Luego llega el Rabiahorcado*
> *Y se pone a hablar con la Garza*
> *Que el Déspota se aniquila*
> *¡Ya las cosas han cambiado!*
> *Luego viene la Yaguasa*
> *Y les dice ¡Se acabó!*
> *Porque Cuba es libre, afirmo yo,*
> *Por la unión de las dos razas.*

"Y no se crea usted que antes no había negros capaces de hacer versos, aunque no supieran leer", nos advertía entre otros, Capetillo. "¿No ha oído usted de José Isabel Aldecoa?

> *Los negros tintos*
> *De que soy ufano*
> *De calumnias y maldades*
> *Me sacan ileso.*
> *Hay ave que cruza el pantano*
> *Y no se mancha.*
> *Mi plumaje es de esos...*

Pero sí conocía la composición de Filomeno Arias, que fue patrocinado y luego dueño de esclavos. Era poeta e improvisaba en las fondas. Ya en tiempos de la República un día llegó al Central Soledad, y allí habló de la esclavitud...

Siendo un negro fiel y digno
Un hombre puro y severo
Lo vendían por dinero
Igual que se vende un puerco.
Jugaban al gallo fino
Jugaban la dotación
El batey y la cosecha...
¡Qué bien sonaba la mecha
Cuando la Conspiración!
Entonces, en aquella era,
No se daba con estambre
Amarrado a una escalera.
Le daban de otra manera
Amarrado a un horcón,
Así pidiera perdón
Bien le saltaban la sangre
Cuando la Conspiración.
Ya se acabó aquel error
Esclavitud, despotismo,
Ahora sí estamos lo mismo
Igual el blanco que el negro.
Ahora sí estamos mejor
Compatriotas, ciudadanos,
En el monte y en los llanos
¡Viva la tranquilidad!
¡Viva el Gobierno Cubano!

También muchos blancos escribieron festivamente remedando el hablar de los bozales, durante la colonia y a fines de ésta.

De Don Luis Alfonso, encuentro entre mis papeles, obsequio de una Alfonso, estos renglones.

¿Quiéne má fuete son que lo caballo?
¿Quiene má peleadore que lo gallo?
¿Quiene má lindísimo animale?
¡Ni chivo, ni gato, ni majá, ni alifante!

Neye se ñama mujé...
Y é que laguanta
¡Merece que le den un bujío!

En otra parte le hace decir a la negrita que rechaza al negrito que la enamora:

Apátate de mi lado
Esperpento inconcebible
Para tí no etóy visible
Para tí mé vaporao...

La carta famosa de Campoamor encantó a nuestras románticas abuelas.

—Escribidme una carta señor cura —no estoy muy segura que no fuese también el travieso Don Luis quien la afrocubanizara:

—Críbeme una potá niño Ventura.

—Ya sé para quien es.

—¿Sabe quien é y no jabló ná?

—Comienzo. Pedazo de melón...

—Juté que tá poniendo?

—¡Tonta! Si eso es cariño.

—¿Y neye lo comprende?

—Por supuesto que lo comprenderá. Una congoja al empezar me viene.

—¿Juté son sajorí? ¿Cómo divina?

—Tu alma no tiene secretos para mí. El beso aquel que de marchar a punto...

—¿Mité tambien sabe?

—Cuando se va y se viene y se está junto... ¡pues!

—¡Lo diablo son uté!

—¿Qué es sin tí el mundo? Un valle de amargura... ¿y contigo? ¡un edén!

—Jace la letra grande, Ño Ventura; pa que sentienda bien!

—Si no regresas pronto a mi lado la pena me ahogará.

—¡No pone que me joga!

—Mujer, eso se dice...

—Yo no no quiere.

—Entonces ¿qué pondré?

—Pónele que me rimo al bodeguero, que neye ya sabe.

—¡Pero mujer, eso es un disparate! ¡Yo no lo pongo así!

—La disparata son que yo me mata, como uté dicí. Ño Ventura, si neye me quiere neye ya taba aquí. Saca tiempo que yo tá perá, perá, y ya yo tá cansá.

–Pónele que yo sabe que en la Bana
neye tiene mujé
y que como no viene pa mañana
yo me comprometé.
Pónele que esa negra simbegüenza,
si yo la tiene aquí
yo le ranca la pasa,
que no piense que se rí de mí.
Pónele que la mueble y que la argolla
que neye me empeñó
pa tá bailando con la negra criolla
¡yo se la va cobrá!
Pónele que yo cribí
cáta, cáta, y conteta no ve...
Pónele que mal rayo que lo páta
po sinbregüenza que é.
¡Ah cuanta cosa yo le dicí
si yo sabe cribí!
–Pues mujer, bravo amor,
así lo pongo y sople el vendaval.
"A Ño Camilo". Ten,
¡Tiene bilongo hacete una pottá!

Durante la guerra de Independencia corrió mucho entre el pueblo este
diálogo de la negra Cleta con el insurrecto José Tomá:

–Hoy me encontrá con soldá
Y me punta con ecopeta
Me pinchá con bayoneta
Dicie que me va matá
Que neye va acabá con pacífico insurrecto.

-- ¡Siá! que nengane ese plato
Mucha yuca hay que rayá.
Su reto tiene un globito
Chiquito como ratón
Y neye lo ñama namita
Y si no jabre joyito
Y ahí lo coloca bien
Cuando llega la tren
Dinamita reventá

To máquina baratá
Y gente murí también

— ¡Ño José Tomá, mira que pañol
Son malo pa peleá!
Neye dí que va cabá
Con Méjico y Novayol
Nelle tiene un vapó
Que foma cuadra la má.

— ¡Siá! qué cuara ni qué compá
Si né no tiene serrucho
Y manque negro jabla mucho
¡Mucha yuca hay que rayá!

Volviendo a lo que hablábamos; entusiasmaban los cantos de puya, las makawa, macagua o mukawa, como decía Francisquilla, que no las olvidaba. En su ingenio, a una negra que se iba a dormir con el maquinista... o con cualquier otro hombre, le cantaban:

> *"Tata Luca trae agua*
> *Yo va lavá pie.*
> *Yo me voy a casa Mbemba*
> *Hata marugá*
> *Mi guataca tá la pueta*
> *Que lo muela bien Tata Luca*
> *Mi cochino tá lo chiquero*
> *Que lo cuide bien*
> *Tángo se va Monansó*
> *Caballerito oye bien*
> *Toy cantando mi Makawa*
> *¡Pa tó la vida"*

Tata Luca era el marido.

A estas puyas se les llamaba también "Macaguardias" y cantos de cañaveral. Eran armas que esgrimían las mujeres contra sus rivales, flechas que se lanzaban unas a otras en las bagaseras, sembrando, chapeando o cortando caña con sus machetes de abanico.

"Tu marío son tuyo
Tu marío son tuyo
Son de mío también
Kindé kindé kindé
Sala maleko maleko nsala".

A otra negra adúltera que antes del alba iba a reunirse con un chino:

"Mañana marugá
Yo alevanta temprano
Yo vá calentá mi comía
Yo vá pa casa chinito
Hata lämanecé...

A las que se sospechaba o se sabía que le ponían cuernos a sus maridos o "arrimados", se les cantaba:

"Chiva mala vá rabiá
Tú vá rabiá
Chiva mala tuvía va llorá".

Una viejita, y no sé si por razones personales, ponía una expresión muy pícara para cantarme:

"Mateo teo teo valiente
Me compró túnico valiente
Zapatico valiente
Mateo teo teo valiente
Mateo día primero
Me compra manilla
Mantón de burato
Mateo teo teo
Mateíto valiente
Compra cochino
Pá comé é to lo día".

¿Sería este Mateo el marido blanco de mi informante, un español que libertó a su madre, con el que tuvo una hija, mulata clara, que conocí en un Central matancero?

"Belencita, mulata hija de isleño y arará, era la pata del diablo, y para reír le tiró este canto, en la bagasera, a la mujer de Fermín que estaba preñá. Belencita no tenía hijos, la otra sí.

> —"Año que viene yo también va parí
> —"¿Hijo de quien né?
> —"Del Administraó.
> Será mi sangre,
> pero no mi coló".

Si se advertía que dos enamorados discutían o se distanciaban:

> "Cuando yo juntá contigo
> Nadie lo sabé
> Ahora que yo etá peleá contigo
> To mundo lo va sabé".

Y la vida se pasaba cantando; se trabajaba cantando:

> "Si me llama bagasero
> Pa llá yo vá
> Si me ñama cote caña
> Pa llá yo vá..."

"Todos los africanos son puyeros", opina Otako, "más ninguno lo es tanto como el congo" (lo mismo dicen de los lucumí sus descendientes) que las prodiga improvisándolas o acuñadas en refranes, para reír o para herir. En todo momento se empleaban y aún las oiremos cantar en el Nso Nganga por el Taita Nganga, ejecutando los ritos de su magia conminando a los espíritus. También a los amos que residían en la capital, cuando visitaban los ingenios y asistían a las fiestas, se les cantaban makawas.

> "Amo acabá llegá
> Que abuso no pué aguantá
> ¡Ah lamito caba viní,
> Amito caba viní!
> Julepe ya no pué guantá má.
> Lo ingenio cuero no má
> ¡Gope no acabá!
> Comida poco; amo no cába llegá".

Y cuando el amo se marchaba:

> "Mi amore mára la mareta
> Y no me dice aió

91

> *Hata cuando yo no veo má*
> *Niña que pasea la luna*
> *Llega acá".*

Y se podía a bromear con el amo:

> *"La lotería que yo sacá*
> *Lo suamo mío me la quitá*
> *¡Ah, fuá fuá fuá!*
> *Casaca branca que yo comprá*
> *Pa lo figurimo que la paseá*
> *Vini mi suamo y me la quitá*
> *¡Ay fuá fuá fuá!*
> *Lo cochinito gódo que yo criá*
> *Señó mi suamo se lo comé*
> *Lo negro cravo no tiene ná*
> *No son ni chicha ni limoná*
> *Majá tintorero! sále la cueva*
> *Kuá kuá kuá.*

Otra de las grandes diversiones que recordaban mis viejos amigos eran los juegos de Maní, y fueron los matanceros —dicen ellos— los que más se distinguieron en estos bárbaros torneos que consistían, puestos en filas los jugadores, en dar vueltas cantando, asestándose grandes golpes que fracturaban huesos, rompían dientes y narices o en ocasiones dejaban tuerto,

> *Kurrukutún tún kurrukutún boá,*
> *Si maní si maní mira gópe que mi dió*
> *Inkisa si maní é é si maní*
> *Simaní mira gópe que mi dió.*

> *Yanye obe é obe koniyán*
> *Yeo obe koniyán*

> *Yé una é ya kueo akueo*
> *Cocotazo dobra yo*

> *Yawe yá were para*
> *Má o wéngue ¡cuero wéngue!*

Un hombre, a veces una mujer, se plantaba en medio de la rueda, se estiraba y simulaba pegarle a alguno. Este al ver su gesto se ponía en guardia, pero a quien golpeaba era a otro de la fila. El que agredía salía entonces del ruedo y el que había recibido el golpe ocupaba su puesto.

A los juegos de maní acudía toda la gente de nación, y se jugaba en toda la Isla. Gustaba a ambas razas, como las repulsivas peleas de gallos, "y no eran sólo los ñanga bisu (un cualquiera) los que iban a presenciar los juegos, sino también blancos decentes". Se apostaba dinero a los puños, a la bestialidad de los "maniceros", como a las patas de los gallos. Muchas mujeres que en fuerza no tenían nada que envidiarle a los hombres, participaban del juego y daban cada puñetazo que descalabraban al más pintado.

"En el Central Mercedes Carrillo, donde jugaban maní congos y ararás, Micaela Menéndez, de un cacalotazo descuajeringaba a un hombrón".

En Trinidad gustaba tanto este deporte que se contaba que un alcalde y su hija lo practicaban. Lo mismo en la provincia de Pinar del Río, tierra adentro, que en Santa Clara y Camagüey, que en Oriente. Me aseguraron pocos años antes de marcharme de Cuba, que todavía en un pueblo de Vuelta Arriba, de tarde en tarde, un grupo de "guajiros negros" jugaba maní. No tuve tiempo de comprobarlo.

En La Habana, donde quedó en la población de color el recuerdo de dos "solares" célebres, habitados exclusivamente por africanos, "El Palomar" y el "Solar de Guinea",[62] éste de considerables dimensiones, en Marqués González entre Zanja y San José, se jugaba maní.

En cambio no recuerdo que ninguno de mis negros, ni Bamboché, me hablara de las corridas de toros sino muy vagamente, —"que cuando empezó la guerra de los diez años había una plaza de toros por la calzada de Belascoaín", y anteriormente en Regla. En La Habana los negros no faltaban a ninguna celebración cívica o religiosa. En los pueblos y ciudades de provincias asistían a los desaparecidos torneos que consistían en cucañas, en correr cintas, en arrancarle, al galope de un caballo, la cabeza a un gallo o a un pato. Los negros libres, en toda la Isla al igual que en la capital, convivían en un plano de buena amistad con los blancos del pueblo bajo.[63]

Los días de fiesta, "de fiesta entera" eran numerosos. Quedó como la más famosa e inolvidable para los negros viejos, la del Día de Reyes, de la que tanto escribieron en inglés y francés los forasteros que las presenciaron y a las que ya me he referido. Repetimos al dictado de quienes las presenciaron por la década del setenta, una descripción más:

"En La Habana, a las cuatro de la madrugada, ¿quién dormía la víspera? ya salían los ñáñigos a saludar los distintos juegos o Potencias. A las doce, primero los Congos Reales, luego los lucumí con la Culona al frente que bailaba delante de todos ellos... por eso quedó el dicho de parece una culona en día de Reyes, para criticar a una mujer gorda, y después seguían los arará, los mandinga, los carabalí, los makuá, los gangá, los mina; todos los Cabildos iban al Palacio del Capitán General. Después que desfilaban los negros de nación, pasaban los criollos vestidos de indios, y un grupo de Mayombe que no era una sociedad organizada, disfrazados de mujeres y con crespos en la cabeza. Después desfilaban "Las Claves", muy elegantes, de frac. La Clave Nueva, antes La Moralidad, El Trovador, El Desengaño. Bailaban poco, marchaban con mucho señorío y cantaban. La Clave del Trovador, que se llamó después La Discusión, era del barrio de los Sitios y el Puntillo. Las Claves se componían de grupos de hombres y mujeres que alquilaban casas que arreglaban muy bien, para de allí ir a otras casas a cantar. Rivalizaban unas con otras y gastaban mucho en el vestir, las mujeres en trajes de raso y mantas de burato. No abrían la casa hasta el momento de salir, para sorprender y hacer admirar sus lujos. La Clave Nueva cantaba que era una gloria oírla. En la sala de la casa colgaban un mapa de la Isla, porque cantaban haciéndose preguntas y respuestas y señalaban en el mapa con una varita. Estas Claves funcionaban en Noche Buena, y el Día de Reyes entraban en Palacio a cantar y a recoger su aguinaldo. Después no se retiraban hasta el atardecer. A las seis seguían bailando y cantando; de noche los negros figureros bailaban en las sociedades de recreo, como "La Divina Caridad". ("O en la de los Negros Catedráticos, que era como llamaban a una sociedad muy finústica, muy etiquetera".)

No fueron solamente los negros de La Habana los que podían en esa fecha sentirse transportados al Africa. En todos los pueblos y ciudades de la Isla, horros y esclavos experimentaban en ese día la misma ilusión: los bailes y desfiles, las máscaras e indumentarias de las diversas tribus importadas, eran réplica de las que se veían en la capital. Escogemos al azar la relación de un Día de Reyes en un pueblo: en la pintoresca Villa de San Julián de Güines, narrada por Wurdermann.

"Cada tribu elige un Rey y una Reina y desfila por las calles con una bandera en la que han escrito su nombre, unas palabras ¡Viva Isabel!"
—Isabel II— "y aparece el escudo de España. Sus Majestades van vestidas a la última moda, muy ceremoniosas y asistidas por una dama que sostiene un parasol sobre la cabeza de la Reina. Llevan sus atributos con esa dignidad que tanto gusta a los negros y que conservan en presencia de los blancos. Toda la banda está bajo el mando de un Mariscal negro que con un sable desenvainado y un pedazo de caña clavada en su punta, se mueve continuamente cuidando del orden en las filas. Lo principal en este grupo es un negro atleta con un fantástico casco de paja, un grueso cinturón de hojas de palma y otros adminículos en su vestuario. Dondequiera que se detiene golpean los tambores, dejan oír sus sonidos monótonos, y esta figura amedrentadora recomienza una danza endemoniada que es la señal

para un fandango general. Cuando estos grupos se detienen ante las puertas de las casas, recogen dinero que les dan los dueños. A menudo las mujeres se mezclan libremente con los espectadores. Sólo tres tribus pasearon las calles de Güines". Pero en La Habana, añade, "durante este día hay un perfecto guirigay (hub-hub), y la confusión que reina en la población de color es indescriptible".

El 6 de Enero terminaba con un baile popular en el que la alegría y animación, en toda Cuba, mezclaba a negros, mulatos y blancos.

En la antigua ciudad de Sancti Spiritus, nos cuenta el Comandante Gajate, los dos Cabildos o "reinados" más populares de las "naciones" africanas fueron el Congo y el Carabalí. Igual que en todas partes en Cuba, nombraban en ellos Reyes, Reinas, Generales y Capitanes a quienes merecían estos cargos, y cada "vasallo" se sentía orgulloso de pertenecer al Cabildo de su "nación". A veces se suscitaban problemas, y si era grave como ocurrió en Sancti Spiritus en un caso a resolver de la "nación" Mandinga motivado por las elecciones de su Directiva, los Mandinga apelaron al Teniente Gobernador (Decreto del Ayuntamiento, 1873), y hubo que convocar a nuevas elecciones en el Teatro, presididas por el Síndico del Ayuntamiento.

El día de Reyes, desfilaban en las comparsas de los Congos, la corte del Reino en pleno. Llevaban al frente un heraldo que iba gritando: ¡Ahí vienen los Congos Reales, abre ancho campo grande!

Los Carabalí daban miedo con sus dientes afilados —sus dentaduras parecían serruchos— "¡Carabalí come gente!", y sus rostros tatuados a rayas, cicatrices que eran señales de su nobleza.

Hacían derroche de sus ahorros en la fiesta de Reyes cuando recorrían la ciudad con sus bandas de colores, coronas de hoja lata y sombrero de copa alta, y en la de Corpus Christi.

El día de San Juan era también de gran regocijo para los congos, que tenían a este Santo por Patrón. No se confunda, advierte un espirituano, la procesión de los Reinados —en que era notable y movía a risa a los mulatos, que se mofaban de ellos, la circunspección que entonces observaban el Rey, la Reina y los Generales—, con la de los Diablitos, que en Corpus salían ataviados con arcos de barril en la cintura, de los cuales pendían a manera de faldas fibras de pita. Unos mostraban máscaras de animales, otros llevando enormes vejigas o disfrazados de mono, pedían dinero en las casas.

Los Reinados penetraban en la Iglesia con la debida compostura y allí hacían una ceremonia postrándose en el suelo. Luego servían de vanguardia a la procesión católica, que salía después.

Los domingos y días feriados o "de dos cruces", siempre se reunían y divertían. En Sancti Spiritus el Cabildo congo estaba en 1878 en la calle de San Justo. Más tarde, por disposición gubernamental se trasladó a las afueras de la cárcel. Un General de este Reinado, Francisco Consuegra Congo, fue tan celoso de su prestigio que hizo conducir a su subordinado Teniente General, León Cancio, al cuartel de policía por haberle faltado al respeto y a la consideración que le debía. (Agosto de 1880.)

También en Santiago de Cuba era notable la comparsa de los Congos, sendereada por una pareja de negros, cada uno sosteniendo un pendón. Un macero se ocupaba de ordenar las danzas. A éste lo seguían un número de negros con casacas y entorchados de oro y tocados con tricorneos, en filas de a cuatro, muy ordenadamente, y unidos por pañuelos que sostenían por las puntas. Llevaban una velita y una sonajera. Después marchaba una banda militar, los músicos modestamente vestidos, un gran tambor, grandes matracas con cestas de forma cónica, un arpa de caña brava (¿el Kinfuite?) y un güiro". Walter Goodman, que así nos lo describe en su "Pearl of the Antilles" el 1873, elogia la gracia de las mujeres, que detrás de la escolta del Rey, marchan de cuatro en cuatro vestidas de muselina floreada color de rosa, "con movimiento de ritmo ligero y gracioso, tropezando suavemente". Y no se olvida de subrayar que "el negro despreciado y oprimido que iba a Palacio a saludar al Gobernador, no es esa criatura degenerada que se quiere hacer aparecer".

Los días de fiesta eran tan numerosos que hoy nos asombramos; en efecto, de los trescientos sesenta y cinco del año, doscientos eran laborales. Se consideraban "días feriados" o de "dos cruces" los que señalaba el almanaque como de precepto o de guardar, que eran los domingos y las fechas más importantes que festejaba la Iglesia, y había además los días de "una sola cruz", que eran también de precepto y en los que no debía trabajarse. En los feriados o de dos cruces, los Tribunales de Justicia cesaban en sus funciones. ¿Se cumplía al pie de la letra este precepto que rezaba desde atrás?: "prohibido a todos los dueños de esclavos que hagan trabajar a éstos en horas no admitidas por las costumbres, los domingos y demás fiestas que se titulan de guardar baxo pena de seis ducados". Pues sí, los Viernes Santos se suspendían las labores en los ingenios, y se cuentan leyendas de ingenios que se tragó la tierra por no cumplir ese precepto. De Navidades, carnavales, aniversarios oficiales de personas reales, de Santos Patronos, de ferias y parrandas, nuestro pueblo negro y mestizo disfrutaba en grande. En las célebres Parrandas de San Juan de los Remedios eran los negros los que más se apasionaban por las competencias de los barrios de San Salvador y del Carmen, que salían en la "Noche Buena Chiquita", el ocho de diciembre y el veinticuatro. El que exhibía las farolas más llamativas, disparaba más voladores y superaba los fuegos artificiales del barrio rival, era declarado vencedor. Fue una negra vieja remediana la primera que me habló de aquellas parrandas y me citó las puyas que se lanzaban ambos barrios.

¿Dónde vas San Salvador
una noche tan oscura?
Voy a abrir la sepultura
que ya el Carmen se murió.

El San Salvador era un barrio pobre. Allí vivía la "zurrupia" —gente de menos, de "pijirigua", como decíamos en La Habana—, pero contaba con muchos chinos que eran expertos pirotécnicos, y también sus carrozas en la "Noche Buena Grande", eran notables. En el Carmen residía la gente rica, las familias de abolengo, y al reto del San Salvador, sus partidarios respondían:

¡Viva el Carmen con fervor
con su luz y su bandera!
Que mueran las chancleteras
del barrio de San Salvador.

Estas parrandas no sólo en Remedios, en muchos pueblos de la provincia de Santa Clara, continuaban celebrándose cuando Cuba pasó a manos de Rusia. El día de San Juan, veinticuatro de junio, era de grandes verbenas, y aun vi la víspera de ese día, en La Habana, siendo pequeña, las últimas de aquellas fogatas que fueron tradicionales, arder en los arrecifes del inconcluso Malecón. Contaban los viejos que en tal fecha ninguna mujer dejaba de cortarse un poco el pelo, y todo el mundo debía bañarse en el mar o en el río, para evitar —así se creía— que el cuerpo se cubriese de bichos. (Los pichones de aves que no volaban ese día, criarían gusanos.) Ignoro si en un tiempo los habaneros se bañaban en el Almendares —sus aguas se tenían por muy frías. En otras partes de la Isla, en Bayamo, por ejemplo, ese día las márgenes de su río se llenaban de hombres y mujeres de todas edades y colores.

Las aguas del veinticuatro de junio están benditas, como todo en la naturaleza: "Porque en tal fecha San Pedro bautizó a San Juan y San Juan bautizó a Cristo." Las viejas recordaban que en los finales del siglo pasado, todas las muchachas, en ese día, vestían blusas de marineras e iban, tarde y noche, a pasear con las señoras, en coches propios o de punto, por la Calzada de San Lázaro, frente al mar.

El populacho prendía grandes hogueras en los arrecifes. Recogían palos, tablas, cajones que pedían en las bodegas, paja, sacos, telas ya inservibles,

cuanto desperdicio fuera buen pasto para las llamas, y construían simula-
cros de casas con balcones y muñecos dentro de ellas, de tamaño natural,
torrecillas, barcas, y todos trabajaban en aquellas fábricas condenadas al
fuego, que debían arder la víspera de San Juan.

Allí en el litoral estaban los baños de mar que se llamaban Las Delicias,
Romaguera, Los Campos Elíseos, San Rafael, Santa Lucía, los de Carnea-
do. El día veinticuatro se comenzaba con un baño en el mar, y el día se
pasaba bajo enramadas, en ventorrillos, cantando, bailando y jugando bara-
jas, y allá en lo último, la chusma bailaba rumbas.

No faltará una nonagenaria, quizás una centenaria desterrada que re-
cuerde también —de oídas, porque empezaron a declinar al final de la
década del noventa—, los antiguos y alegres carnavales habaneros, en los
que antes vio la hipocresía puritana de un John Perry[64]—le ruborizaban las
mujeres cubanas paseando en sus volantas ¡sin sombrero y con los brazos
desnudos! —, "demasiada indecencia en la conducta pública para ser referi-
da"... ¿indecencia? Era lógico que entonces donde quiera que estuvieren
en tierras latinas, que son tierras risueñas y amables, los miles de Perry,
representativos de la intransigencia e incomprensión —de la "asaura", que
diría un andaluz—, viesen con malos ojos la alegría. La condenaban; les
irritaba lo que llaman los franceses "la joie, la douceur de vivre", que
jamás, ¡pobres! habían conocido. La mojigatería era la característica del
tedioso país de Perry, donde hace poco más de un siglo una representación
de bailes franceses (Francia nación pecaminosa), provocó tal escándalo que
todo un numeroso público femenino, con gritos histéricos de pudorosa
indignación, abandonó el teatro.

Se ha escrito que el Honorable Edward Everett, cubría castamente con
un velo la desnudez de una copia del Apolo de Belvedere. No era decente
decir legs —pierna— tratándose de una persona, sino limbs, quizás para
evitar la posibilidad de una asociación de ideas pecaminosas. De las mujeres
encinta se decía que estaban "in family way"; nunca se hubiera dicho que
estaban "pregnant", como las vacas. (Los tiempos cambiaron en USA muy
rápidamente y asombra que de aquellas pudibundeces que mueven a risa,
se pasara a una pedagógica aceptación de la libertad sexual y sus aberraciones.

Esa hipotética viejita centenaria, desterrada, nos hablará también de las
fiestas de San Rafael, en la loma del Angel, de sus fuegos artificiales, de
algunas de las camorras que siempre surgían entre soldados y civiles, y de
las ricas tortillas de San Rafael que allí se comían. "Estar", "ser de Papa
Upa", o abreviando, "de Upa-Upa", quería decir, y todavía hay cubano
castizo que emplee esa expresión, algo que está o sabe muy bien, que es de
buena calidad, tuvo su origen en un negro llamado Papa Upa que las

cocinaba ese día, y los habaneros iban a comprarlas o a comerlas a la loma del Angel en la fiesta de San Rafael — de Inle, como le llamaron a este Santo los lucumí.

Cuba, dijo el Vizconde Harponville, es (¡era!) un inmenso salón de baile. Desde luego, donde más se baila es en La Habana, allí, después de los trágicos acontecimientos de Santo Domingo, que tanto beneficiaron a Cuba, lindas mulatas francesas daban los mejores bailes de carnavales. Desde muy atrás abundan los profesores de baile, que se anuncian en la prensa, y orquestas de buenos músicos de color, que también hacen música en las iglesias y en los salones de la aristocracia.

Con excepción del piano, se observa que, como virtuosos de la flauta, el cornetín y el clarinete, se distinguían los negros. Ganaban buen dinero en los teatros, en los bailes públicos y en los "guateques" y "changuis", de gente de menor cuantía, pero generosa. El padre del internacionalmente conocido violinista negro, Brindis de Salas, a quien el Emperador de Alemania dio el título de Barón, era director de una orquesta que gozaba de la clientela más distinguida de La Habana.

Hay los bailes de la alta sociedad, los públicos, de barrio; en los carnavales se hicieron famosos los concurridísimos de máscaras del Teatro Tacón y los de Euscarriza, más pecaminosos que los de Tacón. Fueron los carnavales en la época colonial de "asaltos" en todas las esferas sociales, y aún tenían lugar en La Habana después de la Primera Guerra Mundial.

Los cubanos que han nacido o crecido en el destierro pensarán al oír esta palabra que designa una acción delictuosa, que se trata de asaltos a mano armada. No, en aquellos tiempos los bandidos y los asesinos no tenían las facilidades ni gozaban de la impunidad que hoy tienen para actuar. Los asaltantes eran un grupo de amigos y amigas con ganas de divertirse que de improviso o previamente de acuerdo con las víctimas elegidas, iban a pasar la noche bailando en sus casas.

También en las fechas de San Juan, San Pedro y Santa Ana, que era cuando se celebraban los carnavales en los pueblos del interior, como en la bellísima Trinidad, corrían típicas comparsas de "mamarrachos"; se bailaba hasta perderse el resuello. Se bailaba siempre menos en Semana Santa.

La Sirivenga, la Sirivaya
dice que la dejen descansar
que viene Semana Santa
y se quiere confesar.

Esta Sirivenga como la Calinga o Caringa:

> *Toma y toma Caringa*
> *pá la vieja palo y jeringa.*
> *Si Caringa se muriera*
> *todo el mundo la llorara*
> *y del mismo sentimiento*
> *hasta luto le guardaran.*

eran bailes que bailaba todo el pueblo. Y había los de "ponina", de las "escuelitas", los bailes de Cuna en los que confundidos los blancos —"niños", a menudo de muy buenas casas—, mulatos y negros, se extasiaban en lentas ondulaciones o se movían a compás de un ritmo vivo y candente. Los negros de la colonia sabían bailar todos los bailes de los blancos. Los citadinos en sus ya mencionadas "Sociedades de Recreo", bailaban el minué:

> *El minuet baile alegre y gracioso*
> *se baila sólo entre dos*
> *con los pasos medidos y airosos*
> *que inspiran decencia y pudor.*
> *Hoy el baile, muchachas, muchachos,*
> *la cuadrilla, la danza o danzón*
> *se abrazan, se besan,*
> *¡ay! qué baile señor Don Simón.*

El baile de la Tranca, de moda en la segunda mitad del siglo pasado; la danza criolla —versión de la danza española— que cruzó el mar y en Europa se llamó Habanera, tan en armonía con la suavidad de aquellas mujeres cubanas y la brisa que abanica la Isla. Y polkas, lanceros, rigodones, valses en las altas esferas; y zapateo, infanzon chiquito abajo, Timbiyi Bamba, Muchitanga, Titundia, Jardinero, Alamanda, Juan Guerengué y Juan Perillán, Culebra, Sonsorito, Yuka, Watabia, Wawankó, rumbas, Palatino, Colombia, Yambú.

"No se crea que sólo bailábamos tambor", dice Calazán que era "petimetre"; y muchas ancianas que llevaban con orgullo los nombres de sus antiguos amos, me celebran con entusiasmo los bailes muy elegantes de la Sociedad La Blanca Espuma —1887—; de la Caridad, de la Sociedad de Carboneros, del Centro de Cocheros y de otras.

"Pero la sociedad negra más aristocrática en La Habana", me aseguraba una viejita recibidora que en sus buenos tiempos prestó sus servicios a familias habaneras muy distinguidas, "era la Divina Caridad, que estaba en la calle de Egido. Yo asistí a la recepción que se le dio a José Miguel Gómez cuando ganó las elecciones. Esta Sociedad era selecta, como la de Aponte en Bayamo".

Todo pretexto era bueno para bailar. Hasta en los entierros, como hemos dicho, cuando cantando y bailando y burlando la ley, se llevaba en hombros la caja del "carabela" en la ciudad y en parihuelas en los pueblos de campo, hasta muy tarde.

Los "Altares de Mayo" o "Cruces de Mayo" encantaron a mis viejos cronistas de color, a los que vivieron en provincias y en La Habana. Como no oí hablar de ellos a personas de mi medio, deduzco que desaparecieron muy temprano en las clases altas y que fue el pueblo quien los continuó hasta finalizar el siglo XIX.

La Cruz de Mayo comenzaba el día tres de este mes, justamente el día de la Santa Cruz. En la sala de la casa en que iba a levantarse un altar, se colocaba una primera tabla con un ramo de flores. "El Padrino del Altar", es decir, el que lo iniciaba, se abastecía de laguer —de cerveza—. Llegaba la primera visita y el padrino le arrojaba el ramo de flores y le ofrecía un vaso de cerveza. Este quedaba comprometido y por su cuenta agregaba otra tabla. Se repetía con varias personas la misma operación. El altar cobraba altura. Se decoraba con flores, velas, collares de cuentas de colores, mantas de burato y otros adornos, y a veces "eran lujosísimos", pues cada persona que agregaba una grada se esforzaba en que la suya fuese la más rica y llamativa. Completo, resplandeciente el altar, de noche se comía, se bebía a costa de los padrinos, y hasta el amanecer se bailaba con charanga. Esta es una orquesta compuesta de violín, arpa, flauta, maracas y botija o güiro de aire, que al soplarse sonaba "flú, flú". En la charanga se empleaba también como acompañamiento —lo había oído Miguel a sus mayores—, una quijada de caballo que se golpeaba con una cuchara sobre los dientes. Al comenzarse a armar un altar de Mayo, añade Miguel, "en la primera tabla, desnuda, se colocaba una vela encendida. El que la apagaba costeaba otra tabla, velas y cerveza. Se le decía: "La muñanga el que la tumba la paga". En altares de "malaguaje" —los más pobres— las botellas que lo adornaban se vestían de papel crepé, y en botellas, flores de papel y velas de sebo, consistía su decoración.

"Pero se bailaba durante nueve noches seguidas, se comía lechón, se jugaba, se cantaba y se divertían de lo lindo". "La cruz se buscaba en el cielo. En este mes las estrellas aumentan el tamaño para acompañarla".

Por último mencionaremos la extraña fiesta que tiene por pretexto el velorio —holgorio— de un parvulito...

Prohibidos terminantemente,[65] no dejaron de celebrarse hasta muy tarde, "la Intervención Americana entorpeció mucho esas cosas", Bamboché, Omí Tomí, Sandoval, Niní, casi todos mis viejos amigos asistieron a ellos. Eran verdaderas rumbas, y al pequeño, que con frecuencia se corrompía expuesto mucho más tiempo del que puede resistir en el trópico un cadáver, "se vestía a capricho", es decir, se disfrazaba, como la hijita de un tocador de clave, compadre de Calazán, "que lucía muy graciosa vestidita de turca en su cajita blanca". Y el que podía tenía a orgullo cambiar varias veces de traje al muertecito.

El baile era esencial en la vida de bozales y criollos, que bailaban todos los domingos. "Y lo será siempre, a Dios gracias y si Dios quiere". Nada más cierto que lo escrito al respecto el 1897 por Francisco Barrera y Domingo.

"Todo negro por natural influjo es amantísimo a el baile y a la música como se ve diariamente, aunque estén agonizando y rendidos de el trabajo más penoso, en oyendo un tamboril o flauta, es tanto lo que se regosijan y alegran que no hay ponderación para explicarlo; muriendo están y al sonido quanto más triste mejor para ellos, abren los ojos y procuran levantarse y se levantan sólo para bailar; más que esqueletos se están haciendo muecas y meneos más de una hora sin cansarse; tal es la alegría y la pasión que interiormente conmueve aquellos spíritus animales y vitales".

Y así para curar a peninsulares padrejonarios, hipocondriacos, en su mayoría catalanes a quienes un quebranto en sus negocios no les producía un infarto cardíaco como hoy a profesionales, comerciantes, hombres de empresa y... desterrados cubanos, sobre todo en estas latitudes, pero les hacía perder el equilibrio y los convertía en enfermos imaginarios, sumidos en negra melancolía, aconseja "que vayan a visitar y que vean los bailes y música de los Cabildos de negros, los cuales divierten mucho el ánimo. Por causa de esta diversión se han curado de su padrejón muchos catalanes quincuagenarios y sexagenarios".

A lo que, hay que hacerles justicia, contribuían mucho las negras y las mulatas airosas que tanto les gustaban.

Los Cabildos, en todos los tiempos, estuvieron abiertos a los blancos. Hazard, ("Cuba with pen and ink", 1873), anota que valía la pena de visitarlos intramuros, en la calle de Egido. "No debe vacilarse lo más mínimo en entrar a ellos, pues el visitante será siempre tratado con el mayor respeto por todos, incluyendo a los bailarines, que se sienten felices de contar con un público blanco".

Más no eran sólo las fiestas ruidosas, los guateques de guángara y rufalandaina las que disfrutaban los negros. También las silenciosas, quiero decir, las religiosas y de Semana Santa. En La Habana, la procesión del Viernes Santo, a la que asistía todo el Gobierno. El Excelentísimo Ayuntamiento de la ciudad de San Cristóbal de La Habana, el ejército, las congregaciones de Santo Domingo, San Francisco, San Felipe, La Merced, Belén... A la procesión del Domingo de Resurrección, cuantos tenían carruaje la seguían: la nobleza a todo lujo, el Capitán General, el gobierno en pleno, el ejército, los voluntarios. Recorría varias calles de lo que luego se llamó La Habana antigua: Cuba, Sol, Oficios, Habana. Después de los coches de las señoras, los de las bellas mulatas de ringo rango querindangos de los patentados y señorones que iban muy serios y empaquetados marchando en la procesión. "Esa era la que más me gustaba", me comentaba una anciana amiga, "la procesión del Santo Entierro, que salía de la Plaza de Armas, con todo el Cabildo de etiqueta con velas encendidas, la oficialidad, los soldados, el Clero. Todo el mundo a pie, cerrado de negro. Detrás del túmulo del Señor iban las tres Marías. Era muy solemne".

En cambio, para la centenaria Teresa Muñoz, el Santo Entierro no podía compararse a la procesión de la Resurrección. "En la iglesia de Santo Domingo se hacía el descendimiento. San Juan y la Virgen María estaban allí. La procesión salía de la Catedral muy temprano en la mañana. Las dos iglesias, Santo Domingo y la Catedral, echaban a vuelo las campanas. ¡Parecía que en todo el cielo se repicaba! Las de Santa Teresa empezaban a sonar desde las cinco, al amanecer. La Magdalena estaba en la Catedral y al primer campanazo salía, iba a Santo Domingo, entraba en la iglesia, hacía una reverencia y como si hablara con la Virgen, volvía a la Catedral. Tres veces iba y venía, y en el tercer conciliábulo, salía con la Virgen y con San Juan y entraban los tres juntos en la Catedral, donde ya el Señor estaba sentado en el trono, con una banderita blanca en una mano. Luego, todos en procesión recorrían varias calles. Regresaban y empezaba la fiesta de la Resurrección. Todo era alegría. Ni el jueves ni el viernes Santo, en que el Señor estaba muerto y se iba a las iglesias a besarle los pies —yo iba al Espíritu Santo— no había tráfico, no rodaban coches ni carretones, si acaso el de algún médico. Y ni música ni baile. Nada. Eso sí, se vendía alfañique y alcoza, y pregonaban:

> ¡Alcoza, alcoza,
> a medio y a dos la cara de Dios!

Con clara de huevo y azúcar se hacía una pasta y se formaban la mar de figuras, la cara de Jesucristo, caballitos, perros, botecitos, zapaticos..."

En provincias no hay un solo pueblo que no celebre sus fiestas religiosas, procesiones de sus Santos Patronos o de la Santísima Virgen. En las antiguas procesiones a mediados del siglo pasado, una niña vestida de angel, en coche descubierto (en una carretela) adornado con banderas, ramas y flores, recorría las calles precedida por seis jinetes disfrazados de indios, seguido de otros tantos con traje de moros. Detrás desfilaba la música y todo el pueblo. La procesión se detenía en un lugar convenido y allí el angel, es decir, la niña alada declamaba un poema, una loa, alusiva al Santo que se celebraba o a la Virgen María...

Los que asistieron y escribieron sobre esas fiestas pueblerinas de Pascuas y Santos Patronos, cuentan que la población se dividía en dos bandos —bando azul y bando rojo—, que elegía cada uno a una reina. Surgían rivalidades y peleas femeninas y... masculinas, pero la reina del bando o *patio*, que también se decía así, que triunfaba, invitaba a su contrincante derrotada en las elecciones a un baile, y así bailando todos amigaban.

De sus dos genealogías, la española y la africana, heredaron los cubanos la pasión del baile.

Más sobre los Lucumí, Mandingas, Ararás, Carabalís

Son muchos los que dan la razón a Odedei al referirse a los lucumí: "Los más nobles de las tribus de la Costa, altos, con hermosas y a veces regulares y nobles facciones de grave expresión. Orgullosos, litigantes, difíciles de manejar al comienzo de su vida de esclavos, pues son amantes de la libertad y fácilmente excitables a la violencia, pero si se les trata bien y con justicia, son los mejores y más dignos de confianza". Así los juzgó la Bremer. Y Gan Eden: "No son solamente orgullosos y valientes sino muy inteligentes". En el ingenio los ha visto encargados del cuidado de la complicada maquinaria, y dato interesante, habla de un amigo suyo, ajedrecista notable, que fue derrotado por un lucumí. Este lucumí hacía cuatro años que había llegado a Cuba y hablaba el castellano tan bien como cualquier criollo. De su orgullo, lo que cuentan los extranjeros que citamos, coinciden con lo que sabíamos por sus propios descendientes. La injusticia que se cometiese con ellos los sacaba de quicio y se hacían solidarios del castigo que se imponía a un compañero inocente. La indignación que en ellos suscitaba una azotaina indebida, los llevó con frecuencia al suicidio. Aquí tenemos un ejemplo que se acuerda perfectamente con otros parecidos conservado en el rico archivo de la memoria de nuestros negros.

"Un amigo mío que había comprado ocho lucumí llegados recientemente, tuvo pronto ocasión de castigar ligeramente a uno de ellos", escribe el Physician (Notes on Cuba, Boston 1844). "El látigo se le administró acostado boca abajo en el suelo, y cuando se le ordenó que se pusiera en esa posición, los otros siete esclavos se acostaron junto a él y pidieron que se les azotase también. Solicitud que fue negada; se les dijo que si en algún momento debían de ser castigados, se les castigaría.

Un muchacho, el culpable, fue azotado antes del almuerzo, cuenta mi amigo, y no hacía mucho que estaba yo sentado a la mesa, cuando el contramayoral, un negro, llegó a la puerta para aconsejarle que fuese donde se hallaban los esclavos, porque estaban sumamente excitados, cantando y bailando. Inmediatamente tomé mis pistolas y corrí al lugar. Los ocho negros, cada uno con una cuerda amarrada al cuello, al vernos se escabulleron en distintas direcciones, buscando árboles en que colgarse. Ayudados por otros esclavos nos apresuramos en apoderarnos de ellos y rescatarlos; unos murieron, otros pudieron ser salvados cortando las sogas de que colgaban antes de que expirasen. Se llamó al Capitán del Partido para que examinara los cuerpos de los muertos, lo que hizo minuciosamente para ver si descubría en ellos alguna marca de latigazos, pero felizmente para mí no halló ninguna, pues hubiese tenido que pagar una suma fuerte. El resto de los esclavos se negó a trabajar. Le pregunté al Capitán que si se suicidaban yo sería acusado. Me respondió que seguramente se me declararía culpable si encontraban en los cadáveres la menor huella de maltrato. Mis vecinos le ofrecieron a uno de los esclavos llevarlo a su casa pero no consintieron en separarse. Yo no sabía qué hacer, cuando determiné, a riesgo de infringir la ley, castigarlos a todos, e inmediatamente después fueron a trabajar y ahora están con la cuadrilla, y son, de mis negros, los que mejor se portan".

Charles A. Murray presenció la siguiente escena cuando era huésped del Sr. D., —la publicidad no era de buen tono en aquella época, se consideraba un atentado a la vida íntima, y Mr. Murray calla el nombre del hacendado—: "Uno de sus negros se ha ahorcado; es un joven de la tribu lucumí, el No. 2. Hace nueve o diez meses que está en la Isla y nunca ha sido castigado ni se ha quejado de ningún maltrato. Pidió el traje nuevo que se le debía de dar y se lo puso; tomó un cerdo que tenía, su machete, sus pequeñas pertenencias, lo reunió todo bajo un árbol y se colgó de una rama".

Murray achaca este proceder a una creencia —"superstición"— prevaleciente en su tribu: que en el otro mundo esos objetos podían servirles... Claro que el suicidio en los africanos obedecía, a veces, en opinión de mis documentos vivos, "al deseo de volver a Guinea", a reunirse con un ser querido. Los lucumí creían en la reencarnación.[66]

Su altivez, porfiaban Bamboché y otros contemporáneos suyos de origen lucumí, se debía exclusivamente, no a que fueran tercos o valientes, no; a "que eran los negros más civilizados de Africa". (Y de todos los lucumí, "los lucumí Oyó; los que hablaban más bonito".)

Estos viejos tenían la noción de una pasada grandeza que sólo se apoyaba en lo oído a sus mayores sobre la importancia de los lucumí en un tiempo indeterminado y al mando que ejercían sobre otras naciones que habían sido sus vasallos, como la de los arará (Dahomey).

A que eran superiores a los demás africanos, "más civilizados e inteligentes",[67] y a que se importaron en notable cantidad desde fines del siglo XVIII, alcanzando estos envíos de mercancías humanas su máximum a mediados del XIX, en tiempos de O'Donnell, ha de atribuirse también en concepto de los negros, repetimos una vez más, que hoy sea la religión lucumí la que se ha conservado tan viva y con la mayor pureza, imponiéndose y absorbiendo a las demás, con el atractivo de su mitología, de sus sistemas de adivinación, de sus ritos, de su música, de su lengua "más fácil de aprender". Pero, sin desplazar la magia de los congos. En La Habana, Matanzas, Santa Clara —el tiempo nos faltó para aventurarnos en Camagüey y en Santiago de Cuba, donde la influencia haitiana es notable a primera vista—, las prácticas bantú se mantenían tan vivas como las yoruba. En todas, el Ngangulero, recatado en la sombra, figuraba en buen lugar junto al Olorisha, como en la actualidad continúan ambos actuando en los ghettos cubanos del exilio.

En cambio, en toda la Isla desapareció la huella de la religión musulmana a juzgar por lo poco que de ella nos relatan los viejos, "su Santo se llamaba Alá", y que era la de aquellos famosos mandingas que fueron muy buscados y apreciados en toda Cuba: "instruidos, pacíficos, activos, graciosos y finos, los más aptos a disciplinarse y al servicio doméstico".[68] como anotó otro autor anglo-sajón.

En los carnavales, sus comparsas la Mandinga Moro Rojo, Mandinga Moro Azul,[69] Turcos de Regla, desfilaban por las calles de La Habana con las comparsas de los Congos de Chávez, Alacrán, Alacrán Chiquito, los Curros, la Culebra... ("¡que la culebra se murió, Calabazón son son!"); los Hijos de Quirina, los Chinos, y en tiempos del Presidente José Miguel Gómez, recuerdo haber visto pasar alguna por mi Calzada de Galiano, celebrando el triunfo de su candidatura.

Estos mandingas del Senegal, "que metían tanta bulla en sus Cabildos cuando estaban de fiesta u ofrecían honras por algún capatáz o cacique muerto y lo tenían en túmulo", llegaron a Cuba a comienzos de la colonia.

"Había jolofe, fula, bikas, de pelo lacio, yola, sikuato, malé. Yo era niño en el ingenio y me acuerdo de los mandinga celebrando el día de San Manuel, cumpliendo con el año nuevo, hincados sobre una cruz de ceniza y luego girando en redondo como los lucumí en el ñangalé,[70] y en el centro también había una paila con ogodó. Saludaban al año nuevo con su Sala maleko Maleko nsala.

Los mandinga de la media luna adoraban a Alá, a la luna y al arco iris. Adivinaban muy bien mirando en el agua. Se hacían respetar de los demás negros. Sí, eran un poco altaneros".

En Remedios recordaba un negro viejo unas pocas palabras mandingas, lengua que se hablaba en todo el Senegal.

"Dió se llama Alá. El caimán, bamba; la candela, dimba. Dimba ¿eh? simbo no, simbo é dinero en congo. Las estrella, lólo. A la calabaza, uno que la sembraba en su conuco le decía mira; un calabazón, mira guán guán. Una guayabera (camisa) dondoki. Y no sé má".

Fueron muchos a Cuba en 1830 y se hicieron apreciar por sus habilidades. Eran fuertes, de buen humor, listos, aprendían pronto. Buenos para el servicio de mesa y para muchos oficios manuales. En Trinidad, donde se les consideraba también muy chistosos, me mostró, y luego me obsequió un nieto del millonario Justo Germán Cantero, una copa de madera exquisitamente tallada por un esclavo mandinga.

"Eran pundonorosos. A uno que leía en un libro que sólo entendían otros mandingas, lo sorprendieron robando azúcar en el ingenio. Avergonzado apareció colgado de la rama de un árbol".

Sin embargo, José Santos Baró no los quería. Aseguraba que eran muy malos, "y honrao, honrao... ¿mandinga?, no estoy creyendo". Y para no contrariar a Baró, consta que dos mandingas no lo fueron: Pablo Riverón y José de la Merced del Rey.

En 1864 los mandingas tenían un Cabildo en la calle de la Horqueta del barrio del Horcón: el de Nuestra Señora del Pilar, de la nación mandinga. En esa fecha sus Capataces y Matronas acuerdan trasladarlo al Caserío, o sea, a las orillas del pueblo de Marianao con estricta sugeción a las disposiciones gubernamentales.

"El Rey de la Nación se llama Benvenuto, mandinga, de 50 años, de oficio carpintero. Valentín Suárez, mandinga, de 55 años, Federico Hevia, mandinga. Las mujeres: Loreta Hernández, mandinga, y otras dicen que no han solicitado el traslado de dicho Cabildo a ningún otro punto, porque lo que pretenden es despedir de dicho Cabildo a los antiguos Capataces Pablo Riverón y José de la Merced del Rey por no convenir al Cabildo, pues además de rendir malas cuentas adeudaban ocho meses de alquileres de la casa en que están establecidos, y en tal virtud las referidas Reinas han nombrado por nuevos Capataces a Benavente del Rey, Agustín Suárez y Francisco Hevia, así como a Domingo de León, y para una buena inteligencia pusieron en la adjunta instrucción que pretendían trasladar el Cabildo a Marianao".

Hoy poco se habla de los mandingas, aunque de su sangre quedan muchos; sólo se les recuerda por un dicho que todos los cubanos conocíamos y que aún se oye de tarde en tarde: ¡Kikiribú Mandinga!, a propósito de algo terminado definitivamente, sin dar lugar a una esperanza.

"Y hubo mucho arará.[71] Su religión es como la de los lucumí, aunque no hablaban lo mismo. Tenían cinco tambores, el grande se llamaba Yonufo; el segundo Yonajo, el tercero Aplité, igué-gué, el cuarto; Okotó el quinto. (Un sexto era el Ogán.) A la cantadora, que los lucumí llaman Apwón, se le dice Ojasino, y a siete chuchos que ellos tienen para sus ceremonias:

Akitipó. Los lucumí les dieron ifá para adivinar con ikis y con cadena. Babalú Ayé, de tierra de los lucumí se fue a tierra de los arará y reinó en Dahomi; Naṇá Bulukú también es oriunda lucumí. Mabú y Lisa son Santos muy grandes. Antes los lucumí y los arará, en el tiempo antiguo no se querían, pero sus guerras quedaron atrás... todo se olvidó y ahora llevan sus tambores a las fiestas de Ocha. Pero los ahijados de los Bokono arará (Bókono es el Padrino, la Vodunsi, la Madrina), no pueden sacar sus Santos (vodús), de la casa del Bokono".

"Como el arará era muy recogido no tuvo tanta influencia como el lucumí. En Matanzas hubo más arará que en La Habana, pero aún así los cabildos arará tienden a desaparecer".

El viejo Salakó, que he citado tantas veces, hablaba la lengua de los arará, el ewe. Decía que: "para los jóvenes, lo arará estaba ya fundido en lo lucumí". Todos mis informantes sabían que los dahomeyanos —dajomi, como pronunciaban ellos, su rey— "había vendido más negros que ningún otro soberano africano, y que guerreaban nada más que para tener negros que venderle al blanco". Vender hombres era normal en Africa. Cuando le preguntaba a Calazán qué pensaba de la trata, me decía que: "en Africa había esclavos y los morenos se aprovechaban encantados del negocio que hacían vendiendo su propia carne. Tanta culpa tiene el que mata la chiva como el que la aguanta, y el negro y el blanco, por la codicia se empataban. Uno vendía su gente y el otro se la compraba".

Otro viejo que lo sabía "por recuerdo de sus mayores", me aseguraba que la esclavitud en Africa era más cruel que en Cuba. ¡Envidiable memoria africana! La poesía es memoria, decían los antiguos. La memoria es la poesía que cultivaban esos negros que me hicieron confianza.

Pero nada me asombró tanto en mis conversaciones como la noticia que me dio (1944) uno de ascendencia conga, que me dijo llamarse Magabú, y con el que a mi gran pesar no pude volver a encontrarme. Indagando por él supe que vivía en Guanabacoa y que había muerto. ("De vejez".)

"Jesucristo, en la antigüedad", me dijo, "estuvo en el Congo, sí señor. En el mismo Congo. Y allí hubo iglesia y muchos congos cristianos. Verdad que sí".

¿De dónde había sacado tal cosa Magabú? No era del todo una grotesca fantasía, pues si Jesús en carne y hueso, jamás estuvo en el Congo, la religión de Cristo fue llevada allí por los portugueses a raíz del descubrimiento. El Manicongo Nzinga Nkuwu (rey del Congo) desde el 1482, había acordado un buen recibimiento al rey de Portugal y a los portugueses en la persona de Diego Cao. Una relación amistosa se estableció entre Nzinga Nkuwu y el monarca lusitano. Este le mandó artesanos, albañiles y carpinteros para construir una iglesia, y Nzinga Nkuwu se convirtió al cristianismo. Más tarde su descendiente Nzinga Bemba, bautizado con el nombre de Alfonso I, llamó a su capital Kongo Mbansa, San Salvador. Hubo pues, iglesia —e iglesias— y congos cristianos, a comienzos del siglo XVI.

Doña Guiomar, la negra de la comedia de Lope de Rueda "Los Engañados", responde al preguntarle Gerardo, uno de los personajes, "¿Qué, aqueso de casar? ¿Ya no quieres ser monja?

—No siñor, que tenemo una prima contritana religiosa monja priora Abadesa allá mi tierra de Manicongo muy honrada. Yo siñor queremo murtipricar mundo".

De aquellas tierras que bordean la bahía de Biafra, mortíferas para los hombres blancos en los días de la trata, vinieron muchos esclavos a Cuba. También se les llamaba generalmente, carabalíes —semi bantú— y procedían de numerosas "tierras" hoy mismo bien conocidas de los ñáñigos, por lo que podríamos llamar la Leyenda de Oro de los Abakua: Efik, Ekoi, Bibí, Ibo, Abaya, Suama, Ota, Eluyo, Isieke, Briches, Okankua, Bríkamo, Agró, Ososó, Brasi, Kuna, Nklentati, etc. etc. Estos Carabalí nos dejaron su música, sus dialectos en las sociedades secretas de los abakuá, las confraternidades, "Potencias", "Juegos" o "tierras" de ñáñigos, que funcionaban hasta hace poco en Cuba, muy perseguidos por el régimen comunista, que los ñáñigos rechazan.[72]

Eran, como dicen ahora los exiliados cubanos que asesinan el español, "controversibles". En tiempos de la trata se les elogia como "laboriosos y formales", o se les tacha de "holgazanes, negligentes". Irascibles, difíciles, desobedientes. Como los makuá, "más graciosos y listos que ellos", de acuerdo con Herrera, convenía vigilarlos: Tifi tifi (robaban) y huían al monte.

"En su tierra eran candela, y aquí no eran dóciles como otros africanos. Usted habrá oído decir que los carabalí comían gente, y de veras que la comían. No era broma. Eso se llama *tropófago*. Los mismos bibí lo contaban. Recién llegados había que menearles el guarapo (azotarlos), pues algunos eran más haraganes que la quijada de arriba".

Este juicio sobre los carabalí concuerda con el del francés Massé, que comparándolos a los senegaleses —los mandingas— dice que "son menos finos y de costumbres menos dulces", y anota lo que ya sabemos por los mismos negros, que la mayor parte de los aguadores de La Habana —el agua se vendía a domicilio en botijas que horros y esclavos llevaban en carretillas—, eran carabalís briches, que califica de orgullosos y taciturnos, con hondas escarificaciones a ambos lados de la frente.

Había aguadores negros en toda Cuba: en Santiago, eran negras las que repartían el agua potable.

Pero no siempre fue tan severo el juicio que merecieron los carabalí. Si sobre sus cualidades y defectos no coinciden los autores del pasado que anotaron lo que de ellos escucharon en las haciendas u observaron por sí mismos, los viejos documentos vivos que he consultado están unánimemente de acuerdo en un punto: en la ahorratividad pasmosa del caravalí.

"En ese estado de servidumbre amasan un pecunio del que saben muy bien usufructuar" (X. Marnier).

No es de extrañar que entre ellos se contasen tantos horros, producto de su notoria cicatería y su avaricia. Los congos les llamaban *buimi* y los criollos "Alejandro en puño". Verdad que los negros de nación en su mayoría no gastaban como los negros criollos −"derrochadores"−. Sus necesidades eran pocas, sus placeres... se reducían a beber malafo u otí −aguardiente−, a fumar tabaco, tabaco jorro, apagón, y por supuesto y sobre todo, a bailar.

"Los criollos, manirrotas y refistoleros, se burlaban de ellos, porque hubieran preferido morir de hambre a sacar una moneda de la muna lungat de la botija". Se reían y los envidiaban, decía Melitón que tenía sangre de suama. Calazán cuenta que no había carabalí que no contara con sus ahorritos −"la pavita echada"−, y los de algunos eran de importancia. Se acordaba de carabalís aparentemente tan miserables que era imposible sospechar que poseyeran el caudal que se les descubría al morir.

"En Suárez 81 vivían dos carabalís libres. Marido y mujer. Los dos vendían billetes de lotería. El enfermó, quedó ciego y murió poco después. Ella, Ña Francisca, dejó la venta de billetes y se puso a despachar bollos y chicharrones en la Plaza Vieja. Así se ganaban la vida muchos horros y esclavas que trabajaban para sus amas venidas a mal y con el tablero en la cabeza vendían dulces por las calles. La ahijada de Ña Francisca se ocupaba de ella. Pasó algún tiempo y Ña Francisca enfermó. Juana le llevaba el caldo a la Madrina y la cuidaba pensando que ya tenía edad para pasar a mejor vida y ella era su ahijada. Sin embargo Ña Francisca no murió. ¡Doló ya pasá! dijo un día y volvió a sus quehaceres. El bodeguero Rufino, dueño de "La Tía María", también se ocupaba de la carabalí, y la vieja le dio a guardar al gallego los papeles de sus propiedades.

Una mañana, como era su costumbre, Ña Francisca no fue a la bodega, ni al día siguiente tampoco. Rufino fue a ver lo que pasaba; tocó y tocó la puerta. La forzó y encontró muerta a la vieja. Mi madre vivía al lado de Ña Francisca, y por la mañana mi padrasto me contó en la tabaquería, lo que había ocurrido, y que los vecinos estaban cogiéndose el dinero de la muerta. A Juana la Grande no le avisaron. Salimos a la azotea de la casa de mi padrasto y por una claraboya entramos en la de Ña Francisca; brincando y trepando como los monos, salimos flechados con sólo ocho onzas que pudimos robarnos. Al novio de la ahijada de Ña Francisca, Juan Bacalao, le entregaron después, para que se lo llevara a Juana, de recuerdo, el espejo de la Madrina. El novio, al llegar a una esquina, porque le pesaba mucho, lo apoyó en el suelo para descansar, y salió un montón de centenes. En lugar de ir donde Juana la Grande, el novio se guardó el dinero. El bodeguero se quedó con las casitas. A mí me tocaron cuatro onzas; a la mitad con mi padrasto. Aquellos viejos guardaban los doblones y los centenes dentro de laticas, disimulados bajo una capa de ceniza. Era también costumbre esconder el dinero detrás de los espejos, o en botijas debajo de las losas del piso".[73]

"En Misión 73 se enfermó otra morena carabalí, Teresa. Esta en vez de ahijada tenía nieta. Julián Pacheco, el encargado de la cuartería no le avisó a la nieta, dio parte a la Alcaldía y la llevaron al hospital de Paula. Teresa fue con un burujoncito muy apretado debajo del brazo. Cuando el médico le dio de alta, la morena, que era fuerte, empezó a gritar como una endiablada: ¡mi mojá! ¡ay mi mojá! ¡yo no se va sin mi mojá! Había llevado su almohada, su mojá; en la almohada guardaba su dinero... y la almohada, busca que busca, no apareció.

¡Galán, galán! Pues señor yo trabajaba en la trapería de un americano; paleaba huesos. Allí se recogían trapos y se echaban en un tanque con unos líquidos, para hacer papel. Un día los chinos traperos arman el gran escándalo. ¡Una almohada con dinero! La reserva fue a ver y a coger lo que podía. Yo también cogí. La almohada tenía listas azules y rojas".

Sobre todo los pordioseros carabalí eran los que al morir dejaban muchas veces escondidas en sus covachas cantidades sorprendentes.

Estos carabalíes, hombres y mujeres, trabajaban con ahínco para comprar su libertad,[74] y llegaban a ser propietarios, en las ciudades, de casas y pequeños comercios, y en el campo de sitios y estancias que arrendaban, y de esclavos. Fueron con estos tan crueles que con mucha frecuencia intervenían las autoridades y les prohibían que los tuviesen. Tampoco era raro que el negro esclavo, humillado, brutalmente maltratado, se vengase de su amo negro, dándole muerte.

Entre los negros de mis inolvidables tertulias de Pogolotti, se comentaban los abusos que cometían los horros, "que compraban esclavos para sacarles las entrañas".

"Por cada fuetazo que le zumbaba un blanco a su esclavo, el negro descargaba diez sobre las costillas del suyo".

"Ser esclavo de otro negro... no había mayor desgracia. La muerte, negro arrendado por negro. Más bárbaro que un mundele (blanco) para pegar".

111

"Ningún esclavo de negro se cohartaba".

Aquellos y otros que son mis fuentes y cuyas palabras reproduzco sin alterarlas, no habían olvidado la crueldad, el rigor implacable de una Ña Francisca, carabalí, abuela, al decir de ellos, sin que me conste, del violinista Brindis de Salas, que vivía en la calle de Aguila, "casa con fachada de madera; no sabía leer ni escribir, como la mayoría de las mujeres de entonces, no digamos las negras, ¡ni las señoras de estrado! sabían. Pero Ña Francisca tenía rentas de casa, profesor de piano, ¡caray! y esclavos que no perdía ocasión de moler a palos".

Una casa de huéspedes en Teniente Rey No. 3, era propiedad de una negra, dueña además de muchos esclavos. No se dijo de ella que fuese mala con sus "eru".

En cambio, pretendían que otra carabalí llamada también Ña Francisca que era manca porque en una ocasión le pegó un bofetón a un blanco de alto rango, y fue a dar a la picota, donde en castigo le troncharon una mano, era muy odiada por los de su raza. Parece que el nombre de Francisco y Francisca, gustaba mucho a todos los africanos. Otra Ña Francisca horra acomodada, que no era carabalí sino lucumí, insistía mi informante, era la misma a que se refiere un canto que acostumbraba a enseñarse a los niños de mejor cuna, nada a propósito por cierto, y que formaba parte con el "pollito" o la "pavita", del repertorio infantil de gracias obligadas que hacían las delicias de los mayores.

"A ver nené, di esos versitos que tú sabes"...

María Francisca la lucumí
tenía una cosa tamaño así
no son mentira que yo se la vi.

Y la criatura, a quien esperaba una salva de risas, indicaba con sus manitas, guiñando los ojos con sorprendente malicia, el tamaño y el lugar inconfundible en que se hallaba aquella cosa tan grande que tenía María Francisca, que fue igualmente famosa por su dureza.

La criandera de una actual septuagenaria nos dijo que "se enseñaba a los niños otros versitos de María Francisca, pero no hacían tanta gracia". Por ejemplo:

María Francisca...
¡No me lo diga que yo la vi
robando papa y ajonjolí!

La nieta de Ña Francisca, la rica carabalí, contaba quizás exagerando un poco, las atrocidades que cometía su antecesora y se felicitaba de haber nacido después de su muerte. Decía que cuando ella misma castigaba a sus esclavos, no paraba de azotarlos hasta que veía brotarles la sangre.

La madre de Yeya, eterna censora y contradictora de Bamboché, fue amiga de Ña Francisca, y la recuerda, al final de su vida, "ojijunta, seca, los dientes limados en punta, y muy perra; la cabeza echá de lado y abriendo las narices". Yeya también se acordaba de otra carabalí que murió en pocas horas retorciéndose en convulsiones, por haber despreciado a un lazarito —nianga le llamaban los congos a la lepra— que le pidió una limosna.[75] Como en la Edad Media, el leproso, a los ojos del negro y de nuestro pueblo, era sagrado, y a consecuencia de este sacrilegio murió Ña Francisca. La lepra es una enfermedad sobrenatural que manda Nsambia. Así decían que Nfuá Insambi —morir por Dios es morir leproso.

Por violenta y despiadada, todavía recordaban los viejos a Inesita Ceballos, que tan duramente castigó a su esclava María de la Luz, porque le sirvió la comida baja de sal, que la ley se la quitó. "Martínez Campos le dio la libertad a la pobre María de la Luz".

"¡Ah! Martínez Campos, ese fue un buen español, aunque decían que tenía sangre cubana. Por eso quería a los cubanos. Cuando la primera guerra contra España, él estaba aquí tratando de tranquilizar los ánimos. Había un carnicero que tenía una cotorra que colgaba de la ventana de su casa, y cada vez que la cotorra veía pasar los soldados para San Ambrosio, gritaba clarito, clarito, ¡Viva Cuba libre! ¡Arriba muchachos! ¡Al machete, al machete! Le valió al carnicero que era Martínez Campos quien mandaba, y yo creo que por eso no le apretaron el pescuezo a la cotorra y a él no le hicieron nada. ¿Sabe como le llamaban los congos a Martínez Campos? Nfumo Nbanza Bana".

Esta cotorra me recuerda la de unos amigos muy monárquicos que en Madrid, en vísperas de la guerra civil española, gritaba desde su balcón: ¡Viva Cristo Rey!

En esa Habana colonial en la que tan sórdidamente se habían enriquecido muchos carabalí, inolvidable para mis viejos cronistas, pululaban los mendigos de todos colores. También los había en mi niñez y me acuerdo perfectamente de los limosneros de mi barrio: de sus peculiaridades, de su léxico, y sobre todo de una mujer blanca, pequeñita, muy delgada, de edad indefinible y expresiones muy cómicas, llamada Pichincha. Me contaba que aquellos limosneros de la Calzada de Galiano eran compañeros y se llevaban bien sin quitarse nada los unos a los otros, aunque a veces discutían. Si la discusión era con ella, Pichincha se llevaba las manos a la cabeza,.declaraba que le dolía mucho, y desaparecía. Un día, en el portal de mi casa, mientras le entregaba a Pichincha una peseta que yo a mi vez había pedido, apareció un limosnero desconocido, un ciego que se apoyaba en un bastón. Al pasar junto a nosotras se detuvo y le alargó la mano: "¡Perdone hermano!" respondió a su gesto Pichincha, echando la cabeza hacia atrás con aires de gran dama ofendida. ¡No volví a ver a aquel intruso!

Muchos de nuestros mendigos tenían una gran personalidad. No lo dudará quien conoció en La Habana a la peripuesta Marquesa y al Caballero de París, con su capa negra y su cabellera a lo Luis XIII.

Pedir limosna no era una mala profesión. Se encontraban pordioseros en todos los barrios habaneros, y conocí a los de la iglesia de Monserrate en Galiano y a los de la iglesia de la Merced, en la calle de Habana. Se situaban en las puertas de los templos, de los comercios y edificios públicos, en las aceras de los cafés y teatros, en los mercados y paseos. De los pobres de nuestra parroquia recuerdo alguna vieja anécdota: las negras asistían con puntualidad a las misas, y de una de ellas, especialmente beatona y a todas horas rezadora —callada sus labios abultados se movían sin cesar marmullando oraciones—, decían que un domingo que se había colado un perro callejero en la iglesia, sin interrumpir su Ave María, le había advertido a un niño que se hallaba cerca de ella:

Dios te salve María
Llena eres de gracia
El Señor es contigo
Bendita tú eres...
¡Eh! Niño, espanta ese perro
que se mea entre todas las mujeres
y bendito sea el fruto de tu vientre,
Jesús.

En la Merced, otra limosnera al fijar la atención en un colega harapiento que se dirigía hacia el altar, no pudo contenerse y exclamó en voz tan alta que la oyeron otros fieles:

¡Jesús, María y José
Todo aquello se le ve!

¡Sí que era una ocupación socorrida y apacible la de mendigo! Y lucrativa cuando se acompañaba de la venta de billetes de lotería. Y tanto mejor, si el limosnero, negro o blanco, era gracioso; eso le valía más que exhibir algún defecto físico, un pie deforme o una hermosa llaga, una "ñáñara" sobre la que valseaban las moscas y libaban un licor acaramelado. Dejar vacía la mano que se nos extendía suplicante sin depositar en ella aunque fuese una calderilla, eso, no socorrer al pobre, todavía se llamaba en mi infancia "un contradiós", era ofender a Nuestro Señor. Entre nosotros la caridad era entonces un principio que se inculcaba al individuo desde que empezaba a razonar. Ese espíritu cristiano que impregnaba una vida sencilla y estable, unas costumbres patriarcales, perduró bastante tiempo después de la Independencia. No pretendo embellecer el pasado; mas léanse los viejos testamentos en los que casi nunca falta un legado para los pobres o la "carta de libertad" para el esclavo, y a falta de testamentos, simplemente evoque y analice quien tenga edad suficiente y pueda hundirse en sus recuerdos, lo que en ese aspecto humanitario a que me refiero, fue la sociedad cubana. La caridad, esta bella palabra que ha desaparecido del lenguaje corriente por humillante, se practicaba en aquella Cuba que ha muerto, en una forma personal, íntima, cálida y espontánea. Digamos que mucho más recatada y sincera que la que funcionaba después, cuando imperaron los cronistas sociales, alabanceros desmedidos. No eran los ricos, como se pretendía, invariablemente "malvados" y egoístas, sin negar que algunos lo fuesen y lo son —sobre todo los nuevos—, y a sentirse altruistas a los nuestros no los impulsaba ninguna ventaja, como la exención de impuestos, ni exclusivamente la vanidad; lo cierto es que el cubano rico o pobre, de rareza dejaba de mostrarse compasivo.

En el pasado fue tradicional en las familias acomodadas de toda la Isla, dedicar un día de cada mes a socorrer a los menesterosos. Era "el día del pobre". Me acuerdo de los que desfilaban de dos a cinco de la tarde, subiendo y bajando la alta escalera de la casa de mis padres. La dádiva la entregaba, muchas veces, la dueña de la casa en persona, y en su ausencia una criada de toda confianza que venía a ser como un miembro de la familia. En Guanabacoa, declarada Villa con escudo de armas desde 1743, antaño lugar de temporada de la aristocracia habanera —eran famosos los baños de Barreto y Santa Rita—, Doña Dolorita Pedroso, sentada en la ventana de su casa se complacía en socorrer a cuantos indigentes acudían a pedirle, y no había para los protegidos de cada familia, discriminación racial. Con los blancos necesitados, los antiguos esclavos, viejos y queridos servidores, hijos o nietos de éstos figuraban en un plano de igualdad en la nómina y en el afecto. El "día del pobre" en los hogares cubanos acomodados, y repito, a lo largo de toda la Isla, era una institución que habla a favor de nuestros antecesores. Daban prueba de una bondad que no dejaron de reconocer los que más criticaron nuestras costumbres. A pesar de su mala lengua, Demoticus Philalethes, pseudónimo de un cubano que ridiculiza a algunos aristócratas y nuevos títulos de entonces, escribe en sus

"Yankee Travel Through Cuba", 1853: "Es costumbre en las casas de La Habana distribuir los sábados pan y viandas a los pobres,[76] y muchos mendigos van a buscarlos. Lo que algunos desaprueban, pues creen que es la vanidad más que la caridad la causa verdadera de este proceder, pero no puede negarse que esta virtud es general en toda la Isla. Y se me asegura que muchas familias pobres son mantenidas por personas ricas que les dan de treinta a cuarenta pesos[77] mensuales, y esto en el mayor secreto. Siempre se han hecho suscripciones para obras caritativas y siempre la suma que se necesita se recauda en dos o tres días".

Los autores norteamericanos e ingleses que con menos simpatías juzgaron a los cubanos considerándolos españoles, no pudieron negar que "los animaban sentimientos de bondad", y reconocen que la hospitalidad era una cualidad común a todas las clases sociales del país, aun a las más desprovistas.

Las altas hacían muy grata y económica la estancia en la Isla a los extranjeros. Sus hoteles solían ser las casas particulares, donde bastaba para que se les recibiese a mesa y mantel, unas líneas de presentación de un amigo; y algo que hoy nos pondría los pelos de punta: cuando se creyó en Norte América que la tuberculosis se curaba en climas cálidos, muchos tísicos vinieron a Cuba —"Cuba for the Invalid",[78] buscando la salud perdida que, por supuesto, no recuperaban, las puertas de los criollos y españoles en La Habana, y en ingenios y cafetales, se les abrían de par en par.

Por su clima insuperable, único en el mundo a juicio del Dr. Physician, Güines, y Matanzas, la Cumbre, se vieron muy favorecidas por estos enfermos de los pulmones, a quienes es posible que nuestro clima "insuperable" les adelantase la muerte.

Ni tampoco pudieron negarles que eran corteses. —Un autor creía que las buenas maneras que advertía en los criollos se asemejaban a las francesas—. En efecto, la cultura francesa predominaba en los medios más educados. La gente culta hablaba el francés y el inglés, y con preferencia el francés.[79] En algunas familias las institutrices francesas para las niñas, eran buscadas, y los hijos se enviaban a estudiar a París, a Lovaina, a Madrid, y por la cercanía, más tarde, a los mejores planteles de Estados Unidos.

A otros extranjeros —norteamericanos— en cambio, les parecieron excesivas las reglas de la etiqueta española, los cumplidos, las fórmulas corrientes de cortesía, algunas de las cuales aún las empleaba el pueblo en este siglo. Si se celebraba un objeto o un animal, el dueño decía: está a su disposición, o es suyo. La respuesta indicada era: gracias, no puede mejorar de dueño. Así pudo comentar un anglo-sajón, que de haber aceptado todas las casas y cosas que se le habían ofrecido en Cuba, sería el dueño de una inmensa fortuna.

Otros confunden la amabilidad congénita del criollo con un fingimiento que denunciaba la procedencia española, y por consiguiente condenable como todo lo español. Con esto, se hacía patente el desconocimiento del carácter español, pues se les puede echar en cara una áspera franqueza que no concuerda con la untuosidad de la hipocresía.

Es verdad que en la vecina Gran Democracia que describe Mrs. Trollope,[80] que era alérgica, no lo disimula, a la patria de Washington y Jefferson, la cortesía solía brillar por su ausencia, solía no, estaba absolutamente ausente, afirmaba Mrs. Trollope. Pero la reemplazaba, y tenía sus admiradores, una grosería sincera, genuina, que era una de las formas de expresar el "american citizen", sus ideales materialistas e igualitarios. "La ordinariez es de rigor", observan también otros autores menos severos. Hay que convenir en que no era lo más exquisito de Europa lo que cruzaba el Atlántico para engrosar el "melting pot", el zambullo.

"Todas las ofensas que entraña la grosería pueden explicarse como el reconocimiento de un derecho que se debe a la igualdad", escribe la Condesa de Merlin, que a propósito, le brinda un ejemplo de la educación yankee a su amigo M. Piscatory relatándole su viaje en tren de Washington a New York: "Durante el trayecto mi vecino decidió apoyar en mí su espalda. Lo rechacé con suavidad. No se dio por enterado. No se movió. No porque tuviese la intención de ser impertinente, sino porque así se sentía más cómodo. Ante eso, mi compañero de viaje, español por la sangre y francés por la educación, palideció y enrojeció. La indignación le brotaba por los poros. Apretó los labios y sus ojos echaron fuego. Yo temblé. De pronto, afectando calma, extendió las manos y apoyándolas en los hombros del tipo, tranquilamente lo puso en el lugar que le correspondía.

—Si me hubiera encolerizado, él no hubiese comprendido nada.

Estos hábitos, efectivamente, aquí son corrientes, las malas maneras no se califican de insultantes: los golpes se pagan con golpes, el resto, con dinero. La moral, el orden, la virtud, la religión".

Leemos en "Gan Eden" el asombro de una americana que por el año 1850, en un café habanero, al pedir al camarero la cuenta del helado que había tomado, éste le respondió que lo había pagado un caballero que ya se había marchado. La americana, que era bonita, y en los comienzos de su estancia en Cuba se enfurecía por los piropos que descubriéndose a su paso le lanzaban los cubanos: "¡Vaya con Dios, bellísima americana! ¡Viva América!", no tardó en acostumbrarse a ellos.

Los juicios e impresiones que dejaron escritos los que viajaron y residieron en los Estados Unidos sobre el estilo de vida americana, de un "tedio magnético", como dijo Charles Dickens, (donde para alegrarse siempre hubo que recurrir al alcohol), las reseñas de acontecimientos cotidianos —robos, fuegos, violencias, alcoholismo— asombran porque no han perdido un ápice de actualidad y permiten pensar que en la pequeña colonia española había más civilidad, más refinamiento.

Cuando en la nación grande que se apresta a celebrar sus doscientos años de independencia, demasiado pocos para ser leader del mundo, suficientes para haberlo trastornado, comenzaron a usarse los tenedores, pues habitualmente se empleaba el cuchillo para comer y servirse, y esto tan tarde como a mediados de siglo, por los días en que nuestra Condesa de Merlin redacta sus cartas de New York, Washington y Philadelphia, que no aparecen en la traducción española del "Voyage à la Havane",[81] prologadas por la Avellaneda, ya hacía mucho tiempo que en las mesas de la nobleza y de los ricos cubanos figuraban las más delicadas vajillas de porcelana, los más finos cristales y servicios de plata maciza. Los inventarios tan detallados que aparecen en los testamentos anteriores a esa época, dan buena fe de la afición de los señores a comer bien y a ser servidos con lujo.

Contemporáneamente, de sus recepciones y comidas no recuerdo haber leído ni oído nada en Cuba, semejante a las observaciones de la terrible Mrs. Trollope. Por ejemplo, que las señoras cubanas tuviesen que cuidar, como las americanas, que los escupitajos de los "gentlemen" que mascan tabaco, no manchasen sus faldas.

Había ya verdaderos señores en Cuba, la lista sería larga, cuando los "wealthy citizen" americanos empiezan a desear pulirse. La visita de algunos aristócratas europeos, como el Príncipe de Joinville, los deslumbra, y de la década del cincuenta al sesenta, se imprimen en U.S.A. cientos de tratados de urbanidad y surgen avispados genealogistas buscando antecesores a los que no sabían quiénes eran sus abuelos.

No dando cabida para más el "May Flower", por cien dólares entroncaban con una familia real al cliente que recientemente había aprendido en un "How to Behave" que era incorrecto sonarse las narices con los dedos y, lo que el más humilde peninsular o criollo no hubiese hecho jamás —era la peor de las groserías—, permanecer con el sombrero o la gorra calada en presencia de una mujer.

Quizá muchos cubanos se negarán a creer que el entonces activo, sucio, mal oliente New York de los landaus, faetones, coupés y ómnibus tirados por cuatro caballos con capacidad para veinte pasajeros, infestado de ratas, sus calles[82] llenas de basuras que limpiaban los cerdos que andaban sueltos por la ciudad y eran los barrenderos, su pueblo sucio —pues no se baña—, sus cafés y teatros con los suelos cubiertos de escupitajos, era inferior a La Habana en higiene, maneras y prestancia.

Claro que la higiene es relativamente moderna, y que La Habana del siglo pasado, estaba lejos de ser lo que se dice una patena. Más limpia sin embargo, que la actual, que no se le muestra a los turistas.

En contraste con aquellos vecinos para los que sólo contaba el dinero, un francés define al hispanocubano: "cortés y consciente del honor; la cortesía y el honor constituyen esencialmente el carácter de un castellano".

Fino, espontáneamente amable y servicial era en su mayoría el pueblo, y esas cualidades siempre pude apreciarlas en mi país, a cada paso. Corteses también eran los negros, y no creo mentir ni exagerar al decir que aquellos que conocí en mi infancia eran tan bien educados que hoy al lado de muchos blancos nuevos ricos, parecerían ellos los señores y servidores los flamantes ricachones. No eran menos afables y atentos los montunos, los que aun, en el campo, se expresaban como bozales.

Cuando Teresa de la Parra visitó La Habana quiso conocer a una hija de lucumí, que vivía en un solar, de la que le había hablado mucho. La viejita, que era encantadora, nos recibió con una naturalidad y una gentileza que nunca olvidó Teresa y al despedirnos dijo textualmente:

"¡Dios mío, que hoy esté yo tan pobre que no tenga nada que ofrecer a las niñas que se han molestado en venir a visitar a esta pobre vieja!" Contrariada se llevó la mano a la frente. ¡Ya sé!, exclamó de pronto alegremente, y asomándose a un patio central largo y estrecho lleno de tiestos, bateas y fogones, le gritó a una vecina.

"¡Fulana, hazme el favor! Trae acá uno de tus pollitos para regalárselo a las señoritas". Y con un pollo vivo, pues no nos quedó más remedio que aceptar el obsequio, tuvimos que cargar hasta llegar a casa.

De casta le viene al galgo. La amabilidad, la cortesía eran virtudes de los lucumí, para quienes, como es sabido, la hospitalidad se consideraba un deber, y yo había ido a verla acompañada de una extranjera.

PALEROS O MAYOMBEROS

Guiada en principio por mis viejos informantes, me he extendido y divagado demasiado al paso de sus recuerdos, en este recorrido por la vida cubana del siglo pasado, que fue el de ellos. Demorándome con otros grupos étnicos africanos a los que hacían referencia, me he alejado del tema que

119

me proponía tratar: los congos y sus prácticas mágicas.

Como se ha visto en el exilio, el auge y la publicidad de la religión lucumí, —la Santería— que profesan tantos cubanos, es un hecho que ya no asombra a nadie. No es exactamente una novedad, pues el culto a los Orichas, que antaño se trataba de ocultar como un signo de inferioridad, había dejado de ser denigrante. A esto, me recalcaba atinadamente una Iyalocha que había auxiliado en el mayor secreto a la mujer de un alto funcionario de la nación, contribuyó "la República y los políticos". Algunos de ellos surgidos de la entraña popular, eran verdaderos creyentes, otros buscaban votos, y a partir de la caída del Presidente Machado, la presencia cada vez mayor de blancos iniciados en la Santería, de devotos que si al principio no confesaban francamente su fe en los Orichas, ya no ocultaban que asistían a sus fiestas. En cambio era sospechoso, infamante, y no ha dejado de serlo, parece, frecuentar las casas de Mayomberos, Paleros, Villumberos, Kimbiseros, tenidos por brujos.

La comparación del Padre de Santo o Babaloricha y del Babalawo, con el sacerdote católico, y la del Padre Nganga o Palero, con el hechicero nigromante, es corriente. De ahí que este último, precisamente por brujo, no ha dejado de ser un personaje muy solicitado, igualmente influyente, poderoso en ocasiones, "pues se le va a buscar cuando la mula tumba a Genaro" (en momentos difíciles), pero siempre silenciado, y con el que blancos y negros, por su supuesta maldad, tratan secretamente. Por otra parte, el palero es reservado, no comunica sus conocimientos, es menos locuaz que el Oloricha: "nunca les gustó enseñar lo que saben".

Esta diferencia, establecida por los mismos africanos y los descendientes de africanos, responde al concepto en que tiene la masa popular a una y otra "Regla".

Aunque muchos de los viejos que han sido mis fuentes no sabían leer, —por suerte eran en su mayoría analfabetos—, "la lectura debilita la memoria", calificaban la Regla Lucumí de *religión* y la conga de *brujería*. Dicho con las mismas palabras que entonces anotamos, aunque exagerando como se verá más adelante, fueron justamente objetadas por otro informante: "la religión lucumí sirve para pedir a los Santos por el bien de uno y de todos. La conga, para chivar" (dañar). Lo que puede interpretarse con mentalidad europea, medieval, aplicando a esta última el término de magia negra, reprobable, ilícita, o si se prefiere, demoníaca. Al sacerdote lucumí se le llama hoy corrientemente "Santero"; brujo, de rareza, por ignorancia.

Para no reproducir nada más que unas cuantas definiciones en las que se destaca el papel maléfico que generalmente representa el Ngangulero que "trabaja para malo", sólo copiaremos las que dejan bien sentado, y así lo hemos comprobado, que sus prácticas no se limitan a las de una magia negra, goética, sino que también ejercitan lo que entendemos por magia blanca o teúrgica.

"Hay dos ramas de Mayombe o Regla de Congos: la buena y la mala. Una que trabaja para bien de la gente y otra para reventar a quien se quiera. Una se llama Mayombe Cristiano y otra Mayombe Judío. Una para bueno, la cristiana, otra para malo, la judía. De modo que el Mayombero cristiano pide y cuenta para sus trabajos con el favor de Dios, que en congo se llama Sambia; y el judío, para hacer sus trabajos se entiende con Kadiempembe, que es como se llama en congo el Diablo. Si se cree que la Regla de Mayombe sólo sirve para malo, que una Nganga sólo es capaz de hacer daño, se comete una gran equivocación. Por esta razón los que no saben le tienen tanto miedo a los Mayomberos, y a todos por igual se les da tan mala fama".[83]

Es cierto que un Mayombero judío venía a ser en Cuba el equivalente del Souba bámbara, "que se come las almas". Se les perseguía, nos decía uno, porque los Mayomberos tenían fama de desenterrar cadáveres.

"En Mayombe cristiano se trabaja con el poder de los Muertos —Espíritus— buenos. En Mayombe judío con Muertos malos, Ndokis, espíritus de brujos judíos, criminales, asesinos o asesinados, suicidas, muertos que están desesperados". Y con espíritus de la naturaleza, de árboles, de agua, de animales que el Mayombero de una y otra tendencia, hará actuar a su conveniencia en el sentido del bien o del mal.

Estas denominaciones de Mayombe Cristiano y Judío deben ser muy antiguas en Cuba, donde, como hemos visto, aparecen congos desde los inicios de la colonia, y revelan un sincretismo de vieja data. Es curioso que los Padres Nganga que hemos conocido, que hablaban y sabían largos rezos en "lenguaje de congos", al entonar sus "mambos" y dirigirse en sus ritos a su Mpungo, Nkisi o Nkita, al füiri, fumbi, fúa o füidi, (muerto) mezclan con las bantu palabras castellanas pronunciadas como bozales, lo que no ocurría ni ocurre aun en el presente, con los Olorichas, que conocen bien su lengua y se dirigen a sus dioses en anagó (yoruba). Nos explica un viejo Vrillumbero, con razón más o menos válida, que "eso lo hicieron los congos y los criollos para los rellollos en un tiempo en que ya todos hablaban español, por si algún *munangüeye* (hermano) no los entendía y porque así les gustaba hablar a los muertos, que eran bozales".

Los "rayados", "jurados" en las Reglas de congos, al igual que los que descienden de lucumí o son adeptos —iniciados— en el culto a los Orichas, se consideran unidos por un lazo sagrado de parentesco místico y como ellos, también hablan y rezan en su lengua. Un Mayombero de mi amistad me recita varias oraciones que publicaremos aparte en un vocabulario de voces bantú recogidas en los últimos años que pasé en mi país; y aquel

121

viejo con sus ojos llenos de lágrimas, recordando a las madres congas que conoció en su infancia, en el ingenio en que nació, me cantó la canción de cuna con que solían dormir a sus hijos:

Tatá solélé lembaka solembaka
Luñé nené suati kuamé
Munu sunga Nsambi luñé luñé.

(Duérmete mi niño para que subas al cielo y le lleves a Dios —a Nsambi— un tabaco).

Otro, al oírme estornudar, a manera del desusado Dios lo bendiga, que antes se decía, me endilgó esta bendición: "Sakula musakula sakula mumbansa musukún denda tatikán sanga ntibá kariri fuáyandé ("que Dios la conserve como platanito manzano").

SAMBI

"Sambi nos hizo y nos mandó al mundo desnudos y con hambre".

¿Qué creían los congos trasplantados a Cuba, qué siguen creyendo los que hoy se dicen continuadores de sus prácticas y depositarios de sus secretos; y qué diferencias existen entre las de los lucumí, con cuyos descendientes y seguidores coexisten, no en actitud antagónica sino haciéndose préstamos, con frecuencia venerando al mismo tiempo, los primeros, a los Orichas —"cruzando palo con Ocha"—, y los segundos alternando el culto de sus dioses con el cuidado de una Nganga?

No hay que imaginarse como infranqueable para el que profesa el culto a los Orichas, para un "hijo de Santo", un Padre o Madre de Santo, la puerta de un Nso Nganga, de un "templo congo", ni la de un Ilé-Oricha o templo lucumí para un sectario u oficiante de Mayombe.

"Los negros bailamos al son de todos los tambores", nos decía José Santos, "yo me crié en los dos bandos", (con congos y con lucumís) "y con los dos aprendí". Y un Oloricha que no es negro tiene Santo y tiene Nganga, eso sí, separados el uno del otro —sobre todo de Obatalá,[84] que repudia la hechicería— "porque Mayombe es más rápido que Ocha. Se ve más pronto el resultado de lo que se pide. A los Orichas no se les manda. Ellos son los que mandan y uno obedece. El Muerto (Nganga) se concreta a obedecer".

La anciana de un Central matancero, que acudía a los "juegos de palo" con el mismo fervor que a las fiestas de Ocha, nos decía: "Apurao, gente buca Palo Monte", y sobre las diferencias rituales que se observan en una y otra Regla, he aquí lo que anotamos escuchándola. También tendremos que traducirla a un castellano más claro. "Ese Nganga hace lo que su dueño le manda. Pa bueno, pa malo. Hace lo que é queré qui haga. Ese Nganga no come lo mimo que Orisa. Fieta con Palo é sencilla tó. E juega cuando jase fáta, se da gallo cuando cumprió. Si juega Palo atranca pueta. Santo abre pueta pa tó lo mundo. Palo no. Palero no toca campanita pa Nganga, no toca güiro, no toca la matraca, no toca pito pa Cuatro Trillo. No tiene tanta ramienta, no tiene túnico ni banico. ¡Nganga son bravo! ¿Tambó? Ese pa bailá na má. Makutere tambó abieto en chapeao pa divití. Mayombero ñama con mambo. Hinca, toca suelo, coge canilla mueto. Ñama, convesa, purrea malafo y é ta dicí: tu buca la cosa bueno. E pinta suelo, quema fula. Tré pilita fula. Ceremonia Santo é ma planchao, y ahora en día entra mucho periquito. E vistoso. Da má trabajo y cueta má. Lucumí no prende fula, no riega malafo. En Mayombe tó tapao".

Esto es: que los sacrificios se reducen a un mínimum en comparación a los que reciben los Orichas. Las fiestas, los ritos, las ceremonias son más simples, menos costosas en Mayombe o Palo Monte que en el culto lucumí. En su concepto, menos aparatosas, "vistosas". El Palero oficia secretamente, a puerta cerrada. No llama al espíritu y a las fuerzas contenidas en su cazuela, con campanilla, güiro, "acheré" o maraca. No tienen trajes como en los templos lucumí para vestir a los "caballos" (mediums) de los Orichas, cuando se produce el trance; abanicos para refrescarlos, ni atributos, "herramientas". El Mayombero toma la tibia de un esqueleto o un cuerno para establecer contacto con el espíritu. Lo invoca de cuclillas ante el recipiente mágico sobre el que lanza bocanadas de humo y rocía con aguardiente. Golpea tres veces el suelo con los puños, luego traza con tiza blanca un signo que cubre con tres montoncitos de pólvora, los enciende, y con mambos, cantos que se entonan a media voz, los llama y conmina.

Los lucumí no emplean pólvora ni espurrean aguardiente (malafo manputo); derraman agua, y sólo los dioses Eleguá,[85] Ogún, Ochosi y Osain reciben libaciones de aguardiente.

Cuando el Mayordomo termina su función prepara unos polvos, un Nkangue o Nkanga, esto es, un "amarre", y compone el amuleto que se necesita, un remedio, etc. —"cumprió"— se le da en recompensa a la Nganga la sangre de un gallo. No está obligado a la serie de atenciones que reclaman los Orichas, a los cuidados que ocupan diariamente al sacerdote lucumí. Añadimos el comentario de otro Mayombero: "para tocar tambor, desde los tiempos de España, hay que sacar un permiso. Si los brujos, que tenemos que hacerlo todo escondido porque son obras de secreto, llámasemos con tambor, nos venderíamos. Todos los muertos van volando al tambor. Pero el Dundu Tonga (la policía) la oiría. Una cosa es tocar a los ojos de todo el mundo, para divertirse o el día que se celebra al Fundamento,[86] —ese día la Nganga come novillo o chivo—, y otra para trabajar brujo. Eso es callado y tapado".

Nos han dicho todos nuestros informantes que los congos creían en primer lugar, en la existencia de este Sambi a quien el negrito de la canción de cuna, al dormirse, le llevaba súnga (tabaco).

Sambi, Insambi, Sambiapunguele, Pungún Sambia o Sambia Mpúngu —Ñambi, también hemos oído llamarle en Trinidad de Cuba— es como Olodumare, Olorun y Olofi para los lucumí, el Creador: "el Todopoderoso, el que hizo el mundo" y absolutamente todo lo que en éste existe. ("Y lo sigue haciendo, porque lo que se desgasta, lo que muere, él lo repone"). Es obra de Sambi "desde lo más chiquito a lo más grande; lo más duro, lo más blando, y lo que no se agarra, el aire, el fuego, el pensamiento. Cuanto hay aquí en la tierra, mares, ríos, montañas, árboles, hierba, animales, bichos, y allá arriba en el cielo, el sol, las nubes, la luna, las estrellas. Todo eso y lo que no se ve y lo que no se sabe, lo hizo Sambi.

Para que hubiese hombres y mujeres fabricó una pareja. ¿Cómo se llamaron? ¡Yo no sé cómo se llamaron! Nunca los oí mentar por su nombre. Sé que hombre se dice *yakara* y mujer *nkento*, y que los padres se llaman Tata y las madres Mame y Yaya, así que esos fueron los primeros Tata y Yaya de la humanidad". Y los fabricó él solo, no como Olodumare que confió esa tarea a su hijo Obatalá, quien modeló los cuerpos que después animaba Olodumare, les insuflaba un alma —okán— y "les ponía— a Eledá, una parcela de su divinidad en las cabezas.

Sambia preparó la *menga*, —la sangre— que corre por las venas y mueve los cuerpos, les da vida, y por *nkutu* —por la oreja— les sopló la inteligencia para comprender".

A esta pareja de la que descendemos todos, "negros, blancos y amarillos", Sambi les enseñó lo que tenían que hacer para reproducirse, alimentarse, defenderse. Y entre esos conocimientos esenciales a la conservación y protección de la vida les enseñó cómo confeccionar una Nganga, un Nkiso, un Macuto, "lo que le sirve a un hombre para hacer el bien o el mal, curar o matar, le viene de Sambi, que nos dio la vida y la muerte, la muerte por desobedientes. Una buena vida, una buena muerte, o una vida y una muerte malas. Los viejos siempre le pedían una buena muerte. Igual que se la piden los blancos, para el caso es lo mismo, Dios es Dios como quiera que se llame, Sambiampunga o Santo Cristo... Pero eso depende del proceder de uno, el no quedarse muerto con la boca torcida y los ojos revirados y abiertos, como los Mayomberos judíos, y luego mal enterrado, que es lo peor". Pues Sambi castiga a los malvados, reprueba la traición, la mentira, las faltas que se cometen con los mayores, y nos lleva la cuenta, como Olodumare, de nuestras buenas y malas acciones.

Otro rasgo común con el Creador lucumí, Insambi, después de realizada su obra inconmensurable, "se retiró del mundo". Tampoco quiso que sus criaturas lo importunasen y "se fue lejísimo, a lo último del cielo, donde nadie pudiera encontrarlo". Donde no llegan los aviones. Así quedaron cortadas todas las comunicaciones entre cielo y tierra, y establecida la distancia infinita que ahora los separa y que antes no existía a juzgar por muchos relatos. Distante, desprendido de su creación como Olodumare, sólo aparentemente ajeno a ella, Insambi no ha cesado de regirlo todo y continúa ordenando lo más insignificante, "el aire no se atreve a mover una hoja, ni vuela una mosca, ni pasa nada aquí o en las kimbambas, sin que él no lo disponga". Es incomprensible, inaccesible e invisible, "pues nadie lo ha visto desde que se jubiló"; él sí lo ve todo, y como dice el refrán congo, "percibe una hormiga en la noche" y no nos quita ojo de encima. Sabe todos nuestros secretos. Este dueño absoluto del universo en la Regla de Congos, lo mismo que Olodumare, Olorun u Olofi en la lucumí, no es objeto de un culto especial. No se le ofrenda. "No come"; no lo necesita. "Pero se le respeta sobre todo, se le saluda, se cuenta con él, se pide su protección y se trata de no ofenderlo "para que no nos dé cuero".

En esto, como ya se nos ha dicho, en "saludar" a Sambia Mpungo, en encomendarse a él, en solicitar su favor, estriba la diferencia que existe entre el "buen brujo" o "Mayombero cristiano" y el "brujo malo", Ndoki, o "Mayombero judío".

Después de Nsambi, los adeptos de la Regla Conga veneran las almas de los antepasados, de los muertos y los espíritus de la naturaleza que moran en los árboles y ríos y con los que pactan en los montes y los ríos, como veremos.

"Los congos eran los negros que tenían más apego y que cuidaban más de sus muertos, y por eso nuestra religión se basa principalmente en el Muerto", —nos enseñó el Taita Nganga José Santos. "Hacemos nuestros tratos con los muertos". Y aquí nos distanciamos fundamentalmente de la Regla Lucumí, en que a los Mayores difuntos se les implora, venera, sacrifica y festeja, pero "no se les manda".

LA NGANGA, NKISI

Es un espíritu, una fuerza sobrenatural, pero también se le llama así al recipiente, cazuela de barro, caldero de hierro de tres patas, y en un tiempo ya lejano el envoltorio, saco de rusia o tejido de guano en que se deposita un cráneo y huesos humanos, tierra del cementerio, y de una encrucijada, palos, yerbas, sabandijas, huesos de aves y animales, y otros componentes que constituyen una Nganga y son los soportes en que vienen a fijarse los espíritus y fuerzas que domina el Padre o la Madre (dueña) de la Nganga o del Nkiso, para cumplir sus órdenes. La Nganga significa además Muerto.

Como la Nganga, el Nkisi o Nkiso, es también el habitáculo en que se encierra una fuerza, un espíritu. De ahí que cuando un Taita o un "Mpangui", un hermano iniciado en una Regla conga, nos habla de un Nganga Nkisi, se refiere a la vez al dueño del caldero o del objeto en que reside la fuerza que lo obedece.

Nganga, Ngangantare, Npati Nganga, Nganga Ngombo, Kisimpúmbo, Mpabia. Nganganbuka, Ndongo, Nfumo, Nganga, Nkisi wanga, Sudika Mambi, y corrientemente, ya lo sabemos, Taita o Padre Nganga; Ngangulero se llama por extensión al brujo que "manda al Muerto, al dueño de un Nganga", y aún lo oiremos llamar a lo largo de estas notas con otros nombres: Tata Kunanyanga, Nfita, Tá Anabutu, Tata kuí, Kimanfinda, Kumangongo, (Padre de Monte, Padre de Misterio, de Cementerio, etc.)

Estas Ngangas, Nkisos —mulungungas o muluwangas hemos oído también llamarles— y makutos, contienen fuerzas, buenas o malas, como las soperas —las opón—, las piedras sagradas de los lucumí. Pero estas no encierran huesos humanos, tierras, trozos de palos, sabandijas, aunque el principio de captación sea el mismo: los Orichas, las divinidades, se instalan en las piedras por medio de ritos, rezos y lavados con hojas —ewe— que les están consagradas y a las que infunden su *aché* (energía, virtud).

Las Ngangas, Nkisi wangas, Boumbas, Saku-Saku, Villumbas, Malongos, Makutos, como los Orichas en las piedras que son sus soportes, se heredan, se dan o se hacen, si no se tienen, tomando de las de un Padre Nganga o Padre Nkisi, las substancias necesarias, fundamentalmente huesos de muerto, un fragmento bastará para "tenerlo", representando al difunto en su totalidad y para que a su llamada acuda y sirva eficazmente al nuevo iniciado, "pues el muerto va a lo que fue suyo" y es necesario para atraerlo y poseerlo tener pelos, uñas, un diente, la falange de un dedo, polvos de su cráneo, algo que haya formado parte de su ser. Con esto basta para "tener" a un muerto. Como para amarrar a un vivo, someterlo, mandarlo, basta con algo que haya estado bien pegado a su cuerpo, impregnado de su sudor, de su olor, de su persona; y para hacerse de un muerto es suficiente coger un poco de tierra de su fosa. Porque no siempre conviene coger kiyumba (cráneo). Así no hay prueba que disguste a la policía si hace un registro, y como le digo, no es necesario la kiyumba para que un muerto trabaje bien". Claro que en opinión de todos lo más apreciable es el cráneo, la cabeza, y aún más los sesos y el corazón. "Pero es difícil conseguir sesos y corazón"...

"Un muerto, un espíritu lo mete usted" —suponiendo que se conozca la técnica adecuada, que se sea un iniciado— "en un caldero, en una cazuela, en un mpaka o en algo más chico". Todo lo que esté *trabajado*, consagrado por un Ngángula, contiene el poder de un espíritu, de una fuerza secreta. (Lo mismo puede decirse de lo que prepara un Babaloricha, que convierte cualquier objeto en el habitáculo en que ejerce su poder un Oricha.)

Tener una Nganga, repetimos, que significa Muerto, es lo que llaman también poseer un Secreto, una Prenda, un "gajo" de Nganga. El nombre de Prenda incluye, como veremos más adelante, muchos tipos de amuletos y talismanes, ya que el alma de un difunto y cualquier espíritu, un Nkisi Mamba, un espíritu de agua, un Nkisi Misenga, un espíritu de monte, etc., pueden encerrarse en cualquier objeto: güiros, tarros (Mpakas), bolsas, caracoles y estatuillas, los *kini-kini*, que tienen la función de los Chichereкú, los famosos muñecos de palo de los lucumí. Así una Nganga es un microcosmo. En ella están condensados fuerzas y espíritus de todos los reinos de la naturaleza. Esta y cuanto nos rodea, en concepto del Mayombero, está dotada de alma —pero no sólo en concepto del Mayombero, para los creyentes y practicantes negros de todas las sectas africanas que hemos estudiado en Cuba, nada en el mundo está desprovisto de alma.

MPUNGUS

Primero Sambia
que to las cosas
Sambia arriba
Sambia abajo.

Estableciendo una jerarquía de fuerzas sobrenaturales, después de Nsambi, que para nuestra mejor comprensión llamaremos el Creador, el Ser Supremo, nuestros congos llaman *Mpungus* a espíritus superiores que equiparan a los Orichas lucumí y a algunos Santos de nuestro Santoral.

Por ejemplo, un espíritu que vive en el agua, *Mboma*, y adopta a veces la forma de un majás, se nos dirá que *"Mboma es Yemayá por camino congo"*, y por *"camino de blancos es la Virgen de Regla"*, que se la llama también *Mamá Kalunga, Pungo Kasimba, Mamá Umba, Mbúmba Mamba, Nkita Kiamasa, Nkita Kuna Mamba, Baluande, Cuatro Vientos*, "porque ocupa, domina, las cuatro partes del mundo". Y no se olvide este nombre: *Nkita Kuna Masa*, "que es lo mismo que *Kisimbi Masa*". Nkita es un Padre o Madre de Agua, espíritu "dueño de río" —por lo que se le identifica como la diosa del agua de los lucumí—, y vive como Yemyá en ríos y lagunas. Estos espíritus acuáticos —*yimbi o simbi nkita*— actúan en un *Nkisi Masa*, que se fundamenta, se compone, con plantas acuáticas, arena, limo, piedras, conchitas, culebra (Mboma).

A estas lagunas y corrientes de agua sagradas que inspiran un gran respeto y temor, van los "taitas" y *"Muana Ntu Nganga"* a buscar lo que necesitan para su magia, y se sabe que en ellas arriesgan su vida los profanos.

Además de Nkitas, Espíritus de agua, los hay de monte o manigua: *Nkita Kinseke o Minseke.*

Son asimilaciones de Orichas y Santos Católicos:

Pandilanga = Obamoró: Jesús Nazareno. Mpungo Kikoroto: Jesucristo.

Kabanga, Madioma, Mpungo Lomboán Fula = Ifá, Orula: San Francisco.

Bakuende Bamba di Ngola, Patrón de los congos, muy venerado por estos, como el "Rey Melchor, que es oriundo del Congo".

Pungún Fútila, Tata Funde = Babalú Ayé: San Lázaro, que cuenta con innumerables devotos en toda la Isla.

Nkita, Nkitán Kitán, Mukiamamuilo, Nsasi = Changó: Santa Bárbara.

Yolá, Yeyé, Iña Ñaába, Mama Kengue = Obatalá: Nuestra Señora de las Mercedes.

Pungu Mama Wanga, Yaya Kéngue = Oyá: Nuestra Señora de la Candelaria.

Sindaula Ndundu Yambaka Bután Séke = Osain: San Silvestre o San Ramón Non nato.

Mpungu Mama Wánga, Choya Wengue =[87]Ochún: la Virgen de la Caridad del Cobre.

Pungo Dibudi = Ogún: San Pedro.

Lufo Kuyu, Watariamba = Ogún y Ochosi reunidos: San Pedro y San Norberto.

Zarabanda = Ogún Achibiriki: San Miguel Arcángel (de Zarabanda se nos hablará más adelante.

Nkuyu = el Eleguá Alagwana: el Anima Sola del Purgatorio.

Majumbo Moúngu Mpúngu, Ntala y Nsamba = los Ibeyi Oro: San Cosme y San Damián, los Santos Jimaguas que consideran hijos de Centella Ndoki, de Oyá, que no tenían para los congos, los caracteres de benignidad de los Ibeyi, tan queridos y venerados por nuestros lucumís. "Los Basimba Kalulu o Masa", decía Nino de Cárdenas, que los llamaba así, "son malos por camino congo". Sirven a las Ngangas judías y sólo respetan y obedecen a su dueño. En fin, todos los Mpungus juntos se llaman Kimpúngulu.

A los Mpungu y Nkita se les dan también nombres en castellano, como Cabo de Guerra a Agayú = San Cristóbal. Siete Rayos a Changó, −"el Santo por excelencia que no ponemos en suelo de mosaico sino en la tierra". Tiembla Tierra a Obatalá −"muy riesgoso, no se puede molestar". Padre Tiempo a Orula − San Francisco. Para Llaga a Babalú Ayé − San Lázaro, etc. etc.

De otros Mpungu olvidados, "porque son muy viejos", como *Pibabo*, *Zumbá*, de los Congos Reales del antiguo Cabildo del Central Santa Rita, no pudimos conocer sus equivalentes, "esos Santos congos que estaban en los Cabildos, montaban,[88] bailaban y no tenían nada que ver con las Ngangas (los muertos)".

"Por la costumbre que se tiene", se nos hace observar en otra ficha, "se les llama Santo hasta a un nfumbi judío, y usted oirá hablar del Santo de fulano, refiriéndose a su Prenda, cuando Nganga no es Santo, sino *puntualmente*, el espíritu de un muerto". Y por su parte, otro Mayombero matancero, que no está conforme con esta mescolanza de "Santo y Palo" nos dice que, "lucumí é lucumí, Iglesia é Iglesia, congo é congo, y aquí en Matanzas mueto é mueto. Lon dó separao: *Kisinpúmbo* no se lleva con lo Ocha. Si quiere rezá Santo blanco, va a la Iglesia, si lucumí, a casa el Santero; si quiere *chécherengoma*, a la casa Nganga".

Resumiendo la anterior clasificación repito que los adeptos de las Reglas de Mayombe o Palo Monte reconocen, "por encima de todo a Sambia. Por eso se dice siempre Sambia arriba, Sambia abajo, *Sambia nsulo, Sambia ntoto*. Pues hay dos Sambia y es el mismo *Tubisian Sambi Sambia Munansulu*: Dios grande que está allá en el cielo y *Mpungo Sambia bisa muna ntoto*: Sambia que vino a hacer el mundo y lo hizo todo. Pero Sambia está en el cielo y los *Mpungu Nkula*, que viven debajo de la tierra nos ayudan lo mismo que los Katukemba, la gente que ya *fuá*" (que ya murió).

Espero que esta última explicación no embrolle las anteriores: retengamos que "lo principal en Mayombe es el Muerto".

NSO NGANGA.[88] EL TEMPLO

Los Mayomberos, del mismo modo que los Oloriches, no constituyen una congregación sometida a reglas fijas y obligatorias para todos. No obedecen a una autoridad suprema, centralizadora que regule e imprima unidad a sus funciones. La organización de un Nso-Nganga, la casa del Nganga, de un grupo de fieles que se somete a la autoridad individual de un Padre Nganga que los inicia, ofrece muchas semejanzas con las del Ilé-Oricha o casa de Santo. Cada Padre Nganga, (como cada Padre de Santo), manda en la suya como dueño absoluto, pero sin alejarse ni alterar en su esencia el patrón de una tradición ancestral, o como decía Makindó, "ateniéndose a la *bunganga* de sus mayores", esto es, poniendo en práctica los conocimientos, el saber (bunganga), legado sagrado de los predecesores.

Para explicar la organización de un templo de Mayombe o Palo Monte, se nos dice:

"La Casa Nganga, que se llama también la Casa Mundo, viene a ser como una tribu: está el Jefe o el Rey con sus vasallos. Está la mujer del Rey, del Primer Padre, el Mfumo, que es como una Reina. A ese Padre Nganga Principal, se le dice Amo. Primer Amo. Viene después en mando su Mayordomo o sus dos Mayordomos, y la Madrina de la Nganga —Fundamento— la *Ngudi Nganga*,[89] y la Madrina de Gajo, la *Tikantika o Nkento Tikatika Nkisi*. Luego hay los *Nkombos o Ngombes, Mbua*, los criados o perros de la Nganga que monta el Fumbi" (de los que toma posesión el espíritu del Muerto que sirve al Taita Nganga) "y los *Moana*". Los Moana son todos los que pertenecen a la casa del nfumo. Es la misma descripción que en lo profano nos dan algunos de los que conocieron los antiguos y desaparecidos Cabildos de Congos.

"Los Muana o Moana",[90] continúa Baró,[91] "no tienen que aprender. Se les presenta a la Nganga, se les da a tomar Kimbisa con siete granos de pimienta, se les hace cruzar tres veces por encima de la Nganga y para que el Fumbi (el espíritu del Muerto) los conozca, se les corta un mechón de pelo que se echa dentro de la Prenda, de la cazuela o del caldero mágico".

Al aguardiente, la Kimbisa o Chamba de las Nganga, estimulante en grado superlativo, que Herrera me autoriza a llamarlo "tónico", y que beben en su consacración los futuros mayomberos, y en los "Juegos" los fieles, se le echa además de la pimienta (de Guinea y china) y de la fula, la sangre del sacrificio, nuez moscada, clavo de olor, ají, ajo, una cebollita muy pequeña y olorosa, genjibre, maní machacado, polvos de palo cuaba, de malambo y canela de monte. Las pulverizaciones de esta composición mantienen la vitalidad y estimulan la energía de las Ngangas.

En el Nso los Muanas tienen derecho a curarse pues ellos ayudan en lo que pueden. Cuando hace falta un gallo, un paquete de velas, lo compran. Pero a todos los Moana (cofrades) "no los monta el Palo" (el espíritu). "El que se sube —cae en trance— "es el que se llama Moana Ngombe o Nganga Moana Ntu Ngombe. A estos, que se llaman en español perros, criados, hay que prepararlos muy bien. Ngombe es el que trabaja. Tiene que identificarse con el Muerto, porque él mismo es el muerto cuando el muerto entra en su cuerpo. Está rayado —iniciado. "Con el filo de una navaja de cabo blanco se le hacen las cruces en el pellejo. Se les prepara la vista —para que sean clarividentes— y son dueños de un Gajo,[92] de Prenda que pare el Fundamento, o sea la Ganga del Padre. Ngombas y Moanas, en el Nso, todos son hermanos, hijos de una misma madre, y por vida, hasta que *ñán füiri*, hasta que se muera, y después de muertos, pues cuando uno muere va a reunirse con los suyos. (Lo primero que hace el Padre Mayombe al iniciar a uno es llamar a los muertos de su familia). Y lo que se le jura a la Nganga amarra para siempre. "Es Palabra que no se borra; queda escrita en el pellejo. Luego todos trabajan en la Casa Mundo, el Rey, la Reina y los vasallos".

Y el viejo Baró evoca el recuerdo de sus primeros días de "rayado" en su tierra matancera.

"Yo me hice rayar Mayombero en el Juego Cangre Yuca. Su Mayordomo se llamaba Manda Viaje, la Tikantika, la Madrina, Má Sabana Limpio, La Nkento, la mujer del amo, Susana, la Reina, Ma Susana. ¡Ay! de todos los Mayomberos rayados en la casa yo me acuerdo; de todos, y de los nombres que tenían en la Regla, el nombre que les dio la Nganga.[93] Se llamaban Cují Yaya, Espanta Sueño, Komandé, Gallo Ronco, Pajarito, Pisa Bonito, Lucerito, Saca Empeño, Tumba Tó, Brama Guerra, Mama Bomba, Hueso Cambia, Paso Largo, Gajo Cielo, Acaba Mundo, Viento Malo, Malongo Vira Vira, Estrella, Mbumba Paticongo, Palomita, Guachinango, Manga Sayas, Tiembla Tierra, Rabo Nube, Guía Lengua, Mabila, Brazo Fuerte, Cara Linda, María Yengueré, Remolino, Mira Cielo, Cabo Vela, María Guerra, Cobayende, Viejo Ciclón... Todos eran Mayomberos fuertes que dependían de la casa porque sus Ngangas eran hijas de la misma Nganga, de Campo Santo. ¡Allá en Matanzas estaba lo mejor, lo más fuerte de la conguería! Con qué respeto esos fuertes trataban al Kintoala Mfumo, al Jefe, que era el Padre de todos, y al Mayordomo, el Wangánkiso, que está al servicio de la Nganga para cuidar al Padrino, a la Madrina y a los perros cuando se montan".

El Ahijado del Mayombero, cuando a su vez ya es dueño de una Prenda, ayuda al Padrino con todo su corazón y desinterés.

"En caso que tuviere alguna guerra entre manos y no la ganara, el ahijado estaba a su lado trabajando. Por ejemplo: el Padre hizo algo para lograr lo que quería... y no le dio resultado. El ahijado llama: Vititingo ven acá Chamalonga. Vititi tiene Chamalongo. El espíritu del ahijado acude y hace el trabajo. Nsaranda.

> *Tu cheche wánga*
> *Pierde camino* [94]
> *¡Oh! mi suamito, ya yo etudió*
> *Sikirimalonga ya se etudió*
> *Yagundé quiere vé*
> *Còmo yo Nkanga Ndoki* [95]
> *Yagundé*
> *Palo tá arriba la loma*
> *¡Ay! Yangundé, mi suamo*
> *Tu quiere vé.*

Y J.L. por su parte nos dice:

"En una casa de Mayombe bien fomentada, de orden y concierto, no hay quien no se beneficie, ya sea la casa de línea conga o lucumí, eso está muy bien calculado. Yo digo que aquellos negros que nos enseñaron, aparte de la religión, las cosas de la vida, y hablo de los africanos antecesores que formaron aquí sus juegos, tenían mucha idea de la cooperativa. Se unían para defenderse con sus Prendas por un lado, y por otro para ayudarse con las ganancias. Las ganancias se repartían. Se pagaba un derecho para ser presentado a la Nganga. Para ser perro (iniciado); presentación y gallo, en mi tiempo costaba dos pesos y setenta y cinco centavos. Hoy, si el Mayombero es serio, se hace igual. Por lo menos en el campo. Otro derecho había que pagar para que lo montase a uno el fümbi y para tener vista: total nueve pesos y cinco reales. Más tarde recobra su dinero pues se le paga cuando trabaja, y en cualquier trabajo que hace el Padre, él tiene su participación. Casa casa de Palo es una mutua. Sí, como eran los Cabildos de antes. Para el bien de todos los moana, pues los rayados en una misma casa somos hermanos, familia de Nganga. Hoy, los que somos legítimos descendientes de aquellos Troncos,[96] seguimos funcionando igual. Lo mismo harán los nuestros que no se maleen".

José Lázaro me cuenta:

"Cuando ya yo tuve mi Prenda, había en mi Kuna Kuan Kuna (Cabildo o Casa Nganga) un viejo criollo que no quería que ningún muchacho supiera. Mi Madrina, de los Baró, ¡los Baró éramos muchos! Ma Catalina era muy buena. Cuando acabó la esclavitud cada cual se llevó lo suyo, sus Prendas, pero mi maestro Ta Clemente, que me enseñó muy bien, se quedó con muchas. Había en su casa un cuarto lleno con las Prendas de los ahijados, Prendas hijas de las Prendas del Fundamento. Arriba, en el techo de ese cuarto estaba Guinda Vela dentro de una jaba. El Tronco o Primer Fundamento era Mundo Catalina Manga Saya, en un caldero de tres patas. El segundo Fundamento se llamaba Ngola La Habana, y el tercero, Mundo sin Fuego, y otra que se llamaba Mundo el Infierno. Ngola La Habana dominaba a las tres; pero se jugaba con una u otra, no con todas a la vez.

Ese viejo criollo Lao, como le digo, no quería que un muchacho como yo aprendiese, tenía aparte una Nganga judía, muy escondida, y hacía daño. El viejo Clemente, mi Padrino, me vendió la Nganga Mundo Catalina Manga Sayas. Esa Nganga era mía, sí señor, y fuimos con ella a Baró. Ta Clemente me dijo: uté brinque con ella la muralla pero no pase por la puerta del barracón. Lao tenía una guerra a muerte con mi padre. La Prenda de mi padre se llamaba María Batalla Tumba Cuatro, y venció a la Lao.

En casa de Lao no había más que congos. Cuando mi padre le ganó a Lao y a sus congos, pusieron bandera blanca. Rencorosos a matarse, ahí no acabó la cosa. Los moana, los kombo de Papá se quedaron tranquilos y los de Lao se pusieron a trabajar callados, y kindambazo va, kindambazo viene, Tumba Cuatro ya no podía con tanta murumba.[97] ¡Ah! pero yo estaba avisado, Wanga wangaré wangará simandié, y yo empecé a guerrear. Todos los días Lao me ponía un trabajo a la puerta para acabar conmigo, y el trillito que iba a mi casa estaba lleno de brujería brava. Me salvé y nada de aquello me agarró, porque dio la bendita casualidad que mi Nganga ¡era la Madre de la suya y el viejo no lo sabía! ¡Candela Infierno no pue quemá Diablo! Yo tenía una perrita prieta que nosotros criamos. La perrita se montaba", (era vidente o el espíritu se introducía en ella) "y sacaba todas las brujerías y los clavos que enterraban para chivarme".

(En efecto, los Mayomberos dicen que los espíritus se introducen con frecuencia en un animal. A los perros que los defienden, y aquí nos referimos a los perros de verdad, se les corta la punta del rabo y se encantan esos pelos. Se les da a beber agua de Kalunga, —de mar. Como en el caso que refiere José Lázaro, todos los "trabajos" que se preparan para hacerle daño y que se entierran, el espíritu que actúa en el perro, se los hace descubrir. Estos perros jamás atacan a aquel que el brujo no quiere que muerdan).

"Una vez en un juego, un carabela mío se montó. Yo estaba con mi perro. El negro cayó al suelo. Mi perro lo examinó, lo olfateó y se tendió a su lado. El fùmbi" (el espíritu que tomó posesión de aquel hombre) "dijo entonces: Mbua[98] yá jurán Bembo".

Es también una vieja creencia de los congos, dar por cierto que un "verdadero brujo malo", Ndoki, puede revestir la apariencia de un animal, de un pájaro o de una culebra. Los Ndoki muertos utilizan a los murciélagos —Nguembo— para beberse el aceite de las iglesias. Muchos brujos tienen también la facultad de hacerse invisibles. A estos en Santiago de Cuba les llaman *caweiro* "como era el brujo Yarey".

"Al fin Lao, cansado de tirarme, me llamó.

—¿Qué tiene?

—¿Yo? ¡No tengo ná!, y lo llevé a que viera lo que me protegía. Vio mi Prenda y se echó al suelo boca abajo.

—¿Quién dio a uté?

—Clemente congo.

¡De buena me salvó Catalina!"

Porque los Nganguleros "rayados" en un mismo Nso Nganga, como los Asentados en un Ilé-Oricha lucumí, se consideran unidos por un sagrado parentesco; son padres, hijos, hermanos de Nganga, no pueden bajo ningún concepto hacerse daño, aquí fue una Madre la que impidió que dos hermanos se matasen.

"Todos los que salían de una misma mata" (Fundamento) "quiero decir, los Mayomberos hijos de una casa, criados de una Nganga, eran unidos como los dedos de las manos. El espíritu les daba un nombre, los bautizaba; se llamaban como el espíritu que los montaba. Tenían sus Prendas en la casa del Mfumo, y todos ellos juntos, formaban una piña, una tierra en la que el Padre era rey. Cuando se hacían trabajos, la Prenda designaba a los hijos que debían encargarse de tal o cual cosa. Que venga Guamuta, Tiembla Tierra o Paso Largo..."

"Era gente grande la mía, si no se daba la talla no se podía con ellos, y por eso decían en un mambo:

> *Lunweña buké buké*
> *Ngóngoro mala cabeza*
> *Kokún pela Bejuco Real*
> *Tronco no pué enredar bejuco*
> *Cuando llueve, llueve pa tó mundo.*
> *Kabi kabi kabita tondele.*

Así aclaraban que el que se atreviera a hacerles daño, se atuviese a las consecuencias". Se reían de los Mayomberos que tenían buenas Prendas y no las sabían manejar:

> *Ié tierra congo no hay palo*
> *¡qué látima!*
> *¡Mangame Dio, Palo!*

Monte ta conversando
¡No hay Palo!

Este otro mambo, como todos, encierra un sarcasmo:

Mi mare mío tá kumbí kumbá
Si mi dóndo
Lo negro prieto son cosa mala
Si mi dóndo
Mujé con saya que no me jura
que no m'asusta
Cucha kuenda Matende bana
Si mi dóndo
La Campo Finda no tiene guardia
Si mi dóndo
Primero Sambia que tó la cosa
Si mi dóndo
Mi Sambia arriba mi Sambia abajo
Si mi dóndo
E pare mío Sambiariri
Lo siete siete que son catorce
Padrino mío Barrentino
Kalunga sube, Kalunga baja
Si mi dóndo
Que Nsambia arriba que va karire...

"Y lo que hacían cuando uno de ellos llamaba a su Nganga, pedía licencia: Cheche Wanga fuiri mutanbo Nganga nune.

Nganga yo te ñama
Kasimbirikó
Yo tengo Nguerra
Nganga mío yo te ñama
Nganga ñame kasimbirikó
Ahora vamo a jugá
Yimbirá vamo yimbirá
Yimbirá un poco...

Kasiro mimo
traen guerra
Kariso
Kasiwa traen guerra. [99]

135

(Ta Francisco llamaba así a su Nganga:

> *Abrikuto ndinga mambo*
> *Con licencia lo moriluo*
> *Simidóndo, con licencia Anselma mina*
> *Simidóndo kasimbiriko*[100]
> *Abrikuto ndinga mambo).*

Y el Yimbi contestaba:

> *Ya yangó yo güiri mambo,*

y daba la mano:

> *Tondelekuare yo soy muéto*
> *donde quiera que voy*
> *yo toi muéto,*

y empezaba a mandar el Batata[101] y el fumbi a trabajar:

> *Yo entro nfinda*
> *Caramba Casa Grande viti luto...*

y a tirar puyas para pelear:

> *Nganga tiene varón*
> *pa clavá filé yo*
> *Ngó Palo buca pa acé lo que yo quiere.*

> *¡Ié caballero ya tiene envidia*
> *Pavo Real tiene envidia Palomita su prúma*
> *Mira caballero, donguín donguín la batalla*
> *Ié yeto yeto Santo Bárbaro Bindito!*

> *Cuidado con Saya Mamán gaotica*
> *¡Cuyao con Mamán gaotica!*

> *Cuanto lengua va dingan claro*
> *dó lengua, cuatro lengua*
> *Díngan claro allá*
> *Valentino allá*
> *Juto traba allá*
> *Mama Téngue allá*

Remolino allá
la Santa Ana allá
cuanto léngua vá
dinga claro allá
abri kuto allá
Matanda bana allá
Madre Ulogia allá
Lucerito allá
Gando Cueva allá
Da recuerdo allá
Padre mío allá
y que vaya allá
y é abri kuto allá...

Palo va pa la loma
Remolino da vuéta
Remolino engaña mundo
Kutu kutu cambia pémba
Kutuyé kutuyé cambia pémba
Kutu va camino pémba...

lo que hacían, le digo, y lo que podían es lo que ya no hay negro en Cuba que sepa hacer, ni puede.

¡Cómo Nkanga Ndoki
Longuisa ndoki chamalongo
alándoki, alándoki!"

Todavía recordaban otros viejos Mayomberos de Matanzas la casa de Mundo Camposanto, de Melitón Congo, —Jicarita—, de Luis Ñunga Ñunga y de Pío Congo, este último del ingenio Asturias cerca de Agramonte: los tres grandes, inolvidables maestros. Y la de Mariata Saca Empeño, de Andrés Congo, Jacinto Vera y Elías el chino, nombres ilustres en los anales de Palo Monte. Otro nombre famoso es el de Benito Jorrín, criollo que sostenía grandes guerras mágicas con los congos y los vencía:

Kángala munu fuá lombe yaya
Cabildo que yo lleva
nunca falta tragedia.

Cuando terminaban uno de esos trabajos importantes:

> *Kutere Akutere*
> *Acayó Mboma Longankisi*
> *Yo longa moana*

y el Fumbi se iba,

> *Ié malembe mpolo yakara*
> *Malembe moana nkento*
> *Tu kai sen nguei*
> *Munu kiá munu malembe,*

cantaba cuando se le despedía:

> *Adió adió adió mi Mama Wanga*
> *Tu me ñama, tu m'epanta*
> *Adió adió mi Mama Wanga*
> *Yo me voy pa la loma*
> *Yo me voy con sentimiento*
> *Suamito tu me ñama*
> *Adió Madrina mío*
> *Yo me voy, yo me voy*
> *Mundo se va, Mundo se va*
> *Adió adió é ya me voy pa la Casa Grande*
> *Mundo se va hata el año de venidera*
> *Si tu me ñama yo reponde*
> *Mundo se va*
> *Se acabó Mayimbe ngombo*
> *Mayimbe e diablo s'acabó*
> *Yo kiaku kiaku*
> *Tianganá que amanaqué.*

En el ingenio Constancia había tan buenos y sabios *"loangos"* (otro nombre que algunos de mis viejos informantes le dan al Ngangulero), que sólo murieron tres o cuatro negros de la dotación durante una fuerte epidemia de cólera asiático.[102] Eran Mayomberos cristianos, brujos que hacían el bien.

("Nos enseñaban los viejos que en el Congo los muertos no recibían en el otro mundo, las almas de los parientes y ahijados malos, y que aquí era lo mismo; el Mayombero judío, el Ndoki, cuando muere sufre mucho, se queda vagando por las orillas de los ríos").

Y haciendo daño, como veremos más adelante.

Como a los Otán-Orichas o piedras sagradas de la Regla Lucumí, al caldero o cazuela de Mayombe le sirve de santuario una habitación de la casa del Padre Nganga. O su única habitación, si sus medios económicos le impiden disponer de otra más. En este caso, a veces frecuente, el Padre Nganga se enfrenta con un problema difícil. La sagrada presencia en ella de una Prenda, le obligará a abstenerse allí de toda relación sexual. Es este uno de los impedimentos más severos y terminantes que les imponen sus Reglas respectivas y que deben de observar por igual los sacerdotes del culto a los Orichas y los magos congos.

"Al lado de una prenda o de los Ocha, si la dueña es una Madre Nganga o es una Iyalocha, no podrán tener contacto con sus maridos: si es un hombre, un Padre Nganga o un Baba Oricha, no podrá tener contacto con su mujer".

De quebrantarse esta prohibición, cuyas graves consecuencias son de temer, pues el brujo o el Santero comete un sacrilegio, se atrasa física y moralmente:

"Los hay, yo los he conocido, que no respetaban esta ley y al lado de sus calderos se acostaban tranquilamente con sus mujeres. Acabaron locos, o hechos una miseria".

O bien, "abandonados de sus Prendas que no les responden; sus trabajos no sirven para nada". Desgracias, enfermedades, dificultades materiales, una agresión inesperada, persecución, un encarcelamiento sorpresivo, aparentemente injusto o... merecido es obra, castigo de Ngangas ofendidas. La magia inoperante o la muerte de algunos Mayomberos se achaca, más que a una vida maleante, a la despreocupación con que estos "frente a las Ngangas, en sus narices, bundankeni" (fornican). De ahí la necesidad de tenerlas apartadas, al abrigo de un posible sacrilegio. Sólo los Tata Wanga, los muy viejos, al decir de Makindó, "y las viejas que ya están desganadas de verdad, que no piensan en ciertas cosas", no corren riesgo al convivir estrechamente con sus Prendas u Orichas. Hemos conocido Iyalochas ancianas que dormían en el suelo en una estera, junto a sus piedras, y una, que reducida a una miseria extrema, cargaba con las de su Oricha tutelar, en el seno. ¡Era un templo ambulante! Calculando que no debía hallarse muy lejana la fecha de su muerte, un día se los entregó al mar.

"Santos y Nkitas, tenerlos siempre lejos del matrimonio. Deben estar donde no les alcance ninguna suciedad", preconizaba Calazán, que mujeriego incorregible, pero precavido, pagaba dos "accesorias", una de ellas exclusivamente para la Nganga. Era un lugar común que los viejos repetían con énfasis: "El Mayombero o el Olúo que no esté limpio, si anda con sus

Prendas o con sus Otán, se juega la vida." Y es por eso que Ngangas, Nkisis y Orichas, deben tenerse aislados en una habitación aparte por pequeña que sea, para no macularlos, y a la que sólo tengan acceso ellos, después de purificarse si antes han pecado. Mas cuando por rigurosa imposibilidad económica, calderos y cazuelas mágicas han de guardarse en la única habitación del Padre Nganga, que generalmente no es un asceta y no puede ser casto, un informante que no le gusta que lo nombre, nos libra el secreto de cómo proceder para unirse a una mujer sin ofender a su Nganga y "librarse así de dolores de cabeza".

"Si saben lo necesario pueden pecar sin pecar", —dixit Alberto H.

Veamos cómo se conjura el peligro de manchar a la Nganga. Textualmente, según este Mayombero muy estricto: "Separando los campos con una cerca que la Nganga no puede saltar cuando él está sucio." Con tiza blanca se limita dentro de la habitación, el espacio que en la misma ocupe su cazuela o caldero. En este espacio —sagrado— se encierra e incomunica el espíritu, que queda perfectamente aislado, sin contacto posible con cuanta impureza le rodee. El trazo mágico del Mayombero es "la cerca", el muro que éste levanta y que separa al hombre de aquella fuerza del otro mundo y de otras concentradas en el sacro mágico recipiente. De este modo, el Mayombero ya puede moverse libremente en su espacio profano. Pero a costa de repetir lo dicho, escuchemos al viejo Félix, tan escrupuloso en proceder de acuerdo con lo que él llama "puro Palo Monte verdadero": "Donde está el Ngangulero está su Nganga para que lo defienda. En el campo la guarda en el bohío, guindada del techo, a veces en la barbacoa, y abajo en un rincón pegada al suelo, metida en un cajón. Si hay *simbo* (dinero) la tiene en otro cuarto, pero no hace falta. Lo natural es que un hombre entero, *timbétimbé*, haga vida con su señora, y en sabiendo trabajar está bien la Prenda donde mismo está su amo, que no tiene que privarse de nada si hace lo que tiene que hacer para que la Nganga no lo vea y él no la ensucie. Con esa operación, la Nganga que está cerca, a la par está lejos, detrás de una talanquera.[103] Para el lujureo y no caer en falta, lo que tenemos que hacer los kuzumbaleros (paleros), es esto: coge el yeso, la mpemba, la Nganga está metida en un cajón y tapada cuando no trabaja, sólo se saca cuando se juega (se oficia), y allá tira una línea así en el suelo, una media curva y pinta tres cruces. Una cruz en cada tramo de la línea. Se le explica a la Nganga, se le dice: de aquí no puedes salir... y luego el Mayombero hace lo que le da la gana. Pero mucho cuidado cuando se levante por la mañana, si coiteó con su mujer y no se bañó bien o no se frotó las manos con ceniza. Ya limpio puede saludar a la Nganga, darle humo de tabaco, su rociadita de aguardiente y tocarla. No le hará ningún daño. Lo importante es no llevarle basura".

Hay más.

El mismo tabú lo observan ambas Reglas, la conga y la lucumí.[104] "No va una mujer descompuesta donde haya Nganga o Santo. Ahora usted me pregunta qué hace el Mayombero, que no va a echar a su mujer a la calle todos los meses lo que a ella le dure estar con su luna. Yo se lo voy a decir. Pues el casado que tiene Nganga y no puede ponerla sola en otro cuarto, coge un paño empapado en la sangre de su mujer,[105] hace con éste un rollete amarrado con una ristra de ajos. Sobre este rollete se pone la Prenda. La Prenda recibe la sangre y ya no perjudicará a la mujer".

El Mayombero procede así, no sólo para bien de la mujer, sino para que cuando él se ausente, ella pueda cuidar de la Nganga, hablarle y pedirle que lo proteja. Seguidamente, en un rito que llamaremos de inmunización, el Mayombero hace cruzar a la mujer, tres veces por encima del caldero o de la cazuela, y luego, levantándolo en peso, se lo pasa de la cabeza a los pies advirtiéndole a la Nganga: "Esta mujer se llama fulana de tal, es tu Reina, y si yo no estoy aquí para hacer lo que tenga que hacer, ella lo hará por mí. Obedécela".

Para saber si la Nganga está de acuerdo, antes coloca en línea recta, de frente a la Prenda, en el suelo, siete montoncitos de pólvoro y le pide: "Si estás conforme llévatelas todas hasta el pie de..." —dice el nombre de su Nganga y hace estallar la pólvora. "¿Barrió con todas? Pues está conforme". Pero para confirmar la respuesta del modo más afirmativo, el Nangulero vuelve a disponer la pólvora y junto a la última pilita dibuja una cruz. "Cruz de Nsambi, cruz de Dios que es palabra firme de juramento, y dice: palabra santa si estás conforme, fúla, llévate seis y déjame una. Fula, no pases de la cruz". Enciende, explotan los seis montoncitos, y el de la cruz, el séptimo, no estalla. La Nganga expresa, sin dejar lugar a dudas, su aceptación.

El Mayombero no le explica a su mujer, o se lo explica de modo muy vago, por qué razón ejecuta este rito.

"No, no se le debe decir para qué él ha hecho esa ceremonia. No es conveniente que sepa que con esto ella tiene mano (mando) en la Nganga, y para que la Nganga no le vaya a descubrir sus secretos a su mujer. Cuando una Nganga se encariña con alguien todo se lo dice".

Por supuesto, se da el caso que la Nganga rechaza a la mujer del Mayombero, pues éste antes que nada le consulta si le conviene o le es nociva su compañía. No pocas veces los "Angeles" —las almas, digamos los caracteres— de los cónyuges o amantes, no congenian y esta falta de armonía es fuente de futuros conflictos y desavenencias, lamentables porque trascienden al campo de la mística. En la Regla lucumí es sabido que los matrimonios de hijos de un mismo Orisha no armonizan, especialmente los hijos de Changó, y estos al fin se ven obligados a separarse.

Por la primera operación, la Nganga, presa e incomunicada en su *Nkusu*, en su recinto, no se ensucia y "como no ve lo que está pasando, el Mayombero no la ofende y no tiene por qué cohibirse". La segunda operación asegura al matrimonio contra el peligro que representa la mujer durante el período menstrual, y la tercera la capacita en casos de necesidad o enfermedad del marido, y en su ausencia, para sustituirlo en el cuidado que se debe a la Prenda las veces que él personalmente no pueda hacerlo y pedirle cuanto sea menester para su bien.

A los "juegos" —Tala Nkisi, Nkita—, ritos de Mayombe, no concurren los "patigangas" (los dueños e hijos de Prendas) sin purificarse previamente si han copulado poco antes de celebrarse estos, y bajo ningún concepto, concurrirán las mujeres menstruando. En tales condiciones quedan excluidas de todo acto religioso y este tabú ya sabemos que se observa estrictamente.

También en la Regla lucumí, las Iyalochas suspenden todos los oficios de su sacerdocio. No se acerca sucia a los Orichas. Como estos, los Mpungu, Nkita y Ngangas rechazan con violencia a la mujer poluta, que por olvido o inconveniencia se introduce en un juego o fiesta de Palo. En el mejor de los casos, el Ngombe le advierte discretamente de su presencia al Nfumo o Taita Nganga o a la Nguá, la Madre. Este pregunta quién es, y para evitar que se abochorne ante la concurrencia aquella que señale el Ngombe, encuentra algún pretexto para llamarla aparte y ordenarle que se marche inmediatamente del Nso Nganga, por su bien y el de todos los moana que están allí reunidos.

También cuando el Muerto ha tomado posesión de un "criado" o Ngombe, —Simba—[106] este al iniciar los ritos comienza a dar vueltas por la habitación "por el ingenio" en sentido figurado, examinando a los concurrentes para echar del local al impuro o al que tenga intenciones aviesas:

Ndundu da vuelta al ingenio,
Si hay malo, avisa pa el, Ndundu
tú avisa pa él,
Si hay sucio tu bota fuera
Yo va mundo kuenda Misa
Campo Santo tiene fieta
Si hay sucio bota pa fuera. [107]

Si tropieza deliberadamente con alguna mujer que esté menstruando, aunque no se detenga y continúe girando sin decirle nada directamente, indica que aquella mujer está sucia, y dice:

> *Insaya manguenguén*
> *Tá huelé mancaperro*
> *Insaya manguén gueré.*

La mujer, que comprende la velada denuncia del fumbi, disimula su turbación, y no tarda en desaparecer. Pero también empujones, cabezazos y golpes son medios de explosión muy corrientes de los espíritus en juegos de Palo Monte "bravo". En estos "el fumbi tiene la mano dura, es bruto, se enfurece", y las impuras no salen bien paradas. Las manifestaciones mediúnicas, en las Reglas de congos, siempre son violentas, y es preciso vigilar al "Ngombe", no vayan a ser víctima de las brutalidades del espíritu que se apodera de él.

El Mayombero debe oficiar siempre descalzo. Algunos se suben los pantalones y se atan un pañuelo a la cabeza.

Provocará la ira del espíritu la distracción del que penetre sin descalzarse en un recinto donde se celebre un rito de Mayombe —un simbankisi—, pues es obligatorio asistir a estos con los pies desnudos. Se ganará una reprimenda el que por negligencia no lo haga. "¿Quién ha visto muerto con zapatos?" El Mayordomo de la Nganga dibujará en el empeine de los concurrentes, una cruz: "una cruz de Dios, Guindoki —Chamalongo— y no se repita este nombre. Es la insignia de Mayombe, la cruz que abarca las cuatro partes en que el mundo se divide. Manda tal fuerza ese trazo, que los congos en mi pueblo la ponían en los hornos de cal para que no se los llevara el diablo. En todas las Ngangas y en todo lo que se hace en Regla de Mayombe, se traza la cruz para *santuriar* —sacramentar—, y cuando se hace la señal de la Santa Cruz, se persigna uno, se dice: Sidón lé mbala".

Estos Nso Nganga, la habitación o cuartucho a veces miserable, o la casa modesta del brujo, no se distingue en su exterior, como tampoco se diferencia de la del Padre de Santo, de todas las viviendas comunes, ni en la solana citadina ni en el campo el bohío o bajareque. Sólo el ojo de un conocedor las identifica por una bandera blanca o roja, que se fija en el techo o en la puerta.

Comparándola al Ilé-Oricha, el Nso Nganga se caracteriza por su rusticidad y desnudez. No hallaremos en este los adornos y estampas que en el primero llaman la atención. Ni en la habitación ni en la vivienda más holgada que le destina en la ciudad a su Prenda algún solicitado Nfumo Mbata.

" ¡No hay nada peor para la Nganga que un suelo de mosaico!"

Lo que no puede faltar en el cuarto de la Nganga, que es además el laboratorio del Palero, tapados con un género y metidos en un cajón debajo de la mesa o disimulados en un rincón, es un mortero para triturar y moler las sustancias que componen los hechizos o "trabajos", (nsarandas), el guayo para rayar los trozos de maderas y los "nfansi" o "Miansi", huesos humanos y de animales. Un colador de lata, un pedazo de muselina para cernir los polvos, hilo de cañamazo, tijera, agujas y cuentas de colores. Generalmente el Mayombero sale a buscar en el momento preciso lo que ha menester para un "trabajo" y sólo tiene reservas de aquellas materias imprescindibles, o las que no se hallan fácilmente y que estima inmejorables para ciertos logros, como excrementos de fieras, tierras de sus madrigueras, dientes y uñas de león, que decían importados de Africa. Agua de la primera lluvia de mayo, bendita —"porque baja del cielo, la casa de Insambi"—, y a la que llaman Masimán Sambi pangalanboko; y agua Ngongoro, o de la ceiba, para hacer clarividentes; sal en grano, almagre, pimienta, azufre, azogue y velas. Velas o cabos de velas que hayan servido en un tendido; velas de la iglesia, sobre todo las de Semana Santa y las que han alumbrado en las procesiones. Son valiosísimas las que se han prendido en el velorio de un chino. "Estas yo las he conseguido en algunas funerarias", nos confía un brujo, "pero hay que saber el nombre del chino difunto para llamarlo" y establecer relaciones con su espíritu. No es extraño que, poseído por el espíritu, el Mayombero, acostado en el suelo, pida una vela encendida y se eche sobre los ojos cerrados, esperma caliente.

A la luz de una vela y frente a la Nganga el Mayombero fabrica todas sus brujerías. "Porque la vela le alumbra la oscuridad a los muertos, y la necesitamos para hacer bien o mal. Esa misma "muinda" —vela— que usted se lleva de la iglesia, le sirve indistintamente para lo que convenga y hay que tenerla a mano, como la colección de cachos de palo que cortó el día de San Juan, pues los que se cortan ese día no se pudren ni hay bicho que les entre. Duran mucho tiempo y no hay que ir a buscarlos continuamente al monte. Se rocían todos con agua bendita. ¿Que viene alguien muy asustado porque quiere que le vuelva loco a un enemigo que le está echando brujería, y es verdad, y para salvarlo hay que acabar con esa persona? Pues le arranco el rabo a una lagartija, que abundan en el patio, enciendo la vela de un velorio, y mientras el rabo de la lagartija se retuerce, yo estoy maldiciendo al enemigo. Luego cojo una astilla de palo jía, un garabatico, otro de guayaba y lo raspo. Raspo también una pieza de la Nganga, un hueso; pongo colmillo o muela, una pizca de tierra y todo eso lo encasquillo en un clavo, quemo la punta en la llama de la vela. Llevo ese trabajo al cementerio, clavo el clavo frente a una tumba, llamo al muerto que está allí y digo: que la vida de fulano de tal, esemigo de mengano, se consuma con esta vela. Allí lo dejo y el espíritu de ese muerto lo trastorna".

El azufre y el azogue, son dos sustancias particularmente interesantes para el Ngangulero y procura no carecer de ellas. El azufre es el incienso de los brujos para realizar ciertos trabajos... "malos", mezclado a otros ingredientes y a sabandijas cargadas de virtudes que emplea en su magia benéfica o maléfica. Especialmente en los maleficios que tienen por objeto desunir cónyuges o amantes, fomentar discordias, ocasionar desgracias, accidentes, muertes o en talismanes para pleitear con éxito, escapar de la justicia, enamorar, etc.

El Ngangulero introduce azogue en su amuleto como un elemento dotado de una vitalidad extraordinaria. Por su movilidad, dice que actúa en las Ngangas como un corazón que late continuamente, y lo emplea como un estimulante.

No hemos hablado con un solo Padre Nganga que no reconozca la excelencia del azogue para producir la locura, en combinación con un muerto, por supuesto, o con dos alas de aura tiñosa. El valor del azogue en el arte del curandero, en su medicina, inseparable de la magia, lo veremos en otro libro. El Palero tendrá igualmente en reserva en su Nso, algunas plumas de ave, no para simbolizar con ellas un sacrificio que, en Regla lucumí, no puede costear el consultante de un Oloricha o de una Iyalocha, sino para utilizarlas en sus obras de magia agresiva o defensiva. No carecerá de cenizas —mpolo banso— para purificarse las manos frotándoselas, que tiene además muchas aplicaciones. Para ciertas obras tendrá en reserva algunas sabandijas indispensables: sapos, alacranes, macaos, arañas, hormigas, moscas verdes, gusanos, carcoma, comején ("Sollanga bicho malo. ¡Cómo camina Mundele Telengunda! Cómo camina Sollanga").

Por ejemplo, para fabricar un Mpaka —el tarro que sostiene en la mano cuando va a ejecutar un trabajo con el fin de que el espíritu por medio de éste penetre en él y hable— el Mayombero necesita: araña peluda, alacrán, manca perro, ciempiés, caballito del diablo, grillo, murciélago, tierra de bibijaguas o de hormigas bravas, de cementerio, diente o colmillo de muerto, hueso de la mano o de los pies. Gusanos de cadáveres que se echan en las ngangas son valiosísimos, "pero muy difíciles de conseguir, como cráneos con los sesos verdes ya podridos".

Se habrá dado cuenta el profano que recorra estas notas, que la fula, la pólvora, que muchos viejos llaman "café inglés", es un elemento indispensable en el Nso Nganga para iniciar cualquier operación mágica. A riesgo de repetirnos reproducimos la explicación ilustrada, con sus signos correspondientes que nos dio un Villumbrero.

"El brujo no puede trabajar sin pólvora. Todas las Reglas de congos la emplean para llamar, para preguntar, para ordenar, para dar salida a los trabajos: cuando la fula explota el füiri sale disparado a cumplir la misión que le encomiendan. El Gangulero se agacha ante la Nganga, chifla tres veces, la rocía tres veces con aguardiente, ají picante, pimienta de Guinea, jengibre y tierra. Le echa humo de tabaco y él se pasa el tabaco encendido alrededor de la cabeza, luego por la espalda y entre las piernas. Hace un trazo en el suelo frente a la Nganga, y sobre éste coloca montoncitos de pólvora: siete o catorce, doce o veintiuno, lo que acostumbre. Esto es, para preguntarle si la brujería que está preparando va a surtir efecto o no. La Nganga contesta cuando el Ngangulero la prende con su tabaco; si el trabajo es perfecto barre con todas las pilitas y el humo va hacia la cazuela o el caldero. Si hay alguna dificultad se averigua con pólvora. Si de siete explotan tres y quedan cuatro: 'la cosa no camina'. Si se lleva cuatro y deja tres, está bien, y así preguntando y la fula contestando, se sabe en qué consiste lo que se opone a que de entrada una obra sea perfecta.

Fula y mpemba, la pólvora y la tiza blanca son inseparables...

La tiza, para hacer la firma sobre la que se asienta la Prenda. El círculo significa seguridad. En el centro del círculo, la cruz que es la fuerza; la fuerza de todas las fuerzas espirituales que trabajan en la Nganga.

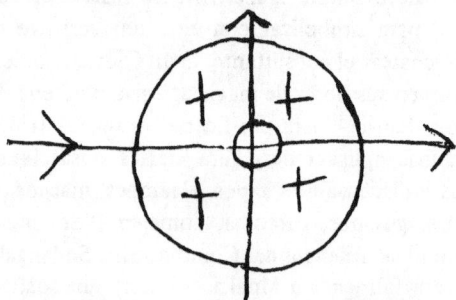

Sobre lo que le decía de la necesidad que tiene un Kuzumbalero de preguntar sobre el resultado de un trabajo que le hace a un enemigo, le doy este ejemplo para que usted vea cómo es el asunto.

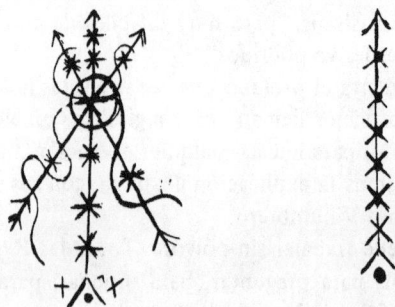

146

Hice este trazo —el de Nkuyo o Tata Legua, un Eleguá congo. La flecha a la derecha representa al enemigo. Para preguntar se utiliza la del centro. En el punto negro que está en la parte baja de la flecha central, se pone el primer montoncito de pólvora, y el Mayombero dice: si de verdad, verdad él es enemigo mío, coja usted tres del camino que está hecho para él (derecha) y tres de la guía (centro) del lado derecho. Deje libre el medio. Si estallan seis montoncitos de fula y quedan siete, el que sospecha que es enemigo lo es. Si sólo estalla la pólvora del centro, no es enemigo.

— ¿Quiere otro ejemplo? Vaya, dibujo la fimba.

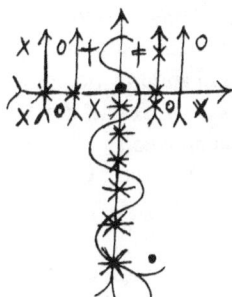

Arriba, en el punto de la guía (en la flecha vertical en que la cruza otra flecha en posición horizontal), se coloca un Matari Nsasi —una piedra de rayo. Abajo de la flecha (vertical) se enciende la fula después de decir: Matari Nsasi Kuenda Kunayandi (mira la represa del río), Kunayandi Matoko Nganga vira vira licencia Ntoto Insambi muna lango (Dios viene en el agua del cielo), tu kuenda monansula Kimputo, ¡Ay Siete Rayos Kimpesa! Le explica el caso, lo que se desea conseguir, y le pide que conteste, que diga lo que se debe de hacer, prendiendo los montoncitos de pólvora que le indique el Padre Nganga.

"Para dibujar el trazo siempre se canta. Y si el Padre Nganga está en porfía con otro le pregunta a la Nganga:

> ¿Tré silango tré silango
> cual nsila yo bóban?
> ¿Krabátan sila kié
> Krabátan sila mubomba Ngola?

porque hay varias tierras, tribus de congos, y quiere saber su camino (nsila).

Krabátan sila
Lié karabatan sile
Mu bomba Ngola.

Kié Karabatan sile
¿Sila luwanda?
¿Sila mubomba?
¿Sila musundi?
¿Sila Ngúnga?"

No olvidemos otro elemento del que tampoco puede prescindir el Mayombero: la escoba de palmiche, Ntiti, para espantar con ella los malos Espíritus, y pegarle a la Nganga cuando es necesario. Sobre todo a las judías. Pero hay Ngangas tan fuertes, tan voluntariosas que su dueño no siempre se libra de ser el esclavo de su esclavo.

Algunos de mis consultados achacan el destartalamiento de la casa templo del Mayombero, a una inferioridad cultural por parte de los congos, a su supuesta rusticidad. A los sacerdotes lucumí —cuando prosperan les gusta rodear de lujos a sus Orichas. Mejoran la calidad de las soperas en que se guardan las piedras del culto —hay que verlas ahora en los *Ilé* de Miami, algunas muy costosas, importadas, y los atributos de los dioses; los que antes eran de cobre se los regalan de oro, los que eran de metal blanco o plomo, de plata. Con la prosperidad se renueva el "canastillero" en que se colocan las soperas, y se abren con orgullo para mostrar la serie de adornos y de baratijas que, desde su implantación en La Habana, ofrecía el Ten-Cent a los Santeros, y aquí en Miami las botánicas, y en sus salas se instala la lujosa imagen católica de su devoción. Las paredes del Nso del Padre Nganga están desnudas de estampas y no vi en ellas en Cuba imágenes de bulto.

"Si en casa del verdadero Nganga no ve usted adornitos ni féferes, es para no extraviar al espíritu".

En la habitación de la Nganga no influye el bienestar de su dueño. El Mayombero por mucho que gane no deja de ser "un hijo del Monte". "Su religión es silvestre" (sic). Lo que no quita que se merque su buena cadena de oro macizo con su Nkangui (crucifijo) o una medalla de Mamá Kengue, de Nsasi o de Mamá Mbumba, en sus aspectos católicos (Nuestra Señora de las Mercedes, Santa Bárbara o la Virgen de Regla).

"Los Nkisis no son ostentosos". "Son espíritus de la naturaleza". Recordamos a un Villumbero que ganaba mucho dinero según nos decían. Vivía con su mujer y cuatro hijos en una casita tan pequeña que cuando este ilustre Murumbero, en la Pascua de Navidad, le sacrificaba un nkombo —un chivo— a su Prenda y se reunían en ella un gran número de personas, era preciso, para respirar sin expirar, y lo mismo ocurría en otros muchos hogares de Paleros, ser el propietario de unos pulmones y de un estómago probadamente sólido y resistente. Seis Mayomberos negros como el carbón compartían la "accesoria" de T.P.B., y otros tantos la del villareño Rosendo, vendedor ambulante. ¿Pero cómo caben?, preguntamos. Pues se "acotejan bien", nos respondió el villareño, "en un par de catres y en el suelo". En otro cuartucho en las afueras de Marianao, armado con tablas de cajones y planchas de zinc, habitaba nuestro buen J.B., que no quiso aceptar la vivienda más amplia que le ofrecimos. ¡No, gracias! Allí era donde le gustaba estar a su Prenda, y con cuatro *konguakos* —cuatro compañeros— suyos que ya no trabajaban en la plaza pero "comen y viven de lo que va cayendo... y siempre cae lo suficiente". La Nganga proveía. El brujo no se muere de hambre. La higiene no perturbaba en lo más mínimo la existencia de aquellos hacedores de prodigios que se complacían en vivir en tales condiciones. No creo que las sardinas se acomoden mejor en una lata que un número increíble de negros en un espacio inverosímilmente pequeño, y lo extraordinario es que no los obligaba forzosamente a ello la necesidad. De haber sido Diógenes africano, no se hubiese hallado solo en el tonel.

Nos dijeron que vivían muchos Mayomberos en Las Yaguas, y que uno de ellos, Emilio Acevedo, poseía un chicherekú que había atacado a varios niños.

"Un chicherekú no", corrigió Lázaro, "si es un Mayombero, si su Regla es conga, lo que tiene es un Nkuyo, o un Nkónsi o un Kini-kini". Un muñeco de palo, de unos sesenta centímetros, en el que el brujo hace entrar un espíritu. Estos muñecos andan, hablan, cumplen las encomiendas del brujo y son, como es sabido, muy temidos. Este sería uno de los pocos Nkuyos con amo vivo que quedaban en La Habana, pues dejaron de confeccionarse un momento dado, cuando por el 1916 arreciaron las inspecciones de la policía en las casas de los brujos y cargaban con todas sus pertenencias mágicas. Muchos, cuyos amos han muerto, aún vagan allá de noche por los campos.

Estas Yaguas eran modelo de cuantos hacinamientos de gente de color existían entonces, aunque no faltaban blancos en ella. No eran producto de la miseria —insisto— sino de una manera de ser muy especial. Usurpando terrenos admirablemente situados en zona de reciente urbanización, cara a una arteria principal y de tránsito incesante, allí se levantaba aquel ejemplar y nutrido barrio de indigentes de La Habana, pero subrayo, de falsos indigentes en su mayoría, el más extraordinario que pudiera visitarse.

Enclavado en un lugar tan céntrico y visible con sus casuchos amontonados y maltrechos que se encogían y oprimían unos contra otros, confundiendo en algunos puntos andrajos, roñas, alientos y deyecciones, era la desesperación y la vergüenza de la pulcra ciudadanía. Como otros más distantes y recoletos, El Pocito, Llega y Pon,[108] Pon si Puedes, Por mis Timbales, Coco Solo, Pan con Timba, Las Yaguas contenía un semillero, a ojo incalculable, de residentes que ni envidiosos ni envidiados, vivían en pésimas condiciones sanitarias, enterrados en fango hediondo en la estación de las lluvias, y entre basureros y polvo el resto del año.

La primera sorpresa de quien se aventuraba a penetrar allí era descubrir que aunque escaseaba el agua la gente parecía estar limpia. Es cierto que el pueblo cubano es sorprendentemente limpio y que se baña a diario, por puro placer. Las duchas funcionan en todos los niveles. En muchas de aquellas covachas podía admirarse el codiciado armario de tres lunas que permite contemplarse de cuerpo entero, y las camas cameras con colchas tejidas. La segunda sorpresa la tenía el curioso al enterarse que muchos de los felices moradores de Las Yaguas eran pequeños funcionarios públicos que hubieran podido habitar sin grandes sacrificios en lugares más salubres, bajo techos más seguros. Representando a la ciencia residía allí una comadrona; al más noble de los magisterios, un maestro de escuela pública, cuyo nombre llevamos anotado; policías a la Autoridad, y a los ideales de la nación, "botelleros"[109] y cachanchanes de políticos.[110] No eran todos indigentes ni remotamente, en el sentido desesperado de la palabra, los indigentes que vivían en aquellas pocilgas, desafiando sin insolencia pero con tezón —y contando con la indulgencia del Gobierno— todo reglamento sanitario y bien defendidos por sus Eleguas o Makutos y Bisonsos, o por un cerco mágico de cualquier ataque que intentase la civilización que pasaba a toda hora de prisa, representada en ómnibus y automóviles, apartando la vista del laberinto de estrafalarios y mugrientos tugurios separados por trillos cubiertos de suciedades, que se abrían paso entre ellos. Los bajareques crecían, se multiplicaban tan desordenadamente y tan juntos, que en algunas partes debían disputarse y atropellarse por unas pocas pulgadas de espacio, mientras los pasillos se intrincaban y estrechaban más cada día.

Claro que había allí Mayomberos y Santeros, espiritistas y practicantes de todos los credos. En la puerta de muchos casuchos, un trapo desteñido señalaba la presencia de los primeros, sin que molestase el hedor de alguna ofrenda animal que se podría lentamente al alcance de la mano en un techo herrumboso de zinc o en el greñudo y piojoso de yaguas.

El negro está hecho a todas las privaciones e incomodidades. Todos son aceptables si vive a su guisa y sin restricciones; y muchos escogían libremente vivir a la buena de Dios, que aprieta pero no ahoga, sin trabajar —buey que no tiene rabo Dios espanta su mosca—, y a la medida que se presenten las cosas. No hay invierno en Cuba y allí las cigarras no tenían por qué imitar a las hormigas. Nada más relativo y desconcertante que la extrema pobreza en el negro, que con un poco de música, de baile y de risa depone el gesto trágico y endulza el sabor más amargo. Con el asombroso potencial de su alegría, y un conformismo no sé si envidiable, jamás la miseria abate del todo su ánimo. Cuando lo atenaza, y muchas veces por indolencia, incuria o imprevisión, sabe encogerse de hombros y no le falta aliento para reir un poco al sol, porque las penas con sol son menos, y el sol generoso de la que fue nuestra Isla, la naturaleza tan bondadosa, la vida tan fácil, inclinaba a las gentes de todas las esferas sociales, a no negar el pan a quien tenía más encogido el estómago que el corazón.

En aquellos años, al revés de lo que ahora ocurre, la tragedia de la indigencia no convencía a nadie, comenzando por sus protagonistas.[111] En un país próspero que se regía por la broma y el buen humor, precisamente porque en él todos comían y donde a la postre todo se arreglaba menos la muerte —"¡no hay problema, chico, no hay problema!"— los dramas económicos se convertían en sainetes con final de rumba o guaracha (quizá por eso estamos aquí, o porque la inconsciente felicidad de los cubanos provocó la ira de los dioses).

En fin, se podía ser indigente sin arriesgarse a morir reglamentariamente de hambre. Y de rareza se moría solo y abandonado. Del modo más inesperado y fantástico, un día el indigente por vocación, porque no quería trabajar, podía despertar creyéndose rico, al lloverle del cielo los billetes que ambicionaba para comprarse un televisor u otra cosa por el estilo, como uno de mis conocidos del barrio de Pogolotti, un alegre filósofo, que necesitaba urgentemente unos zapatos nuevos. Un día le sonrió fugaz la fortuna, y gracias al juego cobró unos cuantos pesos. Adquirió un saxofón y un reloj pulsera de plata; en eso se le fue el dinero y no le alcanzó para los zapatos.

Aquellos caseríos menesterosos donde tantos iban a vivir de buena gana —sólo pedían de las almas filantrópicas y del Estado que los dejasen en paz—, estaban muy lejos de ser, como creíamos, tétricos refugios de la desgracia, peligrosos focos de infección. Cierto que el sol encendía allí pebeteros de inmundicias que saturaban el aire de malos olores. Pero aquel aire es el que hoy se respira, más pestilente, envenenado, en las hambreadas poblaciones y ciudades de Cuba, y en la capital, medio en ruinas, la que no se le muestra al turista; sus casas, porque no hay con qué repararlas, se van desplomando poco a poco. Por sus calles, nos cuentan los que huyen de allá, pueden admirarse a cualquier hora los más hermosos ejemplares de ratas, que penetran a su antojo, como la lluvia, en los interiores invadidos de cucarachas y aterran a los ciudadanos, si ciudadanos puede aún llamarse a los cubanos esclavizados en Cuba.

¡Justiciera maravilla del marxismo-leninismo, reducir a la miseria a todo un pueblo en menos de veinte años! En ese aspecto, objetivamente, es digna de admiración la nueva mirífica Cuba soviética.

Al barrio de las Yaguas, interesante por lo que nos revelaba de la idiosincrasia de un sector de nuestro pueblo, derrumbado al fin por el último gobierno propio que tuvimos, bueno o malo, pero aún cubano, sólo fuimos una vez. No era necesario para conocer el Mayombe relacionarnos con la falsa indigencia de algunos que en casuchos de aspecto tan miserable, a la vez que una Nganga, poseían en ellos televisores, refrigeradores, y las mujeres espejos relumbrantes y perfumes de Revlon o Guerlain, aunque parezca increíble.

En el "templo", equivale a decir la habitación o "accesoria" que ocupa en un solar el Ngangulero, en la casa de campo o en la urbana en el mismo corazón de La Habana, las Ngangas se guardan tapadas con una tela negra, como se ha dicho, y escondidas. La habitación que les está destinada en las moradas más espaciosas de Mayomberos que disfrutan de bienestar, permanecen cerradas los días en que "no juegan".

Los sacerdotes y sacerdotisas de la Regla lucumí, "saludan" a diario a sus Orichas, uno a uno solicitan su atención llamándolos con sonidos de campanillas o maracas, y les rezan largamente empleando en estas devociones de buena parte de sus mañanas. El Mayombero, ya lo sabe el lector, se limita a espurrear su cazuela o su caldero con aguardiente, a ahumarlo arrojando sobre ellas densas bocanadas de humo de tabaco y a encenderle una vela que arderá un rato o se consumirá enteramente, y esto una vez por semana o antes de celebrar un *Nkike* o un *Bondankisi*. Los días más a propósito para "llamar palo", invocar a los espíritus, trabajar con ellos —*Simbankisi*—, fabricar un resguardo, maleficiar o exorcizar, "quitar un daño", curar, son los sábados y los domingos, aunque la elección de esos días es potestiva. "Se trabaja cuando hace falta".

"Entonces el Mayombero con la *mpemba*, al hacer el trazo de la Nganga en el suelo dice:

Kati kampolo munantoto

y se repite:

Batukandumbe Bakurunda
Bingaramanguei

y el Mayombero llama a su nfumbi quemando las tres pilitas de pólvora
para que el muerto se despabile en el caldero o en la cazuela que ha untado
con manteca de corojo.

Tré con tré
¿contigo quién pué?
Nsusu bare con tó.

Las ceremonias más importantes son los "juramentos" —iniciaciones, *kim-
bos*, dicen algunos— los llantos, las comidas de muertos.

En cuanto a los sacrificios no son tan frecuentes ni tan costosos como
los que se tributan a los Orichas. Sólo una vez al año se les ofrenda
obligatoriamente, a Ngangas y a Nkisos, un gallo cuyos huesos se entierran
sin que se parta uno solo (la carne, se la come el Taita); y un chivo, pero
los huesos de éste no se entierran y la sangre jamás se vierte en la Nganga
porque atraería desgracia, enfermedad y muerte.

Remedando a los viejos, un joven palero dice que "N'córera entraría
l'ingenio" (el cólera entraría en el ingenio), una epidemia, cualquier enfermedad acabaría con todos los *Muana Nso, Mpamba, Konguako*, los hijos y
hermanos del Nso Nganga y con toda la clientela del brujo.

El chivo no se sacrifica en la habitación en que está la Nganga. En la
ciudad se degüella en el patio de la casa, y en el campo fuera del bohío.
Para ofrendarle la sangre al *fumbi* se abre un agujero en la tierra, se enciende una *muinda*, —vela— y el espíritu sale de su habitáculo y va a beberla
allí.

"Si la Nganga se gana un chivo, se le da. Se le da por mérito. Y hay
ocasiones, fechas, en que se le hace fiesta y ella baila: *Nganga Kinakia-
ku.*"[112]

"En casa de mi *Nkisiwángara*", insistía José del Rosario, destacando la
austera desnudez del *Nso Nganga*, "no encontrará usted estampas, ni cua-
dros en la pared, ni altar con Santos, ¡nada! limpio, raso. Cuando hay
ceremonia se saca la Prenda del cajón, el Padre llama, abre diciendo:

Bueno día pa to lo mundo de Dió.
Dipué de Dió, Sambiapunga
Santo Bárbara bendito
Todo lo mundo da licencia

Campo Santo da licencia
Cuatro Equina da licencia
Bueno día pa to lo mundo
Chiquito y grande que etá llá dentro.

Se pide permiso para "trabajar":

Cheche Wanga füiri mutanbo
Ngana Nene.

O bien "abre" como otro de mis informantes:

"Santa Bárbara bindito y
Santísimo Sacramento, tó mundo dé licencia,
Vamo a vé Campo Santo mío
Ca uno con lo suyo
Dipué de Insambi tú".

O como Ñico:

Abri kutu Ndinga mambo
Con licencia, con licencia
Lodé moriluo simidondo
Con licencia Anselma Mina. Simidondo.
Kasimbiko abri kutu Ndinga
Con licencia Sambiampungo
Con licencia Santa Bárbara
Sin Santa Bárbara no hay Palo Monte
Con licencia Mariquilla
Con licencia Mariwanga
Con licencia Kalunga
Con licencia Siete Mundo
Perro con gato pelea y vive bajo la mima mesa
Diente con lengua pelea y vive dentro la boca
Con licencia Jesu Crito
Con licencia Santo Sepulcro
La crú de Caravaca Lo Evangelio Juto Jué
Mayimbe Sese longame
Padre Okunjila, Tiembla Tierra
Ojo de Agua, Laguna de San José
Sesú madié sidon lé mbake

Yendún dié Kipungule
Nani masón silambansa
Ahora Yimbirá, yimbirá un poco, yimbira...

En el cuarto no hay más que el Nkiso o la Nganga. Hay vela, pues nunca se hace un trabajo a oscuras; ya sabemos, ella le alumbra el camino al muerto. Tabaco, la botella con chamba —el vino de la consacración—, un cuchillo, el yeso para hacer las patipembas, las firmas (trazos mágicos) "y en un pomo el café inglés, fula, la pólvora. Todo eso colocado al lado de la Nganga, y pare usted de contar".

Los objetos rituales que utiliza el Padre Nganga o la Madre Nganga, están en el caldero o en la cazuela "recibiendo fuerza", impregnados de las energías sobrenaturales, de muerto y espíritus de árboles contenidas en estos, y de allí los toma el Mayombero cuando le hacen falta: el cetro o bastón invocatorio que actúa como un conductor del espíritu al Nganguleroy que consiste en una tibia o en un pedazo de tibia. Este hueso se envuelve en hojas de laurel, uno de los árboles que más aprecia por sus poderosas virtudes mágicas, pues en él, como en otros árboles sagrados, se instalan —"viven"— muchos espíritus.

Además, a la *Kisengue* o *Kisenguere* —también la he oído llamar *Fisenge, Nwala*, y en español Siete Rayos —se le atan plumas de aves nocturnas—, "socias de la muerte".

El otro instrumento es un cuerno, *Mpaka*, que tiene el mismo objeto que la tibia, el de poner al brujo en contacto con el espíritu y mostrarle las cosas del más allá. El *Mpaka*, relleno de sustancias mágicas, con un pedazo de espejo incrustado en la base, *vititi mensu*, o bien un espejillo corriente, redondo, la *muine*,[113] le permiten ver lo oculto. Con el pedazo de espejo incrustado en el *mpaka* el *Nfumo Bata* o *Taita Nganga* vaticina fijando en él los ojos. Para eso tiene "la vista arreglada", ha obtenido la clarividencia por medio de un tratamiento mágico de lavados, en los que intervienen eficazmente legañas de ciertos animales. Es un agua que contiene muchas virtudes de ojos —secreciones y agua bendita de la iglesia— y se vierte en los del neófito con el fin de hacer de éste un vidente. Pero cuando se tiene la vista "arreglada", se ve no sólo en el espejo —el alcahuete—, se ve en cualquier objeto. En un vaso de agua, en la uña del dedo gordo, en la palma de la mano, que se atraviesa con dos alfileres formando una cruz, como vaticinaba una vieja conga que consultaba Cándida, Santera lucumí, o mirando como Juan Mayumba y algunos viejos, en un pedazo de plato blanco.

Se empleaba también un *Sanga Ndilé* o un *Kimbúngula*, un collar con un pequeño amuleto en un extremo. Pendiente de la mano del Padre

Ngangula, con un movimiento circular o de péndulo, responde a las preguntas que éste le va formulando. *"Kimbúngula*, además de collar de la Nganga son los Vientos".

Se nace brujo —*Ndongo, kindoki*— con vista, como se nace estúpido o inteligente: "quien nació con *Wanga*, eso que el lucumí llama *aché*, ese, antes de ser *Moana Nganga Ntu*, iniciado, hombre o mujer, ve lo que otros no ven; y esa persona no sabe que tiene gracia, no sabe que es un *Kindamba Kusaka*, un adivino."

El Padre Nkisi antes de consultar el espejo lo pasa describiendo una cruz por la llama de una vela, lo ennegrece, se llena la boca de aguardiente y lo pulveriza abundantemente antes de echarle las rituales bocanadas de humo de tabaco. Aguardiente y tabaco son el regalo imprescindible que le hace el brujo a todo género de Prendas, amuletos y talismanes. Luego con un pedazo de tela limpia, lo desempaña y bruñe y ve lo oculto.

Tiyo me dice que el Mayombero no ve con sus propios ojos, sino con los del espíritu que "lo monta", y que para que los ojos del espíritu y los del *Ngombe* se acoplen —no sufran los del *Ngombe*—, es menester "arreglarle la vista", "reforzarla". A veces es de tal magnitud la clarividencia que se adquiere con la preparación que elabore el *Nfumo Bata*, que es preciso sin perder un segundo privarlo de una lucidez que los deslumbra y amenaza dejarlo ciego o loco, por todos los misterios que de súbito penetra su mirar. Entonces se lavan sus ojos con agua de lluvia y en cada pupila se dejan caer dos gotas de vino seco. Sucede que a veces el *Nfumo Bata*, para castigar por algún motivo al *Muana*, lo priva de la clarividencia que le fue dada.[114]

Asimismo, al Taita *Nkisa* le es posible —"y se hace mucho"— nublarle la vista a su enemigo o a un *Moana Nganga* majadero o ingrato. "El Taita *Nkisi* con un espejo y cuatro velas va a una encrucijada. Ahuma el espejo, lo atraviesa con una cruz de esperma y lo entierra. El ahijado pierde enseguida la vista. Ya no verá. ¡Se acabó *vititi*!, aunque diga que ve. Mentira. Se acabó *Vititi Diensu* hasta que su Mayor lo perdone". Desde luego, sólo a los que son dignos de su confianza un Taita Nganga les da vista. "Los negros de nación sí que sabían poner vista".

El viejo Anastasio conocía el compuesto del Taita Maíz Seco, el padre carnal de Bruno Samá y maestro de todos los Mayomberos de su tiempo. El maravilloso compuesto consistía en la fusión de dos aguas: una en la que se ha recogido la secreción de los ojos de un Aura Tiñosa, de *Nsuso Mayimbe*, adueñándose así de la vista poderosa de estos pájaros carnívoros capaces de descubrir desde una altura incalculable la carroña de un ratón; y otra la de los ojos de un perro recién nacido. Cuando el perro abre los ojos, el *Tatandi* se hace, a la par de su buena vista, de la noble calidad que caracteriza a este animal: la fidelidad a su amo, que interesadamente con esto le transfiere al ahijado. Pero si desea hacer más fuerte, más penetrante la vista del *Muana*, se añade a esas lavazas, una que contenga virtud de ojo de lechuza, de *Nsuso Ndiambo*, que traspasa las tinieblas. Por supuesto, se le paga un "derecho", pues como es bien sabido, nada en la naturaleza, ni planta, ni animal, ni mineral, concede gratuitamente sus poderes al Mayombero ni a nadie. *Nsunsu Ndiambo*, por otro nombre *Mafuka* o *Miniampungo*, es un pájaro precioso para el *Nganga Ngombo*, pájaro-espíritu, podríamos llamarlo, vehículo de *Ndokis*, ave misteriosa – ¡*lembo, lembo*!, decía de él uno de mis informantes.

No prescinde de *Susundamba* el Taita *Wamba*, el brujo viejo y sabio, que así le habla y le ordena en un mambo:

> *Ié lechuza pone huevo en la ceiba*
> *Komayanga*
> *Lechuza mandadero en la sombra*
> *Pasa por Casa Grande,* [115] *manda parte pa la Nfinda*
> *Tronco Ceiba tiene lechuza*
> *De verdá Tronco Ceiba,*
> *Padre mío, abri kutu. Cucha cosa Kabulanga*

"Cuando el Nganga sabe, *Susundamba* oye el canto, y luego dice en el yimbi":

> *Ya yangó, yo wiri mambo*
> *Yo entro la Nfinda*
> *Casa Grande viti luto*
> *Ya yangó, Siete Hueso son Kalunga*
> *Mbele va a cotá kambiriso,*

Mbele, el cuchillo, simbólicamente va a cortar un daño, se va a deshacer un maleficio, "como si dijera":

> *Kalunga cota muruwanda*
> *Embacadero son muruwanda*
> *Kalunga mi kalunga*
> *Cota cota muruwanda.*

Cuando en el *Bondankisi* –iniciación–, se lavan los ojos del Kuano, del neófito, su *Mbala* o *Nsumbariana* –Padrino– le hace tragar siete granos de pimienta y el corazón de un anguila, *Nbundo Ngola.*

"La anguila, que los mayores nos enseñaron a apreciar mucho porque fortalece el cerebro y defiende el cuerpo de todo lo mano, se llama *Ngola*". Pero además, y lo más importante para el futuro *Nganga Ngombe*, la anguila lo capacita para leer el pensamiento. Pretenden que las mismas virtudes se encuentran en las guabinas. El corazón de guabina se administra en casos muy contados. Los negros de nación y los viejos desconfiaban de los jóvenes criollos, "lengueteros", fanfarrones, incapaces de guardar un secreto, y las anguilas tienen muchos secretos que ellos callaron. Según otros informantes, un camarón pequeño, vivo o un cangrejo minúsculo, de los que se encuentran a veces en las ostras, se ingiere al mismo tiempo que las pimientas y la anguila, porque "también aclaran la mente y la memoria", y "resguardan el cuerpo por camino de *Ndundu Karire*, que es el Diablo, el dueño de *Nsila*, de un Cuatro Caminos", conviene Casanova. Sin embargo, esto del cangrejillo y del camaroncito, no convence al trinitario Félix, que ponía en duda que los utilizara un Gangulero de "puro Mayombe".

Existen, de acuerdo con M.C. y Baró, dos géneros de vista: la sencilla y la fuerte. Para dar vista sencilla —con ésta el *Ngombe* no ve más que en su jurisdicción, por ejemplo, si está en La Habana, sólo lo que ocurre en La Habana, si en Matanzas o en otra provincia, lo que sucede en ellas. Se le pasa por los ojos bien abiertos un huevo puesto en Viernes Santo y se le deja caer en cada uno dos gotas de vino seco.

"No hay que bautizarle la vista con agua bendita, pues la sencilla no brinca río ni mar". Mientras que de la que hemos ablado, la vista fuerte, la que se obtiene con Aura Tiñosa, perro y lechuza, "esa sí que llega a Guinea, pasa río, pasa mar, llega al fondo del fondo".

Un joven Palero "da vista sencilla con alumamba, que es limo del lecho del río, miel de tierra, la de la colmena que se encuentre en la cavidad de un árbol podrido. Mezcla el limo y la miel con ogén, mejorana, geranio y siete mollitas amarillas, y lava los ojos". "Esto", nos comenta un viejo, "se hará... pero no tiene mi aprobación".

Cuando el *Nfumo* ha preparado los ojos del iniciado "para coger lucero que mira mundo", se le presenta el espejo y se le canta:

> *Vaya vaya fin del mundo*
> *Nsusu divinando, Nsusu divinando.*

Ya es un clarividente y así lo proclama en un mambo:

> *Yo aprendé divino cosa malo*
> *Suamito dá yo lucero*

Ya yo lucero yo mira mundo
La fin del mundo la fin del mundo
Ya yo lucero brinca la mar
Ya yo ve la cosa mundo
Mi suamito mío yo mira mundo
Mayordomo mío yo mira mundo
Madrina mía yo mira mundo
Yo voy léjo corré mundo
Yo coge lucero
Corre mundo
Yo avisa Mayombero..

O dice:

Conguito tu no m'engaña
Mira vé la Cosa Mala
Misuamito da yo lucero
Yo mira mundo divino
Cosa Malo yo vé la cosa mundo.

A veces, para adivinar —ya lo veremos cuando penetremos en un *Nso* de los Kimbisa del Santo Cristo del Buen Viaje— el Mayombero se vale de siete pequeñas conchas de mar, siete nada más.

"Los congos usaban los caracoles para adorno y en sus playas había muchos. Los caracoles más bonitos eran del Congo, de Luanda, y servían de dinero, como en tierra lucumí. Los legítimos dueños del caracol para adivinar son los lucumí: de los *Bafumbas* —congos— es el *vititi mensu* y de los *Pángue* —lucumís—, el Dilogún".[116]

El Palero o Patiganga echa mano solamente de las conchas, que Ta Kuilo llama *Bonantoto*, para interrogar a la Nganga, cuando quiere ahorrar pólvora. Responden sí o no a sus preguntas. "Muchas veces", me explican, "si andamos cortos de fula, nos arreglamos para saber lo que quiere la Nganga o lo que nos interesa a nosotros averiguar. Pongo por caso. De repente, para un negocio tengo que salir de La Habana. Necesito saber si me irá bien o mal en el viaje. Revuelvo, tiro las conchas al suelo y pregunto: Vamo a vé Manita lo que usté me dice. ¿Hay peligro para mí? Cayeron tres boca arriba y cuatro boca abajo. Eso me está diciendo: bien; que me largue tranquilo. Si hubiesen caído cinco boca abajo y dos boca arriba: malo. Mucho ojo. Puede suceder también que llegue una persona que quiere saber algo y el Mayordomo no quiere gastar su fula. Pregunta con las conchas: caen tres boca arriba, cuatro boca abajo... Dicen que esa

159

persona está bien de salud, lo mismo que su familia. ¡Ah! pero si caen dos conchas boca abajo y cinco boca arriba, lo que ella viene buscando no es remedio para la salud, ni cosa para conseguir trabajo, ¡es brujería Karakambuta, lo que quiere! *nkangar* —amarrar— o salar a alguien".

El odio, la envidia y el deseo carnal hacen el capital del brujo. La envidia sobre todo, decía Bamboché lapidariamente, es la madre de la brujería mala. "De este modo se pregunta, tal cosa sí, tal cosa no, y se vuelve a preguntar con las siete conchas, hasta que todo se averigua".

Estas conchas, que no son los pequeños cauris del Meridilogún, cubren con frecuencia los montoncillos de pólvora que dispone en el suelo el Mayombero. Con el mismo lenguaje de afirmativas y negativas, al explotar la pólvora, según el número de los que estallan y la posición en que caen, obtiene respuestas de los espíritus.

Otras veces se cubre la pólvora con pequeñas tazas de loza, latas vacías de leche condensada y tapas de botellas.

Está dicho que la vista para adivinar no se confiere al que no está iniciado, y es parte, complemento de la iniciación, de la *Kimba* o *Kimbo*, como la llamaba uno de los Herrera.

No me fue posible presenciar una iniciación en el *Nso Nganga*, aunque sí, en calidad de visitante gracias al Palero C.H., asistí a un *Tala Nkisi*, "un juego", en el que se libró a una joven de las malas influencias que la atormentaban a todas horas, colocándola en un cerco de pólvora. Sólo puedo ofrecer a la curiosidad del lector la descripción hecha por un Vriyumba setentón y la de un ahijado de Andrés Congo, que no se alejan demasiado de las que debo a mis otros ancianos informantes, que aparecen en "El Monte".[117]

"El que se raya muere, se va a *Kunanfinda*, está en el mundo de los muertos y con los muertos mientras dura su juramentación. Ese hombre que juró Nganga, o esa mujer, cerró un pacto con los muertos".

"Para ser dueño de una Nganga se le prepara el cuerpo al *moana* en casa del Padrino, dándole siete baños de agua hervida con palos; por ejemplo de yara, guara, rompezaragüey, y se le hace tragar en cada baño tres buches de esa misma agua para que también se limpie por dentro. No se le seca el cuerpo con trapo o toalla. Lo seca el aire. Hay Padre que le venda los ojos al ahijado para bañarlo; hay quien no se los venda, como los Kimbisa, del Santo Cristo del Buen Viaje. Y hay quien le manda que se dé esos baños en su casa. Los palos deben hervirse en una lata nueva y del fogón en que se hierve esa agua no puede cogerse ni una brasa, ni encenderse un cigarro, y la ceniza o el carbón que quede en éste se apagará con agua. Hora indicada de bañarse: las doce del día. Si la Nganga lo ha ordenado, se le pasa —o él mismo se pasa— un pollo negro por el cuerpo, que después se echará en el cementerio o al pie de una ceiba. Tiene que dormir siete noches en casa del *Nkai*, solo, junto a la Nganga. Mientras tanto cría un gallo que no sea blanco ni jabado; su color será el del gallo que acostumbre dársele a la Nganga, pues no todas comen lo mismo. Y compra una navaja de cabo blanco y un paquete de velas.

Después de esos siete días "jura Nganga" —se le consagra.

"Al cumplirse el plazo de las noches que tenía que dormir pegado al caldero, el Padre Nganga, el Mayordomo y la Madrina se reúnen: me quitaron la camiseta, me pusieron una gorra negra sin visera, atravesada por dos tiras coloradas formando una cruz. Esta ceremonia nadie la presencia. Estábamos solos los cuatro. El Mayombero me pintó con yeso siete cruces: una arriba de cada tetilla, otra en la frente, a ambos lados de la espalda y atrás, sobre el hueso del pescuezo, y otra chiquita que antes se hacía en la coronilla. Total siete. En mi *Nso* no marcaban en la lengua como los lucumí, ni en los brazos. Sobre esas cruces se derrama esperma de vela. La Mama Yari Yari, la Madrina, con una vela encendida se colocó detrás de mí, y el Mayordomo delante, con otra vela. El Padre cogió la navaja y sobre las cruces pintadas con yeso me cortó la piel. Cantaron:

> *Mbele Nganga vamo cóta*
> *Mbele Nganga ndale que cóta*
> *Vamo ya ete Mbele Nganga*
> *Manito vamo a cotá...*

La sangre de los cortes se le da a la Nganga. Las heridas se restriegan con una piedra o con un *Mpaka*. Me acostaron entre cuatro velas y levantaron el canto:

> *E Nganga ya pa ti Moana con Insambi*
> *Hueso cambia, no hay agravio,*

quieren decir que ya yo soy de la Nganga, que cambié de vida; soy un hombre nuevo, un espíritu más. Le arrancan la cabeza al gallo y la Nganga recibe la sangre —*Menga*—; le sacan el corazón y lo parten en cuatro pedazos. Un cachito para el Padrino, otro para la Madrina, otro para el Mayordomo y otro para mí. Se tragan siete granos de pimienta con un buche de vino y otro de aguardiente. El mambo dice así:

> *En tó una lengua na má*
> *Yo só marina di nganga*
> *Mayordomo di nganga*

161

Tó una lengua na má
Hijo di Nganga...

Los cuatro, Padrino, Mayordomo, Madrina y yo, somos uno: catro pedacitos de corazón, pero un solo corazón. A la vez, ese pedacito de corazón que usted se traga es un resguardo para defender su estómago, toda su gandinga, de brujería. No habrá *Ndiambo* que le entre, y si entra, usted inmediatamente devuelve el bilongo. Bueno, ya me juraron. El Padre pide protección para su ahijado:

> *Los que mueren no vuelven más*
> *Hueso cambió y no hay agravio.*
>
> *Los hombres tienen palabra*
> *Las mujeres mueren con sus pechos y sus sayas*
> *Buey muere con sus tarros*
> *Caballo con sus cascos*
> *Perro con sus dientes*
> *Agongorotí, cá uno con lo suyo.*

Si la que va a jurar es mujer, se le corta un pedazo del refajo o del camisón. Si es hombre, del calzoncillo. O no se corta nada y se llevan enteros el refajo o el calzoncillo, el túnico o el traje al cementerio y se tienen enterrados allí siete o veintiún días".

El que continúa la tradición de Andrés Congo, añade por su parte: "Hasta que no se pone la ropa que tiene enterrada cerca de la fosa de un muerto en Quinto Piso,[118] no se le presenta a la Nganga. Entonces llaman al Muerto. El espíritu viene, lo agarra, lo tumba... ya ese hombre o esa mujer cambió de vida. El espíritu estará con él, sí, siete días. Hay que cuidar ese cuerpo hasta que le retiren el *Nfumbi* —espíritu. Luego vendrá cada vez que lo llamen". El día de la presentación del *moana* pueden visitarlo en el templo sus parientes y amigos.

Como en el Kariocha o Asiento en la Regla lucumí, el *Muana*, futuro *muana Ntu* Nganga, pasa determinado número de días aislado en el *Nso Nganga* antes de "darle su cabeza a la Nganga", y después, hasta que recobre su pleno conocimiento.

Tengamos en cuenta que pasó de la vida a la muerte, y que de la muerte vuelve a la vida. Así regenerado... *Kuenda kuako*, se va, torna a su vida normal, a sus ocupaciones, dejando en la Nganga su sangre y un mechón de pelo: su cabeza. Con esto la Nganga se lo apropia, y como hace con todos sus hijos, si peca lo castigará, lo protegerá si se conduce como un hombre responsable.

Algunos juramentos tienen lugar en el monte, bajo la ceiba, árbol sacratísimo —Mama *Ungunda, Musina Nsambia*; "pero en La Habana es más difícil hacer las cosas como nosotros aquí en el campo", donde los ritos pueden desarrollarse al aire libre, en pleno monte.

De su juramento en el monte, a la sombra de una "ceiba joven", nos confió un viejo matancero su terrible e inolvidable experiencia interior. "Me pusieron en las manos la *Kisénguere*. Sentí un corrientazo en todo el cuerpo. ¡Fue la cosa más grande del mundo! Mi cabeza se hizo enorme, se me salió del pecho el corazón y no le sé decir*lo que vi. Eran cosas inmensas, extrañas. El espíritu me dio tres empujones contra la ceiba que no los pude aguantar, quedé sin conocimiento. Perdí el oído. Veía que movían unas maracas alrededor mío. Los dedos gordos de las manos y de los pies me echaban candela. Me aprietan la frente; el espíritu quiere cerrarme los ojos. Luchando los abro; cuando el espíritu se convenció que no podía acabar conmigo a lo guapo —me probó—, me mandó un sueño... Cerré entonces los ojos, ¡y luego no podía abrirlos! Pero oía... Empecé a recobrar conciencia, a conocer; volví a .este mundo. Vi a una muchacha que era Caballo de Centella, y se pegó a mí, espalda con espalda".

Este viejo que fue un gran "caballo" o "perro" de Nganga, cuando lo conocí tenía que darle de comer a su cabeza, que se le había debilitado.

"Cuando la cabeza de un *Ngombe* está debilitada, el muerto la ha cansado mucho, hay que fortalecerla. Se hace polvo el cráneo de un chivo que se le da a la Nganga, y se deja secar. Se lava la cabeza —*ntu*— del *muana*; se le traza con cascarilla la firma de su Nganga, y a la hora de dormir se le untan los polvos del cráneo del chivo mojados con vino seco, como si fuese un ungüento, y se le cubre la cabeza con un pañuelo del color de su Nganga. Por la mañana temprano, a sol fresco, vienen el Padrino y el Mayordomo con una vela, agua de coco, vino seco y más cascarilla. Traen un huevo. Se le quita el pañuelo con el masacote que tiene pegado. Le rompen el huevo en la cabeza y se la lavan después con agua de coco. Vuelven a cubrirlo con un pañuelo blanco, y durante tres días queda encerrado en el *Nso*, pues no debe darle ni un rayo de sol. Para botar el agua y los polvos que se han utilizado hay que mandar a un perro cargado y pagarle el derecho. Ese mandadero va al monte y allí lo deposita todo".

Si la cabeza "decaída" es la de un *Ngombe* de Tata *Funde*, se le ofrece gallina, si de *Nsasi* o *Bakuende*, gallo.

Por último, copiamos esta otra versión de una iniciación en Mayombe. "El Padre dibuja en el suelo la firma de su Nganga. Si hay más Padres presentes dibuja también las suyas y quema fula. El *Nfambi*", —otro nombre que se da al neófito— "ya tiene hechas las cruces en la frente, en los brazos, en el pecho, en la espalda y en los pies que le ha dibujado con

163

pemba el Mayordomo y que después le rocía con aguardiente. Lo arrodillan frente a la Nganga Mayor. La Madre, con la mano izquierda sostiene un plato con una vela encendida y con la derecha un gallo. El Padre Nganga empuña la navaja y dice: *Moana Nganga Mbele Jurankisi*, y empieza a cortar las cruces en la carne del *moana*. Esto es lo que llamamos rayar, ¡y hay Padre que zanja hondo! Mientras corta canta:

> *Mbele gán gán cóta que cóta*

y el Mayordomo y la Madrina contestan los rezos:

> *Sambia arriba Sambia abajo*
> *Licencia Sambi Awere sorinda*
> *Sorinda awere licencia Sambie*
> *Tata Legua dio licencia*
> *Pa jurá nkisa, pa jurá mpembe*
> *juran kisi malongo. Sambi me dio licencia.*

Estos rezos, los *mambi* o *mambo* no se cantan alto, se susurran".

En efecto, me insiste uno de mis viejos, "mambo no chilla. Si aquí yo ñama, allí lo Finda cucha". (Y cada espíritu tiene el suyo.)

"El Padrino saluda a los *Punguele*. En el *Nkiso* hay una piedra —un *matari*— y viene Santo", es decir, en la piedra que se incluye en el recipiente, *Nkisi*, con los huesos, las tierras y los trozos de palos, se ha fijado un espíritu, un *Nkita* o *Mpungu* marino, fluvial o terrestre.

A un *Matari*, a *Fumandanda Kimpeso* vendrá un Mpungu, una fuerza equivalente a la diosa lucumí Oba, catolizada Santa Rita. En otra se instalará el viejo Tata Funde o Tondá, que se equipara a Orula, el dios de la adivinación lucumí y a nuestro San Francisco. O la gran Mama Lola. "¡Yolá!", rectifica con énfasis un centenario, "¡Yolá! ¡Carajo! la Virgen, Mama Sambia, Mima Madre de Dió. Yolá Virgen María Santísimo, Ngana María. Lo primero que va mentá un cazuelero".

"*Cheche Wanga furibí mutambo*, es otro Mpungu de Vrillumba, y con ella no se puede matar a nadie y se podría matar mucha gente. O Mamá *Kalunga*, la mar". Este es el nombre en congo, como sabemos, de la Virgen de Regla, de Yemayá.

Pero continuemos: "el Padre saluda a los *Mpungu*:

> *Buena noche Mama Lola*
> *Buena noche Siete Rayos*
> *Buena noche Choya Wéngue*

Buena noche Mama Kalunga
Buena noche Tata Wane
Buena noche tó lo Nfumbi.

Saluda a los *Nkulu*, a los *bambuta*, antepasados africanos, a sus padres (si han muerto), a sus padrinos, a los que pertenecieron al mismo Fundamento. Los Muertos vienen a todas las ceremonias, ayudan. Ya le he dicho, todo en Mayombe es asunto de muerto, trato con muerto, está uno siempre entre ellos. No se olvida un solo sacramento difunto del Ngangulero y del que se está rayando. Los rezos y los mambos siguen hasta que de pronto el Padre dice: ¡Gó! Gó significa que se haga silencio. Es una tregua. Gó para interrumpir el canto, y después de esa pausa repite tres veces:

Mambé mambé mambé

Los vasallos —el coro—, contesta:

Dió, Dió, Dió.

Todo ese tiempo el Mayordomo aguanta la Prenda en alto, sobre la cabeza del *fambie*. Si el *insongo*, el espíritu lo coge en ese momento, si cae simbao,[119] hay que sujetarlo, hay que contener al espíritu hasta que termine la ceremonia. Cuando se aparta la Nganga de la cabeza del que está jurando, se vuelve a colocar en su lugar. Entonces acuestan al *Fambie* frente a ella, y el Mayordomo le da a la Nganga la sangre del gallo. Si el espíritu no lo ha montado, el mismo hijo, en su conocimiento, aguanta el gallo para que el Mayordomo le arranque la cabeza, pues es siempre el Mayordomo el que mata y el que derrama la *menga* en la Prenda, no el que jura o el que ofrece un gallo. Cuando la Nganga ha bebido la sangre, se le explica por qué motivos se jura ese individuo. El Padre, y si no un vasallo, cae, y la Nganga habla".

Cuando ese *moana* ya tenga su propia Prenda y a su vez pueda decirle:

Tumbanguero vamo a talá Tumbanguero,

ayudará al Padrino. Suponiendo, como ocurre muchas veces, que éste sostiene una guerra con otro Mayombero que ha dicho:

Tángala, tángala mitángala
Ahora sí yo te va jodé
Tángala, tángala, mitángala

165

y algunas de sus operaciones mágicas, "trabajos", no le dan el resultado que esperaba y ya no puede más, como apuntamos anteriormente, el espíritu que sirve al ahijado, invocado por éste, se presenta, actúa y obtiene lo que aquel deseaba.

> *"Tu Cheché Wánga*
> *pierde camino*
> *¡Oh mi amito!*

(le dice el espíritu al Taita).

> *Yo van ganá male kindembo*
> *Ya yón gará male*
> *Kindembo tata*
> *Con jara malé".*

Sin duda, el cargo más delicado, se nos repetía, el de mayor responsabilidad en el Nso Nganga, es el de Mayordomo —*Gando muelando*—, ayudante del Padre, quien por lo general se limita a dirigir, "y trabaja materialmente menos que su Mayordomo". Es éste quien cuida de los "perros", *nweyes*,[120] *pakisiame, ngombes* o *yimbi* de los *bakuyula ngangas* —mediums.

"Anda continuamente ocupándose del muerto. Dondequiera que va un criado montado el Mayordomo tiene que seguirlo".

"El responsable de lo que suceda, la garantía de la Nganga, la confianza del Padre, es el *Wawankisa*, el Mayordomo".

Si el Padre le ordena al *fumbi* que tome posesión de un *Nweye*, que baje al fondo de un pozo o se lance a un río, o lo envía al cementerio o al monte, allá va detrás el Mayordomo para cuidarlo.

> *"Kisinguere, vamo fondo la má bucá arena"*

y el Ngombe responde:

> *Envaya fin fin fin del mundo*
> *L'amo me manda la fin del mundo*
> *Amo me manda, yo voy*
> *Si Ndoki vuela yo vuela con Ndoki*
> *Si él entra la finda, yo entra la finda*
> *L'amo me manda, yo buca ndiambo".*

Y el Mayordomo, siempre vigilante en pos del medium encargado de realizar alguna misión delicada, irá hasta la fin, fin, fin del mundo. Naturalmente, "la Nganga se compenetra tanto con el Mayordomo que lo quiere más que al Padre. El es quien se encarga de todo; la atiende, le da de comer, está siempre al tanto de lo que se le ofrece. Primero se revira una Nganga contra el Padre que contra el Mayordomo".

Cuantas veces, en un juego, apenas el Ngangulero ha llamado al espíritu:

> *Tanga Yalende wisinkángala*
> *Pata purí, diambo*
> *Kasimbiriko yo tengo nguerra*
> *Yo te ñama, vititingo ven acá*

y éste acude, "monta" invisible, a horcajadas en la espalda de un criado,

> *Bengaraké mambo*
> *Ya panguiamé,*

o el mismo Padre responde y entre ambos se entablan largos diálogos cantados en el lenguaje metafórico y zombón que emplean el espíritu y el brujo, y corean los vasallos:

> *¿Quién ñama yo? ¿Quién ñama yo?*
> *Si tu me ñama mi amo*
> *Yo sube la loma llorando*
> *Yo taba la ceiba ¿eh? mi amo*
> *¿Po qué tu ñama Tengue malo?*
> *¿Po qué tu ñama amito mío?*
> *Yo taba la casa grande.*
> *¿Po qué tu ñama lo Palo Monte?*
> *Yo taba la ceja monte*
> *¿Po qué tu ñama Tengue malo?*
> *¿Po qué ñama dorina?*
> *Yo taba la loma llorando,*
> *Sobre la loma mi pena llorando*
> *Yo sube llorando la loma,*
> *Yo pasa mi pena solito*
> *Llorando mi pena en la finda*
> *¿L'amo po qué tu ñama?*

Si el Mayordomo no está presente, el espíritu lo reclama con tal insistencia que es imposible hacerle obedecer hasta que aquel se presenta y él lo ve. La

Madrina, casi siempre una hija de Mama Choya (catolizada la Caridad del Cobre), comparte con el Mayordomo el amor de la Nganga, y si éste al manifestarse no la encuentra en el Nso, exige que la llamen:

> *¡Eh! Kengue Màyordomito mío*
> *¿Dónde está mi Madrina?*
> *Mi suamito*
> *Siñó...*
> *¿Dónde está mi Madrina?*
> *¿Mi Madrina dónde está?*
> *Suamito mío, mi Madrina...*

y no quedará más remedio que ir a buscarla, no importa en qué lugar se encuentre.

"Es muy raro", opina F.P. "que una Nganga le haga daño a la Madrina y al Mayordomo. Primero se lo haría al Padre. Son ellos como los niñeros de una Prenda. Y la Nganga se engríe, se vuelve ñoña como un niño".

Esta Madrina principal de Palo, que el espíritu llama Amita y reina mía, "son rayadas", y tienen que empuñar la *Warina* o *Kisenguere,* "el hueso cargado para recibir la influencia del espíritu. Este las sacude, pero impide que caigan en trance. Nada más que las irradia".

"El Mayombero le pide la bendición. Si la Madrina ve algo que no está bien, lo advierte. Se las respeta mucho. Si un perro se queda privado, en cuanto ella lo llama, el espíritu le contesta y la obedece".

"Cuando el Ngombe está privado de conocimiento y mudo, para que hable, le suplican: Furiri furi mutambo füiri kimbín kimbín taté taté mamé mamé matunga matunga yo levanta Lucaya ¿kéeé? Moambo nsike diamá toko yo karaba barure kimoana moanantoto mukongo dirilanga".

Algunos criados de Nganga tienen que ser protegidos por los que saben defenderlos. Sobre todo cuando son poseídos por Siete Rayos ha de cuidarlos algún mpangui competente de la Regla que despida a esta fuerza sin dar lugar a que maltrate al medium.

"Se despide a Siete Rayos dándole unos golpes en la espalda, como a Ogún en el ilé Oricha".

"La Madrina[121] tiene mucho mando en la casa Nganga". Tiene derecho, por ejemplo, a tocar el cuerpo del Ngombe, que es sagrado y tabú mientras lo posee un espíritu. Nadie debe atreverse a tocarlo, y una mujer mucho menos. "Si la Madrina no quiere que el Fumbi hable con alguno de los que están en el juego, que no conteste a ninguna pregunta, le hace una cruz con yeso atrás, en el huesito del pescuezo, y ya se queda mudo. No, sin Madrina y Mayordomo no se puede jugar".

O le dice: Tapa cari Ndundu malo, tapa cari; porque el *Fumbi* jamás se dirige directamente a un consultante, habla por boca del *Mpati Nganga*, del dueño de la Nganga, si está montado, y sus preguntas y respuestas las trasmite siempre la Madrina. Muy a menudo el muerto sólo habla con ella. "Lo llaman:

> *Tapa cari pa montá Mundo ven acá*
> *Tapa cari Centella wiri mambo*
> *Ndundu ven acá*

y el *Fumbi* responde que no escucha ni habla más que con su Madrina:

> *Marinita mía*
> *Yo cucha mambo*
> *Ya yengó Marinita mía*
> *Ya yo wiri mambo".*

Cualquier Ngombe o perro de Nganga "bien preparado y con vista", cumple en su Nso Nganga la espinosa función de Mandadero. Durante el trance, poseído por el *yimbi*, sale del templo a cumplir una misión. Va a enterrar un bilongo, un maleficio, a lanzar unos polvos, un huevo maléfico, "a matar o a curar". A llevar o a traer; va al cementerio, al monte, al río o a la loma. Se le despide quemando pólvora y se le canta:

> *"Ata tu ñaré tuñanrongué*
> *Ogué ogué ¡Guío!"*

El Mayordomo, que lo acompaña, lleva una botella de *kimbisa* o chamba para darle a beber en el camino o cuando sea oportuno. El *yimbi* lleva un Mpaka y un manojo de grama en la mano.

"Cuando el Mayordomo manda a un perro a hacer un trabajo, los que quedan en la casa, el Padre, la Madrina y los hijos que estén allí, cantan todo el tiempo que esté afuera y no cesan hasta que no vuelve:[122]

> *El jíbaro fue al monte*
> *¡Eh! ¿Cuándo viene?*
> *Jíbaro fue al monte*
> *Mayombe bueno fue Guiné*
> *¿Cuándo viene?*
> *Lucero Mundo ¿cuándo viene?*
> *Fue al monte*

Sauranboya
¿Cuándo viene Mayombe bueno?
Tenga cuidado con Siete Rayo
Mayombe bueno ¿cuándo viene?
¿Eh? ¿Cuándo viene?
Mayombe bueno fue Guiné.

"Si se hacía un trabajo muy importante, una *Kimpa*, y se mandaba al *Ngombe* al cementerio:

La Campo Finda
No tiene guardia
Sinindondo Kasímbiko

con autorización de la Prenda, pues es ella quien autoriza y dirige esos trabajos, si tardaba mucho en venir, se miraba en el espejo —*muene*— y cuando se veía que el *Ngombe* estaba privado, en tierra, para levantarlo, se guindaba la cazuela bien alto en la viga del techo. La elevaban cantando, y el criado no tardaba en llegar. Lo atraían con los mambos".

Para que ese mensajero ande ligero, vaya y venga veloz como el viento, se entona un mambo que lo impulsa y lo hace ingrávido.

"Es para que en colaboración con el espíritu de *Mayimbe* y el de *Susundamba* le levanten los pies y trague leguas".

El "mansanero" abre los brazos imitando las alas del pájaro cuando vuela alto y planea.

Con ese mambo camina tan de prisa que si no se ve no se cree:

Saura voyando jú ú ú
Mira ta palo jú ú ú
Nsaura yoyando
Jú ú ú".

Las plumas de ave que contienen cazuelas y calderos le infunden fuerza a los Nganga Ngombos y esa rapidez asombrosa.

Se sabe que los criados o "perros" de Nganga —mediums—, están expuestos a que por el poder de un mambo, el muerto que los posee los mate durante el trance, "se los lleve". Por eso una de las cosas más importantes es saberle hablar a los muertos, entonar el mambo oportuno, entender su lenguaje. "Porque a veces los espíritus se molestan, y en el mismo juego, si no se sabe, matan a uno". El Mayordomo y la Madrina están ahí para calmarlo, si el Padre Nganga está poseído por su *fumbi*. Por ejemplo: "El *fumbi* llega encabronado. Tumbó al Mayordomo, lo dejó en el suelo boca abajo". El medium, hombre o mujer, cae de bruces; permanece tendido de espaldas o de costado, jamás de frente.[123]

"Y el *fumbi* viene cantando este mambo:

> *E é mao mangó. ¡E mañana corobata!*
> *Tu llega día luna, tu viti corobata*
> *Hoy tu tá contento. Mañana va morí*
> *Diablo Kuyere viti colorá*
> *Ya ya yangó tu llega día luna*
> *Hoy tu tá contento, mañana va morí*

Luego, si el *fumbi* pide que se le ponga una vela a los pies, ¡no hacerle caso! Hay que amansarlo. Al cantar ese mambo que es de amenaza, ya se sabe que el muerto quiere matar al Mayordomo. Aunque se emperre y mande que se le encienda la vela al pie del *Ngombe*, el Mayordomo —o el que sepa— desvía la cuestión, se hace el bobo. Le pregunta:

> *¿Kindiambo trae mi Siete Rayo (como se llame)*
> *Kindiambo trae con cabo vela?*
> *Tu Kubulanga con tu suamito*
> *Tumbé tumbé roña Siete Rayo*
> *¿Por qué tu roña?*
> *Si é ndiambo tu avisa tu amo*
> *Si é envidia tu avisa tu amo*
> *Mi Nganga ¿por qué tu roña?*
> *¿Cosa malo arriba lo mundo?*

O...

> *¿Ki moana moana? Ntoto Mukongo*
> *Dirilanga. Yo tonga moana*
> *Buta moana nguei tomboka*
> *Unsulu moka benantoto.*

(¿qué le sucede a mi Siete Rayos? suponiendo que sea Siete Rayos, ¿qué es lo que te propones, por qué rabias? habla, explícate con tu Padre, con tu amo, etc.) Y ahí, *sualo, sualo, malembi, malembi*, lo va calmando, se va enterando qué le pasa al *fumbi*. Si el Mayordomo o si el brujo no supiesen esto y alumbrasen la vela a los pies del *nkombo* que está privado, ese espíritu, con el mambo y la vela, le sacaría la vida del cuerpo. No despertaría más nunca. Se quedaría en Campo Simba. Debo decirle que a veces el

Mayombero se aprovecha y despacha para *Kambonfinda*[124] al que le tenga roña".

Un mambo no sólo hace retornar al espíritu del *Nkombo* que se extravía y lo obliga a reencarnarse en el cuerpo que abandonó, sino que desprende por fuerza y se lleva, "se roba", el alma de quien no tenía la más remota intención de pasar a mejor vida.

"Porque *dilanga*" —la palabra— "manda fuerza".

Esto es, ciertas palabras, como son las de los rezos y oraciones, están cargadas de energía.

"Todos podemos aprovecharnos de ellas para protegernos, para conseguir lo bueno que se quiera o para hacerle daño al prójimo".

Juan Mayumba me define la oración: "Lengua pa hablá con Santo. Lengua para que Santo y mueto oigan en *Sokinakua* y Diablo también".

Todos mis maestros —por "camino lucumí" o por "camino congo"— están convencidos del gran poder de las palabras. Los Mayomberos no pueden dudar de la eficacia de los mambos.

"Analicemos", como decía mi inolvidable y gran Calazán, Bamboché, "¿no se ha visto siempre que el mundo se arregla y se desarregla con palabras? En este mundo el habla lo hace todo. La palabra tiene fuerza. Dios dijo, acuérdese, cuando no había luz y el mundo se llamaba caos: ¡enciéndete luz!, y la luz del mundo se encendió. ¿Por qué cree usted que los negros de nación le cantaban a sus muertos, y los blancos pensaban que porque eran salvajes?"

¿Por qué les cantaban Calazán?

"Para que el difunto, que en su cuerpo no iba a ir en un barco, se fuese a su tierra, en espíritu en el canto, a reunirse con los suyos, allá en Guinea". Y hay noticia, según Ciriaco, que en Cuba, un esclavo que era rey en su tierra, supo por un canto que su mujer, Nabaré, dijo él que se llamaba, había muerto.

"Nabaré había quedado en Africa cuando a él lo cogieron prisionero y lo vendieron. Un día Nabaré se subió a un árbol a comer frutas. Se partió la rama, cayó y murió. Allá se reunieron los brujos, buscaron un pájaro de los que aprenden a hablar, le enseñaron lo que querían que cantase, lo prepararon y lo soltaron...

El pájaro llegó aquí un domingo por la mañana. En su conuco el negro guataqueaba, oyó el canto de un pajarito que se le posó en un cascabellillo que había plantado para curarse una zarna, y entendió que su mujer había muerto. La lloró y le dio la noticia a todos los carabelas. ¡Fue muy triste!"

Sabemos también que "a punta de mambos" se han resucitado muertos. Sobran ejemplos que demuestran la fuerza, el poder de los cantos que dominan, y en ocasiones triunfan de la muerte.

"Cuando Ma Secundina murió", recuerda conmovido J.S., "como ahijada de Nganga, todos la lloramos y le cantamos de corazón:

> *Diablo lleva mi casamiento*
> *Ngavilán lleva sombra la fin del mundo*
> *Allá la ceiba to mundo va*
> *Chico grande to mundo va*
> *Chiquito grande to mundo va*

> *Pobre yimbi dió wá wá*
> *Pobre yimbi dió*
> *Mira yimbi volando...*

Cuando le cantaron:

> *Secundina tiene való*
> *Dale való Secundina, dale való*
> *Tu deja tu Nganga Mayimbe Nkunga*
> *Dale való, való*
> *Secundina való, tiene való*

Y volvió a decirse:

> *Kiangani Watanga Mambo*

contesten el mambo ¡un solo corazón! Su cuerpo se meneó, su ojo empezó a llorar, y Secundina ¡caray! Secundina se enderezó y se sentó en la caja".

Con un mambo muy parecido: Arriba Téngue, Severina tiene való, se lloró a una Madre Nganga, Severina, que no resucitó.

Y L.T.B. también murió una vez. Enviaron a buscar para el velorio a su Madrina Filomena, Madre Nganga. Esta resueltamente se acercó al cadáver: "No hijo, no se va uté. Con el gran podé de Dios yo va jalá uté. ¡Agüeita ahí, cará! Pidió un gallo. Le dio la sangre a su Prenda. Llamó a todos los ahijados. Aquí tó mundo un solo corazón. Y yo, que era el muerto, estirao, bien muerto. Mambo y mambo; cantaron hasta que no podían más. Toda la noche. Canto y más canto. A la madrugada me contaron que yo abrí los ojos. Dijo Filomena: no hay susto. Me dieron la sangre, el corazón y la molleja del gallo, cuando desperté del todo. Filomena me haló. Lo que hizo fue agarrar mi espíritu, me lo trajo, el espíritu tuvo que volver pal cuerpo mío. Y con mambo solo. Porque dicen que allí no se me hizo más que cantar".

173

Gabino presenció algo semejante. Esta vez "la que se había ido era una mujer joven, del barracón, y a las cuatro horas de muerta, un congo real subido con un santo que se llamaba Abri Campo, le devolvió la vida. Era una criolla muy bonita, nieta de un congo portugués, de esos que tocaban botijuelas en sus fiestas, golpeando y soplando por el agujero de la botija".

Lo admirable es revivir sólo por el poder de los mambos. La resurrección de Mabona es más explicable. Aquí jugó la ciencia del Ngangulero, su conocimiento de las virtudes mágicas y medicinales de los árboles.

"¡Niña, si Nsango congo levanta mueto! Yo no tá mirá cuando Cuevita Mabona ¿qué? gonizando no, tába muéto difunto, y dici mi maetro: ese yo resucita. Ahora hijo, hija, nieta, tó mundo tá llorá Mabona, que viró. Yo digo mi maetro: ya no pué curá. Sí, conteta, con gran podé de Dió y Caridad del Cobre. Primo mío Pacuá se monta. Saca canto:

"Yo va vé si yo pué con é
La Virgen del Cobre me acompaña
Santa Bárbara me acompaña
Yo va vé, yo va vé si yo pué con é."

Y va pa llá casa Mabona. El mandó cociná un palo. E buruja Mabona con frazá; é levanta mueta que tome moruro: mete a cantá. ¡Cará! barriga de Mabona hace así, mete un ruido ¡bruburá mbá! cuando esa agua trabajá cayó dientro ¡alabao Santísimo! Yo no sé qué echó ese moréndigo po la boca y po lo culo, que no había allí critiano presente que podía repirá a su lao. Mueto de vedá. Yimbi dijo entonce: Mate gaína. Y arreó mambo: ¿Cómo decía? Yo lo va cantá:

Como siempre Nganga mira María
Cómo gana batalla Nganga María
Cují yaya, gané bandera. ¡Eh! María como siempre gana.

Mi padrino jugó hasta la mañana. Cuando acabó su negocio Mabona taba comiendo caldo".

Que el lector no eche sobre mis hombros todo el peso de esta afirmación: nuestros brujos a veces reviven a los muertos. Personalmente no he asistido a ninguna resurrección y me limito a trasladar al papel lo que me cuentan aquellos a quienes consta que puede ocurrir tal milagro.

De Santa, "la resucitada", se sabía que había muerto de tifus.

"Sí, murió; la dieron por muerta porque se estiró, hizo la mueca, volvió los ojos atrás, se enfrió. Sepa usted que la amortajaron, le encendieron la vela del alma, y fueron a decirle al Padrino que la curaba, que Santa había acabado. El fue corriendo a verla, la familia esperando que llegase la caja, y con la familia ya había amigos avisados de la novedad. Lo primero que hizo el Padrino después de mirarla, fue quitarle el pañuelo y aflojarle la mortaja. Se encerró con la muerta en el cuarto. Vieron por la junta de la puerta que se sentó a su lado con la mano de Santa en la suya. Hablaba bajito, hablaba, hablaba, pero no se entendía lo que decía. Al cabo de una hora o más, llamó a la familia. Vengan, está resucitando, les dijo. Santa suspiró. ¡Ay, estoy muy cansada! Casi no tenía voz.

¿Dónde estuviste?, le preguntó el Bafumo.

—Llegué al cielo, explicó Santa después de un rato, ya con más ánimo. Allí vi a un señor melenudo y patilludo con un montón de llaves en la mano, que asomaba su pelambrera por el postigo de una ventana. Le pedí, por Dios caballero, ábrame la puerta para sentarme porque estoy muy cansada, me duelen tanto los pies que no puedo tenerme.

—No hija, me contestó el hombre, esta puerta ahora no puede abrirse para ti. ¿No oyes que te llaman? Vuélvete a tu casa.

—Sí, oigo... pero es que no puedo más, déjeme aquí, ábrame por favor; no tengo fuerzas para emprender otra caminata. Estoy rendida".

A Santa no le quedó más remedio que irse. Aquel hombre desapareció. Dijo que de regreso trocó el camino. "Fui a dar a España. ¡Cuántas uvas! Allí no vi más que uvas, y de España a mi cama".

El espíritu de Santa, por lo que se desprende de su relato, ya a las puertas del cielo, obligada por los rezos de su Padrino, volvió a alojarse en su cuerpo, que halló todavía insepulto.

Pasada la convalecencia, Santa se casó, y gozaba después de su resurrección de una salud envidiable. No dudo que la conserve todavía.

Pero no se piense que invariablemente el Mayombero o un Ngando tiene que ir en estado de trance, "cargado" o "montado", como dicen corrientemente, acompañado del *Nsualo Mambi Mambi* o Mayordomo, a depositar las morubas —brujerías—, a soplar unos polvos o a recoger lo que se necesita para un *Nsaranda*, un sortilegio o maleficio. Un *makuto*, un resguardo lo protege y le abre el camino. Hay encomiendas que el Mayordomo, confianza del *Nfumo Mbata*, lleva a cabo solo y en toda su conciencia y lucidez.

Al *Nfumo Mbata*, para hacer un buen trabajo de Mayombe cristiano —para bien—, lo veremos atarse un pañuelo blanco a la cabeza. El color de la banda que ciñe su cabeza delata la esencia del hechizo que prepara. Para causar un mal o la muerte: banda negra.

Bilanga son cristiano
Bilanga pañuelo de luto
Bilanga so.

El negro es siempre el color de las Ngangas judías, a las que van los *Ndokis* a arrojar la sangre que chupan. Roja para actuar en los dos campos, para hacer bien o mal. Así cuando el taita "guerrea", va a atacar a un enemigo, canta:

"Yo tengo nguerra
Nganga yo te ñama
Mari Wanga viti colorá
Vititingo ven acá
Nganga vite colorá."

Por fin llega la hora de despedir al *Nfumbi*, que ha cumplido las órdenes del Padre Nganga, "del *Kudiludiá Mundu*", de su amo, que empuña de nuevo la Kisenguere o Aguanta Mano adornada de plumas (*Nkanda*); y entona el mambo correspondiente. Los iniciados —*malembe goganti o Kuano*— en el *Nso Nganga* y los que fueron en busca de un consuelo, a curarse, a "asegurarse", a librarse de un enemigo, le dan la mano uno a uno y abandonan el templo.

Otro de los ritos, este muy solemne, que sólo hemos apuntado y que se practica en el *Nso*, es la comida fúnebre que se ofrece a los manes de los Nganguleros difuntos —los bakula—, y particularmente al *Nkai*, al Padrino fallecido de un Padre Nganga que suele aparecérsele en sueños o por otros medios, le da a conocer su deseo de recibir de él una ofrenda.

"Nadie se ocupa de sus muertos, nadie está tan compenetrado con ellos como los Mayomberos". (Por nuestra cuenta podríamos decir, escuchándolos, que sus muertos están vivos.) A los que cerraron los ojos, —*digasa mensu*— y *Fwá*, murieron, se les ofrece harina de maíz y frijoles negros, o arroz y frijoles acompañados de maní. La harina de maíz y los frijoles han de cocinarse juntos. Esta ofrenda es costeada por todos los hijos del templo y consumida en común.

Se cubre un trozo de pared con un género negro que lleva sobrepuesta en su centro una cruz blanca. Delante se coloca en el suelo, frente a la Nganga, entre cuatro velas encendidas, la cazuela que contiene la comida. Se invoca el espíritu del muerto en la forma acostumbrada, y un parpadeo especial de las velas encendidas —"la llama tiembla, prí, prí, prí, parece que se va a apagar, pero sube, llora, se aviva"— le advierte al Mayombero la presencia del difunto, el momento en que éste viene a recibir el tributo de todos los *moana*. Estos, sentados en el suelo, introducen la mano en la cazuela y se llevan los alimentos a la boca. O provistos de una jícara o de un plato blanco, como en algunos templos, se sirven con cucharas. Al comenzar a comer se canta:

> *Vamo lo convite Sáuro*
> *Vamo a lo convite Saurero*
> *Nvamo lo convite Sáura*
> *¡Dió Mayombero, así vamo Saurero!*
> *¡Dió Saurero! ¡Vamo Saurero!*

(Vamos a comer en un convite de muertos; de auras tiñosas —Sáura— pájaros que identifican con la muerte porque se alimentan de animales putrefactos). Y mientras cantan y dan vueltas en torno a la cazuela, como hacen los ñáñigos, le recuerdan al finado las atenciones y favores que recibió en vida de sus "carabelas", sus compañeros o *mpanga samba*, como decían algunos congos. Los restos de la comida, con los cabos de las velas consumidas, tabaco y una jícara con aguardiente, *malafo*, se lleva al cementerio a la sepultura del desaparecido Padre Nganga. Si se ignora dónde está enterrado, se le deposita la ofrenda en algún lugar donde no haya muchas tumbas, después de llamarlo y dejarle prendidas cuatro velas. O se lleva a un árbol como la ceiba, al que acuden y se congregan muertos y *Mpungus*.

Estas comidas para los Muertos tienen lugar en todas las Reglas. Sobre la importancia de contentarlos ya hemos hablado en otras partes y no vale la pena de insistir.

En cuanto al sacrificio del chivo —Kombo—, que es un sacrificio mayor, como también la comida de los *Nkulu*, antepasados (los Tatawambas, les llamaba una viejita del Perico), deben tener lugar de noche. Jamás antes que el sol se oculte. Si algunos Nganguleros —y lo mismo puede decirse de los Santeros—, apartándose hoy de la regla instituida por los mayores, sacrifican imprudentemente durante las horas de sol ardiente, se exponen a provocar en sus templos algún serio contratiempo. La sangre es demasiado caliente de por sí; si el fuego del sol la recalienta, por su influjo, sin razón aparente, la gente enardecida, arma tragedia. Antaño, pretenden mis viejos, las matanzas se ejecutaban en la frescura de la noche o cuando el día declina y el sol ha perdido su fuerza.

"Pero, en la práctica la Nganga come a cualquier hora, y el gallo se le da cuando conviene", ya se nos ha dicho. La única sangre que puede ser vertida en estos receptáculos sagrados —*Nkisis* y *Ngangas*— es la del gallo, y según la índole o fuerza que contienen, sangre de jicotea, *Malanda* o *Fuko*.

Según varios Tata Loangos, no se acostumbra a sacrificar carnero —meme—, venado —sense—, novillo —gombo—, cerdo —ngulo—. Aunque no siempre es empresa fácil se derrama en el *Nkiso* sangre de gavilán —wángala—, de caraira —kálele—, de lechuza y de aura tiñosa. Pero la sangre de esta última, verdaderamente "mejor es no dársela porque la gente que va a la Casa Mundo, tendría luego asco en tomar la *kimbisa*". La *kimbisa* o la chamba recordamos, es la bebida ritual que se da a beber a los *moana*, y contiene residuos de la sangre de los sacrificios en el compuesto con aguardiente que se pulveriza sobre la Nganga.

Los gallos, salvo excepciones, no serán blancos ni jabados; ni blanco el chivo, sino negro. Para Mama Lola, una *boumba (Nkita)*, que es muy fina y delicada, son los gallos blancos y los chivos blancos, y también para *Mayimbe Nkimba* y Mama Tengue. Estas, al igual que Mama Lola, en vez de aguardiente beben vino seco. Para ambas hay que añadirle al vino seco una cantidad de canela, y es preciso rociarlas abundantemente con Agua de Florida de Murray.

Otro valioso alimento para algunas Ngangas son las yemas de huevo. Diez y seis yemas batidas con vino seco.

Mariata sólo acepta gallos y chivos negros. Esta es una Nganga que durante los meses de lluvia su dueño se ve obligado a amarrarla fuertemente con pita, porque, nos explica, "es trueno". La piedra que está depositada en el fondo del caldero es de las llamadas de rayo, y lo atrae. "Se pone a llamarlo y él, naturalmente, la va a buscar".

Mama Lola come de todo, lo mismo que *Mayimbe Nkunga*. Saca Empeño, que es "espíritu varón", y Mariata comen gallo negro. Ngola La Habana: "la hicieron los congos. Desembarcaron en La Habana; que fue la primera tierra que pisaron desde que salieron de Africa. De allí los mandaron a los ingenios, y por eso la bautizaron con el nombre de su tierra, *Ngola*, y el de La Habana.

> *Ngola tié tié*
> *Ngola la Bana.*

Come chivo y gallo.   Una prenda muy importante, Luna Nueva, que sólo se alimenta en luna nueva y como todas las de su temple, se construyen en luna nueva, además de gallo y jicotea come jutía de monte. Le gusta la sangre de lechuza y de tiñosa. A una Nganga hermana de Campo Santo, conviene ofrendarle de vez en cuando una iguana brava. "Le encanta. Con un cuchillo se abre a lo largo el cuerpo de la iguana viva y se deja encima del Nkiso". No se les da, por supuesto, del animal que contienen. ("Nganga de gato no come gato, de perro no come perro, de majá no come majá").[125]

Ngangas muy fuertes como Tumbiroña, comen tiñosa, gato y perro. Cuando se embravecen se les calma con huevos batidos.

Por lo regular se descartan de la dieta de las Ngangas las gallinas, los pollos y las palomas. Las palomas...

"Son del Espíritu Santo, ¿y cómo le va a dar paloma a una Nganga cuando el Espíritu Santo no liga con el brujo? ¿Si Obatalá no le consiente a su hijo tener Nganga? El que se rayó en Mayombe y después se asentó en Ocha, todo el mundo sabe que tiene que apartar su Nganga de sus Santos".[126]

Sin embargo, muchas Ngangas comen aves blancas, como Mama Lola y Mama Tengue, ambas de la rama Villumba. Y eso que...

"La Regla conga Vrillumba fue creada por los criollos, cuando los viejos congos los juraron, los reconocieron y contaron con ellos. De ahí que todas sus prendas sean judías (malas). Vrillumba trabaja rapidísimo, no da tiempo a reflexionar. Ataca inmediatamente. No se fabrica en la casa, y lo que tiene dentro" —de lo que se compone— "es osamenta de suicida, de asesino o de muerto mordido por perro rabioso. Y perro rabioso, araña peluda, lingüeña (que es como le llamaban los congos al camaleón de monte), lechuza ndoki y todo lo malo".

"A algunas Ngangas no se les puede ofrecer ciertos alimentos. A otras, que comen de todo, no se les puede dar ajonjolí". En general el ajonjolí es tabú para el Mayombe. A muchas, cuando piden de comer su dueño les da, además de aves, sapo, majá, alacrán, lagartija, ratón, pues les gusta todos estos animales.

A una Nganga de la que sólo se sirve el Palero para causar daño, Campo Santo Buenas Noches por ejemplo, se le da además de alacrán, araña peluda y otros bichos, culebritas e iguana brava. Esta, que viva, se abre con un cuchillo y se coloca sobre la Prenda, es su comida predilecta.

En la alimentación de la serie interminable de Prendas, *chichiwangas*, *Kiwangas*, y Makutos hallaremos algunos "manjares" tan sorprendentes como las materias que a veces las componen. Sin excluir heces fecales. Por ejemplo, una Mbumba de Makuá, cuenta Ceferino, —los makuá eran silenciosos y muy solemnes en sus juegos, no le cantaban a sus Prendas—, se alimentaba solamente de sangre menstrual de mujer virgen.

"Las Mbumbas de Makuá que vivían cerca del Covadonga, eran hembras. Cuando las majasas[127] están ruines, y son señoritas, salen de sus cuevas a babosearse unas a otras, y con las babazas que destilan en esos chiqueos y la tierra, se forma una piedra que el Tatando o la bruja recogen para fundamentar su Prenda. Esta Mbumba Kuaba es como Yewá, la Santa lucumí. Su dueño no puede tener mujer, ni marido su dueña".

Castro Baró poseía una de esas extrañas Prendas Makuá a las que no se les canta. Para llamar al *Fumbi* tenía que ponerse un carbón encendido en la boca. O en la cabeza. "Se le quemaban las pasas, pero el cuero no. Una vez ardió su bohío. Se le quemaron sus tarecos, todo, menos la Prenda. En el lugar en que estaba no se encontró ni una ceniza".

Otra Wanga Makuá, Guachinango, se nutría con Ungüento de Soldado, que se compraba en las boticas, y... candela. No se le rociaba aguardiente.

El Taita Nganga a su vez se abstiene de comer lo que no come su Nganga. Como al Olocha, a la Iyá y a la Iyawó, también al Ngangulero les están prohibidos ciertos alimentos. El que posee un "gajo" de Siete Campana vira Mundo, no se atreve a comer, por mucho que le guste, plátano indio —*makondo minganga*—, morado o guineo, ni quimbombó —. Las razones son poderosas: los plátanos,[128] sobre todo el indio, espanta a las Ngangas "cristianas", y el Mayombero no lo come "no se le vaya a ir su *Fumbi*", o se ahuyenten sus fuerzas. Así, cuando ha preparado un maleficio que ha surtido tan buen efecto que la víctima ya se encuentra mal, el *Fumbi* comenta y celebra irónico su triunfo con este Mambo:

> *Plátano morá yo no come*
> *Guacate morá yo no come*
> *Ciruela morá yo no come*
> *Mango lele, mango mango lele*
> *Yo no come...*

Tampoco, porque resbala, el brujo viejo come el sabroso e inconsistente quimbombó —*bañé, gondeí*—, mucho menos cuando va a *chalangá*, a hacer un *Nkangue*, porque no tendría firmeza ni solidez su trabajo, no tardaría en aflojarse. "Resbalaría". Si por algún motivo, aquellos que poseídos por la Nganga han sido obligados a comerlo, se tiene el cuidado de advertirles después que se laven la boca con agua y ceniza.

El dueño de la Nganga Campo Santo Medianoche se abstenía de comer quimbombó, aún gustándole mucho, —se desquitaba atracándose de yuca salcochada con maní tostado y pilado, que es un plato típico de los congos— y no podía acercarse ni mucho menos servirse de su Nganga, si en su barrio, no lejos de su casa, había un tendido. La fuerza que actuaba en su cazuela, el espíritu del muerto del que era medium, lo arrastraría al cementerio. Por el mismo motivo, si se ve forzado por razones de parentesco o de amistad a asistir a un entierro, no se expone al peligro de que allí le sorprendan las peligrosas doce horas del día.

180

Claro que hay Ngangas y amuletos que necesitan comer con más frecuencia que otras, como nos señalan por ejemplo, que es menester alimentar bien a Levanta Cuerpo, una fuerza que se lleva y se encierra en un cuernecillo de chivo, talismán precioso e irremplazable para bandoleros, jugadores y políticos. Levanta Cuerpo, que siempre debe llevar su dueño en el bolsillo del pantalón, posee la virtud de moverse y alertarlo en cuanto un peligro lo amenaza. Como ocurre con todos los amuletos que se fabrican para un hombre, Levanta Cuerpo no puede ser tocado por una mujer, y el hombre al tener contacto con alguna, lo apartará de sí prudentemente y lo pondrá en lugar seguro.

El Ngangulero no tiene que cocinar para sus Ngangas y *Nkitas* lo que el Oloricha para sus Orichas. Con aguardiente y gallo tienen de sobra.

En el campo los huesos del gallo del sacrificio habitual se llevan a enterrar muchas veces bajo una ceiba.

Las Ngangas no beben agua. Perderían su ímpetu. El agua aplaca, y no le conviene al Mayombero que su Wanga se enfríe, y tampoco es prudente que se la acostumbre a recibir mucha sangre. A las que son judías ha de tenérselas muy apartadas y debajo de un matojo, nunca dentro de la casa.[129] No pueden acercársele las mujeres y menos los niños. Tampoco hay que hablarles mucho. Cuando un brujo las necesita va donde están y le dice: que fulano reviente dentro de tantos días. Fija la fecha de su muerte. ¡Te lo entrego! Es tuyo, acaba pronto con él. Le echa alcohol, le prende fuego para que el espíritu, furioso, vaya a hacer el daño que le ordena.

"Son traicioneras. Más susceptibles que los Santos, un día no puede usted darle sangre y le bebe a usted la suya".

– ¿Cómo?

"Pues le sucede a usted algo malo. Se arma a su paso un revolisco, alguien le da a usted una puñalada... o se pierde un tiro y lo mata, lo arrolla un tranvía o una guagua,[130] ¡y así la Nganga se bebió su sangre!"[131]

Hablando en una ocasión con uno de mis viejos del valor de la sangre para mantener el vigor de las Prendas y de sus temperamentos, me dijo:

"A las Ngangas bravas lo que verdaderamente les gusta es la sangre de cristiano..., pero como no se les puede dar se les hace una triquiñuela y tiene que desistir de su antojito".

Se trataba de Prendas judías, en las que ya sabe el lector habitan almas de asesinos, de suicidas —y las más estimables—, las de aquellos que habían muerto en el garrote.

De todos modos, tocábamos un punto que no podía ser entonces aludido sin herir la dignidad y provocar la protesta airada del adepto de una Regla africana, sobre todo del lucumí. ¿Exigían las divinidades y amuletos africanos sacrificios humanos?

Rozar aquel tema era muy delicado, y en mis primeras averiguaciones apenas deslizaba una pregunta sobre los supuestos sacrificios de niños antaño denunciados por la policía y publicados en la prensa, se hacía un silencio que me apresuraba a romper. Al insistir sobre el deseo de las Ngangas judías que exigían *menga* de *muana nene*, cometí más de una vez una falta de tacto imperdonable. Dos o tres viejos interpretaron mi curiosidad como una prueba de que yo participaba de la idea "que tienen los blancos para hacerle daño a los negros y acusarlos de que matan niños arriba de la Nganga o les sacan el corazón para remedio".

El tiempo se ha encargado de desvanecer del todo una creencia calumniosa, hija naturalmente de la ignorancia de los blancos; sin embargo, es indudable que "a las Ngangas malas, malas como aquella Chavandinga que por poco acaba con la dotación de Jorrín, les gustaría un trago de sangre de cristiano", según me refirió aquel viejo.

"Y es verdad que la piden y es verdad que la beben. Pero cuidado... no es que se coge a un individuo como a un gallo, se le corta el pescuezo y se le derrama su sangre al *Nkiso*. El muerto se las arregla para beberse la sangre del Palero del modo que ya le han dicho".

No faltaba quienes creían y metían miedo a los niños con los negros brujos que los robaban para matarlos y comerlos.

El veraz T. me confía, y también Ciriaco, que me previene contra "las Mayomberas judías, porque más duro que los hombres tienen el corazón las mujeres cuando dicen a tenerlo duro", que todo el que maneja una de estas *Wangas* que no se bautizan, no reciben un poco de agua bendita de la Iglesia católica, de *Nso Nsambia*, —*Pangalán Boko*—, del sábado de Gloria o de la primera lluvia de mayo, que las hace cristianas y benéficas, algún día le exigirá al Palero "la sangre de un angelito". Pero aunque el Palero sea un malvado, para evitarse líos con la justicia, si sabe, no se la dará nunca y no habrá peligro. La Nganga jamás llegará a probarla salvo en aquellos casos excepcionales en que los instintos criminales de un sujeto degenerado o de un desequilibrado se compliquen con un fanatismo vesánico.

"Si el Mayordomo judío coge sangre de niño", advierte P.M., "es porque es muy fácil *kwíkirikiá, bondá* (matar) a una criatura indefensa".

Claro que la brujería, como dijo Fernando Ortiz, en su primer libro "Los Negros Brujos", "es magnífico caldo de cultivo para el microbio criminoso".

El mismo criterio, expresado con otras palabras, transparenta en las aclaraciones, juicios y observaciones de muchos de mis iletrados maestros. El temido Ngangulero judío es en el fondo un asesino si al creerse impulsado o dominado por el espíritu diabólico de su *Wanga* —¡tan fácil de engañar!— no reacciona en contra de la posibilidad de sacrificar a un niño.

Si cede es por maldad más que por complacer a la Nganga, por satisfacer sus malos instintos.

Con énfasis Miguel sostiene como Santo Tomás de Aquino, a quien admira mucho porque Miguel es *Kimbisa*, y que por cierto no dudaba de la realidad de la hechicería ni de la intervención directa del Príncipe de las Tinieblas en las obras de nigromante, "que Lungambé, el Diablo, es quien le da fuerza al Mayombero judío y que con su inspiración hace todas sus maldades". Sus Ngangas no pueden empeñarse más que en obras criminales.

"Muchos son brujos, son *Ndokis*, porque son asesinos", nos dijo otro informante.

Pero, ¿qué puede hacer el brujo a quien su Prenda le pide un suplemento de sangre humana?

Al fin lo supimos. Una de las triquiñuelas providenciales para evitar un sacrificio infantil, el ardid más corriente que se emplea con estas Ngangas de *lurián bansa Kadiempembe* (del infierno y del diablo), y dicho sea de paso, con las "mixtas" que también piden la sangre de un niño; y el más expuesto podría ser el mismo hijo del brujo, es el siguiente:

"Si la Nganga le pide a uno su hijo más chiquito, o se encapricha con el *moana luke*, el hijo de su vecino, que viene a la casa (por eso los muchachos no deben andar metiéndose en el cuarto de la Nganga), y cada vez se empeña más y más en que se lo den, cierra usted un trato con ella comprometiéndose usted a complacerla y de su parte la Nganga a complacerlo a usted. Pero eso sí, hay que fijarse muy bien, porque el asunto tiene bemoles si sospecha un pretexto. Usted le dice categóricamente: yo te daré un cristianito, o el niño que quiera, pero antes que vengas a cabeza de *Nkombo* y después que montes, tienes que jurarme como yo te juro, que antes te comerás lo que voy a darte. Con esa promesa ya se embulló. Como usted no le menciona eso que le va a dar primero que el niño, cree que es un gallo o un chivo, o cualquier otra comida, acepta y jura muy contento. Entonces pone usted una lima, una bola de hierro, o un trozo de metal duro arriba del caldero. Ese espíritu, ni nadie, es capaz de comerse una lima o una bola de hierro aunque su montura (medium) tenga los dientes de un *Nsao*.[132] Usted le manda: ¡Cómete eso! Me juraste. ¡Ah! ¿No se lo come? ¡Claro que no! Trato legal. Pues ya el brujo no está obligado a entregarle a su hijo ni al niño del vecino porque el espíritu no ha cumplido el pacto. Si no se comió el hierro, no se puede comer el niño. No hay *bisikanda*".

Tan interesante y utilísima confidencia coincide y nos es confirmada en la siguiente información que obtuvimos de otro Padre Nganga que nos cuenta cómo hacerse de una Nganga judía:

183

"Va al cementerio, a una tumba con un amigo de toda su confianza, cuatro velas, pólvora y una sábana. Allí se tapa con la sábana el que va a hacer la invocación, habla, explica lo que desea y jura acostado en la tierra, boca abajo o boca arriba. Una vez que juró pone sobre una tabla siete pilitas de pólvora para preguntarle al muerto que fue a buscar si está dispuesto a irse con él a su casa; se enciende la pólvora y de barrer con todas es que el muerto contesta que sí, que está de acuerdo. Entonces el hombre se lleva ese espíritu (que habitará en un caldero o en una cazuela). Pone una peseta en el fondo de ésta y tierra de la sepultura en que está enterrado el muerto con que pactó. Con un cuchillo cabiblanco o con una navaja, él y su acompañante se hacen unos cortes en el pecho y en la espalda, y echan la sangre de ambos en la Nganga para que se la beba el muerto. Así es como hace uno mismo su Nganga.

No se debe coger tierra más que de una sepultura —la del "fuá" con que se ha pactado—, para que no haya confusión, porque si hay varios muertos, a lo mejor uno quiere trabajar el otro no, y no se ponen de acuerdo. Este trato se hace sólo con un muerto, y ese muerto es su esclavo; pero así como él acata sus órdenes, usted tendrá que complacerlo cuando le pide o desea algo. Por ejemplo, que le pide un muchacho, un niño que usted tenga. Si esto sucede usted no le puede decir que no, aunque se trate de su hijo. En ese caso busque una lima de acero y dígale: acato tu deseo, pero antes quiero poder partir con mi mano esta lima en menos de cuatro días. Si lo puedo hacer te lo daré, será tuyo. De lo contrario no te lo podrás llevar. Viene el espíritu en la cabeza de su ngombe y como no puede partir la lima, tampoco puede reclamar ni llevarse al muchacho". (De este ngangulero opinaban quienes lo conocían que sabía tanto como aquel otro, Secundino Angarica, que hacía bailar una cazuela en la punta de un cuchillo.)

La explicación anterior del *Nfumo Sanga*, empeñado en que no se confunda el Mayombe cristiano con el judío, no se aleja de las que sobre el mismo tema escabroso me dieron otros Paleros. Impedir, pues, que la Nganga obligue a cometer el infanticidio que se le imputa a los brujos, depende de la astucia que éstos desplieguen.

Uno o dos años antes de abandonar a Cuba, tuve noticias de una Nganga que poseía heredada de sus antecesores africanos, un notable Taita en la dulce provincia de Pinar del Río. No era un malvado aquel hombre, me aseguraron. Su Prenda "no comía", no había que sacrificarle, "alimentarla". Pero cada cincuenta años era necesario ofrendarle la sangre de un niño que no tenía forzosamente que ser blanco. Al contrario, la víctima debía pertenecer a la propia familia del Ngangatare y contar nueve meses de nacido. ¡Y hacía poco que éste, a la cabeza de una larga prole con el

184

consentimiento de todos y por el bien de todos, secretamente le había inmolado un biznieto!

Los negros haitianos por su brujería eran muy temidos en Cuba por el pueblo. En una finca en Camagüey un negro haitiano hará más de tres décadas, le sacrificó dos niños a su Wanga, porque ésta los reclamó para devolverle la salud a algún cliente o familiar de las mismas madres que consintieron en entregarle a sus hijos. Gallito le llamaban a aquel brujo que tenía fascinada a la gente y gozaba de influencia. Fue denunciado a la Gurdia Rural, pero uno de sus negros, por el terror que le infundía Gallito, se declaró culpable y se comprobó la supuesta veracidad de su confesión y el crimen —que no había cometido— desenterrándose donde él indicó, el cadáver de los niños inmolados. A Gallito no le castigó la justicia. Al fervoroso y empavorecido inocente lo condenaron a muerte.

Ciertas Prendas exigen para su composición el sacrificio de una mujer, pero la inmolación de la víctima no se practica en la forma que es lógico suponer: sujetándola el Padre Nganga como si fuese una bestia y cuchillo en mano desangrándola.

"No. Se aprovecha que las mujeres son descuidadas y suelen echar a la basura los trapos mojados con la sangre de sus reglas. Ese trapo con sangre el Mayombero lo recoge y se lava con la Prenda. La Prenda entonces empieza a chuparle la sangre a la mujer hasta que ella se seca y se muere. En pago a esa vida le concede al Gangulero lo que pida. Esta Nganga que se hace sólo con palos malos, con Siete Rayos y Centella —es de camino de Cobayende y Campo Santo—, es muy caprichosa y da dolores de cabeza como cuando se empeña en que la lleven a pasear al cementerio y puede uno tropezarse con el policía o con quien sea que no convenga".

Está claro que esos sacrificios humanos no los realiza físicamente el brujo. Pero se da el caso de que sí lo consiente. O que víctimas de su ligereza al pactar con el muerto, no pueden luego evitarlos.

"P.B. no logró ver crecidos a ninguno de sus hijos. Y no porque fueran *abikús*, espíritus viajeros, que nacen para estar poco tiempo en la tierra y volver a morir. La mujer de P.B. se desesperaba cada vez que se le moría uno, y él no derramaba una lágrima. Sabía que su Prenda —muy fuerte— se los llevaría a todos. Se murmuraba que le había prometido a su *Nkiso*, cuando no los tenía, darle todos los hijos que le nacieran. Así es que la pobre *Nkento* paría para *kumangongo* (el cementerio). Muchos le prometen lo mismo a su Nganga, creyendo que esos ofrecimientos de boquilla se arreglan después. Mas no hay que hacerse ilusiones: aunque el espíritu oscuro del peor *Katukemba* (muerto) es esclavo del Mayombero judío que lo compra en la fosa, un día va y se le revira". "Y lo malo que tienen esos tratos judíos", comenta Basilio, un sepulturero, "es que muchas veces el muerto se cree que está todavía vivo y quiere meterse en todo, y se le pega y se encela tanto del Mayombero que no se le separa un minuto y anda con él pie con pie, y un día lo acaba".

Un *fumbi* de *monganga* (de suicida chino), le tomó ojeriza a la mujer de Jacobino, que jugaba Palo con su dueño y otro negro llamado Pío, compadre de Jacobino. "Aquel muerto aprovechó que no estaba allí el Mayordomo que lo aguantase, simbó[133] a Pío, y montado en él se metió en el bohío donde estaba la negra, que era mamboti (bonita), tendiendo ropa. Abusó de ella, la arrastró después por la tierra, y por poco la deja muerta a mordidas y a puñetazos. ¿Y Pío que culpa tuvo de lo que hizo... si él no era él?"

¡Estas Ngangas judías dan muchas contrariedades!

Sin embargo, otro informante que por culpa de la suya hizo una larga temporada en *Nso-Sarabanda*, la cárcel, nos dijo: "Las Ngangas judías no viven bien en la ciudad. Trabajan mejor en el monte, son de *anabuto*, de campo. Aquí hay muchas iglesias. Tienen que andar esperando la hora oportuna para sorprender a la persona que van a chivar. No pueden oír mentar a Dios; si ven venir otro espíritu cristiano se espantan, se esconden".

En efecto, cuando en un juego de Mayombe judío el espíritu se posesiona de un *Ngombe*, en vez de pronunciar la fórmula ritual: con permiso de *Nsambia Mpungu*, es preciso decir: con permiso de permiso, porque no puede pronunciarse el nombre de Dios.

Una de mis viejas conocidas hija o nieta de lucumí, vio una noche a la salida del puente de la Lisa, en Marianao, una forma extraña semi humana que semejaba a la vez la de un gato con el lomo erizado de púas. Aterrada gritó: ¡Santo Dios de los Ejércitos!, y aquella aparición empequeñeció súbitamente y se alejó arrastrándose veloz, sólo una sombra, por la orilla de la calle. A estas almas de los que en vida fueron delincuentes, almas que antes de venderse al Mayordomo andan al garete (de *yemberengén*), una cruz les causa tal turbación que la presencia en un *Nso* Nganga judío de algún iniciado en Mayombe cristiano o en Regla de Ocha que lleve al cuello un Crucifijo o la medalla de algún Santo, impide que el hechicero realice su trabajo. Se sabe que sólo a ciertas horas y en determinados días —muy propicios son los Viernes Santo— el brujo judío puede hacer sus conjuras y sortilegios, para evitarle a sus *nfumbis* encuentros que entorpecerían su labor o los reducirían a la más absoluta impotencia.

T.M. acompañando a una amiga suya al templo de unos Paleros que no conocía, tuvo que abandonarlo a petición del Mayordomo-Nganga. Naturalmente, el Padre Nganga tenía la frente ceñida con un pañuelo negro. "Estaban quemando *fula* para darle salida al trabajo y la *fula* no estallaba". (Es decir, el *fumbi* no se marchaba a cumplir las órdenes del brujo.) Preocupado preguntó si entre los presentes o afuera de la habitación, se hallaba alguna persona que portase algún resguardo, una medalla, un crucifijo o un escapulario. Ninguno declaró tener consigo un resguardo que contrariase tan vivamente al espíritu de aquella casa, y volvieron a encender la pólvora sin obtener mejor resultado. "Aquello no caminaba". Al fin, M.T. se dio cuenta y declaró que llevaba en la camisa prendida con un alfiler una medalla de San Luis Gonzaga, bendita además por el cura de su parroquia. Se le rogó que se marchase, a lo que ella accedió con muchísimo gusto, pues comprendió que estaba en casa del Diablo, e inmediatamente explotó la pólvora y pudo salir la *kindamba*.

Del mismo modo, en otro juego, la presencia de M., que como buen *Kimbisa* llevaba siempre su crucifijo —su Sambiánpiri—, que al igual que todos los crucifijos de la Regla fundada por Andrés Petit tienen detrás, en el centro de la cruz, una cavidad que se rellena con tierra del Fundamento de la secta, causó un espantoso desconcierto en los *Ngombes*.

"Al entrar yo", dice Miguel, "se arrastraron desesperados por el suelo, aullaban, temblaban y rabiaban reculando".

A estos malos espíritus que no pueden escuchar el nombre de Dios: "no se les chiquea. Se les habla malo, se les maldice".

Nuestro querido Calazán, que contrariaba la voluntad de una de sus Ngangas, —"que no era del todo judía como la otra que tenía en Cidra, en casa de un *Kuamo*"— al preparar unos polvos —*mpolos*— mortales para invalidar a un rival, la maltrataba de obra y de palabra. Es lo que se hace cuando no obedecen. En esa tarea lo sorprendió un compañero, en plena furia increpando al *fuiri* que habitaba en un caldero pesadísimo y empleando el lenguaje menos reverente que pueda imaginarse:

"Hijo de tal, tienes que hacer lo que yo te mande. ¡Tú no puedes más que yo, c.! ¿Cómo? ¿No te gusta el trapo negro, cundango?, pues por eso te tapo con un trapo más negro que el cuero de la puta de la madre que te mal parió, y que nunca supo quién era tu padre. Y ahora en vez de malafo, cabrón, te doy alcohol, y en vez de fula te doy candela para que te quemes, condenado cochino, ¡que *tamburini Ndiambo*! (que te lleve el diablo)".

Calazán derramó media botella de alcohol de quemar y le prendió fuego. Después que ardió un rato todo el oscuro y apretado mazacote de diversas materias depositadas en el caldero, lo cubrió con el género negro que parecía contrariar tanto al espíritu que habitaba allí, y colocó encima una piedra pesada... para aplastarlo.

Supe que así lo tuvo castigado catorce días.

El Mayombero judío no se para en barras cuando su Nganga se niega a obedecerlo. "O se hace la remolona".

Si a pesar de haber respondido por medio de la *fula*, que estaba dispuesta a cumplir cuanto le había ordenado, falta a su promesa, la vuelve de revés, le administra una buena paliza con la escoba de palmiche, y la deja así el tiempo que juzgue conveniente: "hasta que no me cumplas lo que te pedí, ni te pongo boca arriba ni estarás derecha".

Otros Mayomberos las penitencian sumergiéndolas en un río durante siete o veintiún días.

No extrañará, por lo dicho, que sin tomar en cuenta la diferencia que existe entre el Mayombe cristiano y el Mayombe judío, se tenga injustamente en mal concepto, sin distingos, al primero, al continuar en Cuba de la magia de los Congos, y como si no existiera uno solo capaz de ser llamado *Mbundu yelo* (recto, bondadoso), de poseer un *Ntima bunta*, un buen corazón. "Y en Cuba es como era en el Congo. Allí el brujo malo era castigado; el bueno era respetado. Todos lo querían y lo buscaban".

No se olvide que contra lo que entendemos por magia negra, representada por ese brujo que nuestro pueblo llama judío, y más correctamente, *Ndoki*, se levanta el cristiano, el *Moana Sambia Ntu*, que practica la buena magia, la que cura y defiende, respeta a sus muertos y reconoce a *Insambi*, al Creador, por encima de todas las cosas.

Como es debido, de tiempo en tiempo los *Npangue Nkisi*, todo el que se dice *Yákara Moana mpangián lukanba Nfinda ntoto*,[134] le hace fiesta a sus Ngangas e *Nkisos*.

Hemos visto que —"los juramentos, las comidas de muerto son ceremonias serias de rezo y canto nada más".

Tenían gran empeño algunos de mis informantes en subrayar la solemnidad que reina en los ritos de la Regla de Congo. Pero esto no quiere decir que en el *Nso* Nganga esté ausente, ni mucho menos, el baile y la alegría.

"¿Cómo no van a bailar los muertos? Se les hace *Kisonga Kiá Ngola*, su fiesta, y a tocarles tambor para que bailen. Arman la gran *wasángara* los muertos y los *Mpangui sama*".[135]

De esa fiesta, comilona y baile que se celebra —"cuando se puede"— una vez al año para regocijo exclusivo de la Nganga, me hablaba con entusiasmo una antigua esclava en Trinidad.

"La fieta sabroso cuando *údia* —come— Nganga. Ese día son grande, no se *Kudilanga* —se trabaja—. Toca tré tambó, tó carabela y la *Kiyumba* con é baila contento". (Bailan los *Bakalu*, los muertos y los vivos.)

Agüé día tambó
To mundo baila

Lo chiquito y grande
To mundo baila.

J.L. nos cuenta: "Ese día sí que baila el Mayor de la casa, el *Nfumo Nkento*, con todos los ahijados y los otros amigos, parientes por la misma rama de la Nganga, que vienen a celebrarla. El Padre, los otros Taitas, las madrinas, los Mayordomos y los hijos se montan y bailan dentro del cuarto. La gente, los tambores, la Mula, el Cachimbo y la caja están fuera. El Padre Nganga baila con la canilla del muerto —la *Kisengue*— y la grama en la mano, el pañuelo o el gorro puesto porque baila montado por su Nganga. Para que la Nganga nuestra se levante y baile" —es decir, el Mayombero que yace *simbaò* en el suelo— "hay que alabarla, acariciarla, cantarle mucho para convencerla.

¡Ié! ¿po qué po qué María Sukende
no quié bailar?
¿Po qué María Sukende
no quié bailar?
Tu baila poquito María
Tu sabe bailá
Tú menea tu pie poquito
Tú sabe bailá
Tú menea tu cuepo
María Sukende tú sabe bailá
¡Baila bonito María Sukende!

Hasta que no bajaba el sol los Nganguleros no salían a bailar fuera de la casa, en el "chapeao". Nuestra Nganga no bailaba así como así. Unicamente si teníamos alguna guerra entre manos. Cuando ella bailaba se cantaba:

¡Eh! Mariata na má Nguruba na má
¿Cuál Palo baila má que Mariata?

Era para ver quién se atrevía a venir a bailar a nuestro tambor. Un desafío. Estábamos en porfía, a quien tumbaba a quien, y muchas veces, por eso le dábamos a la Nganga esas fiestas, en las que se trataba de cogerle la Prenda al contrario".

"En el ingenio", nos relata por su parte Nino, "cuando se daba fiesta a una Prenda entraban los tambores. Oía usted:

189

¡Lé Nana wé maningalá
Eh nana yo maningalá
Bóngolo kimbóngolo kimbóngolo
Manigalá lé nana yo!

De los ingenios vecinos venían las Cabezas y los ahijados y se les cantaba:

Agüé día tambó tu viene bailá
Va Palo que é curro
To mundo bailá
Agüé día tambó tu viene bailá
Lo grande lo chico
Agüe día tambó to mundo bailá
Tu sé cura Bolondrón[136]
¡To mundo a bailá!
Tú sé cheche la Güira
Tú viene a bailá
Tú sé curro San Lorenzo
¡Ah caramba! y tu viene bailá
Tú sé Palo Jicarita
Viene bailá
Tú sé Palo la Goire
Tú viene bailá
Tó mundo baila, etc. etc.

Los que no tenían la fuerza suficiente no se atrevían a entrar en la casa del contrincante a llevarle la Prenda o un *makuto*. Había que defenderlas. El más guapo, el que tenía un muerto más potente, se metía en el *Nso* y cargaba con ella sin que le pasara nada.

Me acuerdo de Dominga Caballo de Centella, Mayombera brava como un *Ndoki* macho, que llegó a nuestro tambor subida (en trance), con un *Mpaka* en la mano cantando:

Si tu Nganga como yo
Nganga como yo
Nganga la de allí
Baila mi tambó.

Y entonces Dominga Morejón, Siete Rayos, mi *Kuamo* (Padrino) Nganga, le contestó:

190

Grúaté cual Nganga como yo
Grúaté venga cantá aquí".

Aquella Dominga Caballo de Centella era notable, supe por otro conducto. "Sus amarres no se desataban nunca; y trabajaba muy limpio. Cuando el *matoko* (marido), de una comadre suya le tenía medio abandonada, Dominga se lo sujetó de tal manera que el hombre no se separaba de ella. ¿Qué hizo? Muy sencillo; le aconsejó que pusiera en sus orines durante la noche, dos huevos de gallina, se los friera y se los diera a comer".

"Cuando ya el *Mfumbi* se iba a despedir...

¡Ay Cielo! ¡Ay Cielo!
Cielo toca mano con cielo
Que ya me voy, ceja de monte
Cielo toca la mano
Me voy pa la Casa Grande
Mundo se va hata año venidero
Si tú me ñama yo responde
Mundo se va
Se acabó Mayimbe Ngóngo
Mayimbe é diablo s'acabó
Kiaku Kuaku Kiángana Kiángana que Amaniké
Válgame Dió se va Tumberoña
Tiempo cuarema Ngóngoro fue a la Nfinda
S'acabó, yo Kiaku kiá
Me voy pa la loma.

Todos los hijos cogían la Prenda para bailar con ella.

Hasta el año que viene
Yo no juega mi mundo
Kuenda Kokoro
Kuenda Matende
Kuenda kindé
Hasta el año que viene
Yo no juega Mayombe...

Cediendo siempre la palabra a aquellos que ajenos a una desconfianza justificada por la incomprensión o la burla de los blancos, tuvieron la generosidad de exponerme francamente sus ideas, su visión del cosmos, de la vida y de la muerte sin afán de proselitismo, de orientarme por sus religiones inseparables de la magia, les oiremos, para terminar estas notas, evocar a algunos eminentes Padres y Madres Ngangas ya muertos, pero que continuaban protegiéndolos.

Es una constante en la religiosidad del negro cubano, que pudo conservar intacta a pesar de una larga aculturación, a pesar de su integración en la vida del blanco, una devoción a sus muertos —"que nos protegen, que si ofendemos a algún Santo interceden por nosotros"— tan profundamente africana. Sé que hay Mayomberos en el exilio. Muchos. Sólo una vez hablé con uno. Ignoro si en la época en que varios Santeros y Paleros huyeron de Cuba en botes de remo desafiando la muerte y trayendo, los primeros sus piedras sagradas, pudieron los segundos transportar sus Ngangas y Nkisis...

¿Qué hubieran pensado aquí de unos prófugos que cargaban en un saco con una cazuela o un caldero que contenía tierra, huesos humanos, o acaso un cráneo?

Algunos —y sé de un Babalawo— que era en Cuba dueño de Ngangas—, las dejaron allá, al cuidado del *Ntatando* o de la *Nkento Kuakidilamuno*, del Padrino o la Madrina, que no quisieron o no pudieron venir.

Pero una Nganga puede fabricarse en cualquier parte. "Donde quiera que haya árboles, piedras, ríos, muertos y espíritus".

Si no se hereda, si no se recibe, ya se nos ha dicho cómo se compone una Prenda, cómo en un cementerio se hace el Mayombero del espíritu de un hombre o de una mujer difuntos. No repetiremos lo que está detalladamente escrito en mi libro "El Monte".

Pero el pobre Mayombero desterrado no tendrá la suerte aquí en Miami o New York, de aquellos que las obtuvieron de un Taita que muere sin herederos y ese *Fwá* los elige, a veces sin conocerlo. Veamos lo que podía ocurrir en Cuba.

Cuando los *bichilingos* o *vitilingos*, la *soyanga*, los bichos, comienzan a penetrar en gran número en el vara en tierra del viejo mago montuno es para anunciarle su próximo fin. La continua aparición de sabandijas en la morada del Mayombero se interpreta como augurio de su muerte inaplazable. Esto sucede si el espíritu no le previno en sueños que se prepare a partir pues ha terminado su misión en el mundo "y lo esperan sus mayores al otro lado". Soñar con un pariente muerto o con un amigo que nos conduce a un monte, es un aviso que obliga a recapacitar: le recuerda que somos hijos de la tierra, que ya le llegó a ella la hora de cobrar y que debe de empezar los preparativos para el gran viaje.

Sin un Mayordomo que cuidara con él de la Nganga y a su muerte la heredase, sin ahijados ni parientes, ese viejo enterraría su Prenda, como se acostumbraba en tales casos, en una loma a la hora de la oración. Así lo hicieron muchos Nganguleros que murieron sin legar a nadie las fuerzas encerradas en sus Prendas.

"A veces la Prenda que unos días antes de cerrar los ojos entierra el mismo Padre al Ave María o al amanecer, se queda allí enterrada el tiempo que este Padre después de muerto, se le aparece a alguna persona elegida por él y le dice que le da su Prenda, que vaya a buscarla. El individuo que recibe esa comunicación, ya sea un hijo de Santo o hija de Nganga, va con otro que sea Padre a desenterrarla. El muerto dueño del caldero viene a coger su cabeza. Se le reconoce como heredero de esa Nganga y ocupa el lugar del Padre difunto que se manifiesta en él".

"Mi Prenda me la dio en sueños un muerto desconocido para mí", me confiesa Catalino. "Me dijo dónde estaba, me explicó cuándo debía ir a buscarla, porque estaba muy lejos, enterrada en un monte: me dijo que tenía que presentarme, para que me acompañase a levantarla, a un arriero Mayombero, en el pueblo de Alacranes, a quien yo tampoco conocía ¡no lo había visto en mi vida! Yo soñaba, ¡pero todo era tan claro y preciso en el sueño! El negro que me hablaba era un negro retinto, ancho de espaldas, con una cicatriz honda en la frente. Al despertar ¡ay, yo no sabía qué creer de todo aquello! Pero fui en la fecha que el muerto me marcó a Alacranes, a casa del arriero, y todo era verdad. Se lo juro. Allí me picaron (me iniciaron), y fuimos al monte; cavamos y se encontró el *Nkiso* (el caldero), allí donde mismito el muerto me había dicho que estaba".

F. un vecino de Pogolotti, hombre serio, reservado y dotado de una fe envidiable, hubiera podido ser el dueño de una *Wanga* extraordinaria. En una época de su vida buscaba por toda la provincia de Santa Clara a un mulato que lo había ofendido, con el firme propósito de matarlo donde quiera que lo hallase. Atravesando los Topes de Collantes pidió albergue para pasar la noche a un viejo manco y miserable que encontró en aquella desierta serranía habitando un vara en tierra.

Brindó al viejo café, tabaco y otras golosinas que llevaba en su "jolongo". A los claros del alba, el viejo lo despierta, le indica el caldero mágico en un rincón del bohío y le pide que saque de éste lo primero que encuentre. La mano de F. tropezó con un bulto negro, pequeño, y lo tomó. El viejo le ordenó que lo introdujese en un lebrillo que llenó de agua y le dijo: "Pregúntale a eso lo que quieras saber".

El bulto aquel comienza a hincharse y adquirir lentamente la forma de una mano negra. Comprende que esa mano sumergida en el agua es la que le falta al viejo. La mano recobra vida; responde a sus preguntas, afirmativamente, moviendo el índice de arriba abajo, y negativamente cerrando los dedos. No matará al hombre que busca, pero le irá bien, le augura un porvenir tranquilo. Cuando termina el cuestionario la mano tronchada estrecha la suya. La retira del lebrillo y vuelve a colocarla en el caldero.

—Soy solo y dentro de dos años sé que moriré. Yo te dejaría mi *Wanga* si antes vuelves a buscarla, le propuso el viejo manco.

F. no pudo regresar a tiempo a Topes de Collantes.

"Eulogio Miranda, calesero, pasó una temporada castigado en el ingenio. Era *bútua*, congo de corazón. A la puerta del barracón, cuando iba a dormir la negrada, Eulogio veía un negro que nadie veía. Era un *Fuá kafuá* (un aparecido). Cuando cumplió su castigo y volvía a la ciudad, el muerto le dio a *Nkindi*. Así le decía a su resguardo: del tamaño de una peseta tenía el poder de un *Nkisi*. Es decir, que un castigo fue su salvación".

Innumerables son las cazuelas o calderos que, enterradas por sus dueños desde hace mucho tiempo bajo un jagüey u otro "palo fuerte", se ven a ciertas horas caminando por un monte, por un cañaveral, a la salida de un batey o atravesando una calzada, "pues salen de bajo de la tierra a las doce del día y de la noche a pasear un rato o a tomar el fresco".

¿Quién que conozca nuestros campos no ha escuchado a alguien que con la mayor seriedad del mundo le asegura haber visto una cazuela andando por un trillo o una bola de fuego, o que en tal o cual lugar se cruzó con un nuñeco de palo —un *chincherekú* o un *nkondo*–, que siguió de largo mientras él retenía el aliento y fingía la mayor indiferencia? Pues estos encuentros fortuitos no siempre dejan de ofrecer peligro: aunque "sólo dañará" a aquel que le señala el brujo, pero claro que se corre el riesgo de que uno le guste al *chicherekú* y se nos pegue por simpatía, o que como son burlones, se quieran divertir un poquito asustándonos. En general, tranquiliza saber que "las cosas malas" sólo atacan al sujeto contra quien van dirigidas.

La aridez de un terreno, la pérdida de una cosecha, puede atribuirse al entierro de una de estas *Wangas*.

No mucho antes de abandonar a Cuba, en una finca que lindaba con un ingenio matancero, hallaron una cazuela enterrada, que contenía huesos de niño. Cuando los negros eran maltratados sus Prendas enfermaban las tierras. Otros esclavos, más prácticos, no las embrujaban ni aojaban el ganado. En el siglo pasado, para vengarse de un mal amo o del Contramayoral, recurrían al veneno. En el áspero Camagüey, más de una vez toda una familia pereció "dañada" —envenedada.

Nos tomaría mucho espacio reproducir todas las historias que nuestros informantes nos han narrado de aquellos grandes Nganguleros que han

194

dejado un nombre imperecedero en la historia no escrita de Mayombe-Palo Monte.

Del Taita Nganga, Búka o Bafumo, del curandero de Regla conga, vale la pena tratar por separado y así lo haremos si Dios lo permite.

" ¡Aquellos congos", me decía Capetillo, "hoy avergonzarían a los doctores! Hasta curaban la lepra. Sí señor, me consta, yo los vi trabajar; la curaban". En todas partes oímos hablar con admiración del negro brujo congo, que había perdido la cuenta de los años. Cada ahijado teje una leyenda en torno a su *Mambi-Mambi*. Cada hacienda, cada pueblo tuvo su magnífico Ngangulero, compartiendo su prestigio con el Awó y el Olorisha, y sobre ellos se acumulan los milagros que ya, declaran con desaliento, no son capaces de realizar sus sucesores.

"Se acabaron los Cirilo Aldama, aquel que cuando llegaba a alguna fiesta, para identificarse y honrar a su Prenda proclamaba: Yo Cirilo Aldama soy Chakumbe Caracol la Mar Tesia Tesia nunca cae María Ndumbaka Waraki Lánga ke alulendo moana Nkisi. ¡Después de Dios hay que contar conmigo! Y había que contar con él para toda cosa grande".

Entre los nombres de Criados de Prendas, "perros" o "caballos" que citaba Baró, recordemos el de Gando Cueva.

"Gando Cueva", me dice otro mayombero que no conoce a Baró, y que habla siempre con la mayor admiración de los brujos matanceros, "era un esclavo africano. Su dueño era un vasco. Gando Cueva, ¡cará! un brujo como ya no existen. Usté sabe, esto de curar con palos y yerba y de mandar el bilongo y otras tantas cosas, sí se sigue haciendo todos los días; pero hacer lo que aquel negro hacía... ¡eso no! Créamelo. Gando Cueva, cada vez que le daba la gana se volvía invisible. Le advertía a los amigos: a tal hora ve al café y me verás allí desnudo entre la gente. Y efectivamente. Se les aparecía como Adán en el Paraíso y volvía a desaparecer. Figúrese usted aquel negro en cueros ¡y tan negro!, sentado en una mesa entre una señora elegante y un caballero muy serio, o paseándose otras veces por el parque entre los blancos, con las señoritas de buenas familias, en noche de retreta". Hacerse invisible era un arte que conocían muy bien otros brujos. "Como Gando Cueva, hubo uno allá por el 95, también en Matanzas, que le entraba a pedradas a la Guardia Civil. Lo perseguían, pero el negro se escabullía siempre. Apedreó el Cuartel de Bomberos, le dio fuego y huyó sin que nadie lo viese. Cuando se acabó la guerra contra España, él mismo lo contó; comunicó el secreto... y perdió la gracia. Más de cuatro cosas no se saben porque no se cuentan. No se puede. Los secretos se guardan. Lo que se cuenta se pierde". (La indiscreción es el defecto de los criollos.)

"Allá por el 1906 andaba huyendo San Kundiambo, a una legua de Jovellanos en Dos Hermanos. Lo vio la policía y le corrió atrás. Lo perseguían porque había querido ultrajar a una muchacha de rango.

Un mediodía estábamos en casa, en el colgadizo. Frente había un cañaveralito y unos cuantos abrojos y allí apareció San Kindiambo. La guardia le disparó y el negro desapareció. Iba rumbo a la Fermina y la guardia hizo un registro a fondo. ¡Nada! Perdido... Quince días más tarde se dejó ver y volvió a desaparecer. Así San Kundiambo hacía temblar a Jovellanos".

La milagrosa y antigua oración del Justo Juez es muy apreciada por brujos y maleantes, y esto de mostrarse a la policía e inmediatamente desaparecer y librarse de su garra, dicen que lo hacía San Kundiambo por la virtud de la oración. "Pero hay una manera de hacerse invisible. Se ata fuertemente un gato negro. Se mete en una cazuela nueva llena de agua y se pone a hervir. Se tapa muy bien la cazuela porque el gato lucha y quiere huir. A fuerza de hervir, los huesos del gato se desprenden. Se depositan sobre una mesa y delante de uno se coloca un espejo. Se va cogiendo hueso por hueso y se meten entre los dientes hasta que uno de los huesos no se vea en el espejo. Así es como ese hueso hace invisible al que lo posea".

Baltasar Bakú Sarabanda era capaz de enviar los objetos a su destino por los aires. Es ésta otra de las facultades de los brujos.

"Cuando Baltasar Bakú se presentaba en un pueblo todo el mundo se preguntaba qué iría a hacer allí, y corrían a recibirlo. En una ocasión, en Bemba —Jovellanos— a la vista de mucha gente, ese brujo famoso, dueño de un *Ndoki* Infierno, en la estación de ferrocarril, lanzó sobre los raíles el pesado saco de harina que cargaba, y éste, ligero como un papel, desapareció por la vía férrea. "El va donde yo le mande", explicó Baltasar Bakú, "cuando yo llegue me estará esperando. Y así era". Se hacía invisible, y acaso, como otros murumberos ilustres, hubiese podido transformarse en animal, que como hemos apuntado antes, era una gracia que tenían los congos: "mi abuelo nos contaba que allá en su tierra había brujos que se volvían tigres; aquí los brujos judíos se convierten en *mbomas*, en murciélagos, en mariposas negras. Para eso hacían su ceremonia. No se las cuento porque no la sé".

Se recuerda que Andrés Petit tenía un bastón que lo hacía invisible, y hombre blanco hubo y muy gran señor, que sabía también volverse invisible, me ha dicho gente vieja: ¡nada menos que Don Miguel Aldama! Nos decían que los descendientes de Aldama "contaron para todos sus asuntos con la brujería de Guinea".

Nada sabía yo de estas cosas cuando vivía Doña Silvia Alfonso y Aldama, Condesa de Manzzoni, y no pude comunicarle lo que sobre su ilustre y olvidado abuelo se decía —que seguramente ignoraba Domingo del Monte y sabría muy bien su protegido Manzano.

¿De qué medios se vale el brujo para hacerse invisible? "Con palos, plumas de ciertos pájaros y tierra de sepultura". Pero, como siempre, lo más seguro era preguntarle a algún viejo. Calazán me respondió lo siguiente: "si yo le digo a usted la manera verdadera de volverse invisible si usted quisiera hacerse invisible, usted no haría lo que hay que hacer... esto es secreto de callar, y es que yo, con todo mi valor, no me atrevo a hacerlo. Déjelo así. Ya se lo diré otro día".

Después de algunos años obtuve de otro viejo esta aclaración horripilante, quizá la misma que me ocultaba Calazán, "para hacerse invisible hay que procurarse un cadáver. Se le saca la grasa y el agua. Esa agua y esa grasa se la va uno untando bien por todo el cuerpo". Afortunadamente existen otras fórmulas y medios mucho más accesibles.

Cualquier negro viejo podía ser uno de estos brujos extraordinarios: ¿chi lo sá?, el viejo pordiosero o la vieja con quien se tropezaba distraídamente por la calle y que tantas veces se dirigían a un desconocido para revelarle un misterio o facilitarle la solución del problema que le atormentaba o para salvarle la vida sin más ni más. "Vaya derechito al hospital que se le va a salir una tripa", le dice al oído una desconocida a un "placero"[137] en el mercado. No transcurre una semana sin que el hombre sea transportado al hospital y se le opere, en efecto, de una hernia.

Un carpintero con numerosa clientela, muy deseoso de "elevarse" —instruirse—, gran lector de revistas y de cuanto impreso caía en sus manos, me refirió muy en privado lo siguiente: "Me sentía cada día peor. Casi no podía andar. y esto porque lo viví se lo cuento, porque si no seguiría como antes sin creer en la brujería. Desde entonces creo, y ríase de quien le diga que no es verdad la brujería. Yo iba a caballo con la pierna hinchada que nadie podía curarme. ¡Qué dolores! Me pasaba las noches sin dormir, y un negro viejo venía a pie por el camino. Nos cruzamos, y como yo paré el penco, me dice: ¡Eh, tú pisaste cosa mala! Yo iba a seguir de largo, pero díceme: no pierdas tiempo, aquí mismo te quito eso. Yo desesperado de tanta pomada, de tanta receta, le contesté, bueno viejo, cúrame. Pero yo no creía, no sé qué idea me dio a hacerle caso a aquel viejo sucio y ripiado. El viejo sacó una cuchilla del bolsillo del pantalón, y un pañuelo punzó; me agarra la pierna, le habla y con la misma ¡sás! le da un tajo. Sale de la herida un bicharraco como un lagarto, un macao, no sé yo lo que era aquello tan asqueroso, tan feo. Me lo enseñó, y ¡movía las patas! Me puso unas yerbas que cogió allí mismo, sin desinfectar la herida ni nada me amarró el trapo colorado y más nunca, oigalo bien, más nunca volví a sufrir de la pierna. La hinchazón desapareció enseguida y ahora no queda ni la cicatriz. El viejo tenía razón. Pude comprobar quién me había echado la brujería en el taller. El hombre que me embrujó estaba equivocado creyendo que le enamoraba a su mujer".

Lejos de mi ánimo estuvo rechazar la veracidad de esta confidencia. No creo haber herido nunca la dignidad de un palero o de un santero dudando del valor de una *walona* o de un *iche ayé*; de la malignidad de esos bilongos que se preparan con alguna de las innumerables sabandijas pulverizadas que luego recobran su forma en las entrañas de quien las pisa o aspira en el aire, en el humo de un cigarrillo o de un tabaco. Todos surten efecto. Mas la peor de las brujerías, "la de mayor garantía y rapidez", es la que se ingiere disuelta en una bebida, de preferencia en el café: "la del *Ndiambo* que entra por la boca y no da tiempo a defenderse". Entonces, además de la fatal e imponderable influencia que le imparten al brebaje los espíritus que se invocan e intervienen directamente en su elaboración, el bilongo tiene por base muy respetable, la realidad de un veneno. Tales bilongos, en todos los tiempos, han hecho estragos en el pueblo, y en algunas ocasiones han podido introducirse en algún hogar de categoría más elevada.

No se discute, y así me lo ratificaron devotos de la Regla lucumí, que la magia de los congos era la que actuaba más rápidamente, "la que resolvía de hoy para mañana", y que para ganar tiempo, aún ellos mismos, en ocasiones, por "asuntos personales" acudían al Mayombero. No le regateaban a éste su admiración *Omó Orishas* —hijos de Santo— ni los *Moana Nganga* a los Omó Orishas que se distinguían por su capacidad como aquella Iyalocha Bernalda Secades, vecina de la lucumí Makoi, de la que me cuenta un Padre Nganga:

"Bernalda tenía fiesta abierta con gente de Unión de Reyes. Llovía, ¡y mire si aquellos viejos eran fuertes, congos o lucumís! La lluvia se convirtió en diluvio y no le iba a estropear su fiesta. Salió a la calle con un plato blanco en la cabeza y dijo: si de vedá vedá yo soy Bernalda Secades y mi *Ocha* es bueno, Olodumare, agua no va a pasá. Llegó con su plato hasta la calle Real y no llovió más todo el tiempo que duró la fiesta". ("Mayombero y Ocha se aprecian".) El poder de una Santera revaliza con el de una Mayombera. Por eso la kiyumba cráneo —de mujer— es muy apreciado. Se recuerda la de Siete Sayas de Mariana Sotomayor, de Lucerito y tantas otras... En concepto de muchos, los congos, y en la actualidad sus descendientes, sobresalen en la preparación de maleficios que se realizan por medio de polvos —*malembo mpolo*— y de huevos de mayimbe, de caimán y de gallina de Guinea, pero cualquiera le sirve.

Son infalibles para los fines perversos del brujo como es sabido, los que ponen las gallinas en Viernes Santo. Se sumergen en vinagre con pimienta de guinea, se vacían, se les mete dentro el nombre de quien es objeto del maleficio y se entierran en el cementerio. Allí se les tiene tres días. Se forran con una tela negra cosiéndolos sólidamente. El espíritu, al mandar del brujo, pide los huevos y una vela. La vela se le pega con esperma en la cabeza al *Ngombe*, y cuando el espíritu se marcha, la vela se corta por la mitad con un cuchillo. El Mayombero va de noche a una encrucijada y allí dice: Conforme yo rompo este huevo destrozo a X y rompe los huevos y la vela. A las veinticuatro horas el maleficio surte efecto. El cliente vuelve a casa del Mayombero:

Ahí tá cosa mbrumá tá
que cosa mbrumá tá

y le ofrece un gallo a la Nganga. Unos huevos se arrojan en las puertas, otros en las esquinas y encrucijadas. Se preparan de tantas maneras... Unos se "cargan" con polvos de tierra del cementerio, pluma de aura, carcoma, comején, panal de avispa, Madre de hormigas bravas, polvo de la falange de un esqueleto, de una *kongoma* (hueso de tibia) o de quijada. Sólo nos limitaremos a anotar cómo R.S. los rellena para un "desbarate".

"Le dejo la clara, le meto raíz de pica pica, raspadura de cuaba, de ayúa, palo de Guinea, tierra de camposanto, polvo de hueso, sal en grano, carbón molido que haya ardido; rastro de la persona que voy a destruir, o un poco de ceniza de una ropa suya; azufre, caballito del Diablo, aguijón de alacrán y araña peluda. Ese huevo se estrella contra su puerta. En cuanto se revienta el huevo, se esparce la *moruba* que lleva ¡que es muy mala! Ya Satanás está funcionando". Y todavía es peor si pronunciando el nombre del sentenciado, estos huevos se echan al mar.

Un huevo que apenas pese es sospechoso.

Marcelina, una mambisa de la guerra de 1895, que precisamente vendía huevos, le había oído decir a un congo, que en su tierra los brujos "ponían huevos". Más no parece que en Cuba le hicieran competencia a las gallinas. De la eficacia de estos huevos trabajados por el mago, da fe, por experiencia propia, una mujer a quien su amante, un gallego, abandonó marchándose a España. Su comadre y confidente contó lo siguiente:

"El brujo que mi comadre fue a consultar en Regla, le pasó tres huevos por el cuerpo. Hizo dos muñecos. Uno que la representaba a ella y que guardó. Otro que llamó *Nkamo*, lo ató a un garabato de bejuco vencedor con veintiún amarres. En un barquito de juguete puso también unos pomitos y unos saquitos. No sabe qué tenían dentro. Colocó un muñeco en el barco y dijo que ese barco iba a buscar al hombre. La mandó con el barco al Malecón, al Castillo de la Punta, y allí lo puso en el agua. Había olas y ella vio el barquito que peleó con el oleaje y se fue bogando, derecho, afuera, mar afuera, hasta que lo perdió de vista. Al cabo de unos meses el gallego volvió, ¡y muy enamorado!"

Los citados Andrés el Congo, Jacinto Vera, Antonio Galiano, Polledo,

Oviedo, Caravallo, Elías el Chino, Samá, Ma Severina Conga, Ma Susana, Cristina Baró, Diago, Juan Herrera, Kivú, Ñúnga Ñúnga, "vieron hacer prodigios y los hacían. Reunían a su gente al amanecer, y delante de todo el que quisiera verlo, sembraban un coco. Lo hacían crecer por la virtud de ciertos mambos en unas horas, y por la tarde se bebía el agua del coco que habían plantado por la mañana". Y lo mismo hacían con plátanos y otros frutos. Aquel misterio era una de las demostraciones favoritas de los grandes Paleros. A presenciar el mismo milagro me invitaron al pueblo de Mantilla donde hace más de treinta años dicen que realizaba allí un Taita Nganga. No tenía Matanzas la exclusiva de aquellos grandes taumaturgos de que nos hablaban con tanta admiración los adeptos de ambas Reglas, la lucumí y la conga. Admirables fueron los *yakara*, los *okori*, pero no se quedaban atrás las mujeres: santeras o paleras. ("¡Si las brujas son peores que los brujos!")

De Ma Luciana —pinareña—, de su sabiduría, nos contó un ahijado suyo:

"Ma Luciana, ¡candela la Ma Luciana! Yo era un niño. Ma Luciana me quería. Todas las noches acostumbraba darme un jarrito lleno de agua con azúcar o de guarapo. Era nuestra vecina en el batey. Yo iba antes de acostarme a pedirle mi agua dulce y la bendición. Un viernes la puerta estaba entornada. Oí un quejido. Entré de puntillas. La chismosa, muy baja, apagona, en un rincón del cuarto donde tenía sus negocios, pues dormía al lado de su Nganga, y todo lo demás a oscuras. La puerta también entornada. Miré y vi a Ma Luciana que se quejaba, desnuda y con todo el cuerpo cubierto de bichos. Alacranes, manca-perros, arañas peludas, cienpiés y gandocuevas, gusanos y más gusanos, y todos estos bicharracos picándola y caminándole encima. Por eso se quejaba y se retorcía en cueros, en el suelo. ¡Si hubiese visto usted aquella nata de bichangos! Eran miles. Yo no dije ni pío. Me quedé mirando aquello y me fui sin hacer ruido. En mi casa no abrí la boca. Aquella vieja, como todos los viejos de nación, tenía un genio de los demonios. Era dura y manilarga. Le pegaba a todos los muchachos, y no tenía cuenta, pues entonces no era como ahora, que le espanta usted un soplamocos a un malcriado por mataperro, lo reprende si hace falta, y el muchacho lo lleva al precinto y el juez lo condena a uno. Es decir, los jueces condenan al padre que quiere educar bien a su hijo. Al otro día, como si nada, fui a buscar mi agua con azúcar.

—Buenas Ma Luciana, la bendición.

Ella me contestó con rabia, con cara de fiera, toda engrifada.

—Buen día.

Y después de un rato, enfunchada.

—Miguelito, ¿usté no ahueita yo?

200

—No, señora.

—Miguelito, ¡uté agueita yo!

—No señora, Ma Luciana.

— ¡Ah! dénde que él nace, nace varón y va morí varón. Kéte, kéte.

Y con la misma se llevó la mano al delantal y sacó un puñado de menudo.

—Camina buca duce. No, pera, ven acá. Y cogió dos jicaritas que ella llamaba Marta y Melona y una correa, y me hizo tomar agua de Dios y del Diablo. Cuando acabó la ceremonia, me agarró por el brazo y me llevó a casa. Le dijo a mi padre: Ahora tiene uté hijo. Yo preparé a é. Ange mío mimo manda que yo prepare. Yo creo que por eso, porque no dije nada a nadie y sabía que la había visto en cueros revolcándose con los bichos, me enseñó después algo y me resguardó el cuerpo aquel mismo día. El resguardo me valió porque no me entra Coromina.[138] ¡Y cómo curaba la vieja aquella! Con nada, en un momento. Así fue que cuando me dijeron que a Fausto, un primo mío, el médico le iba a cortar una pierna, me fui a verlo. ¡Pero si esto lo cura enseguida Ma Luciana! Esto es erisipela Tráiganme una vela de tres centavos y tres hojas de naranja. ¿Nada más? Nada más. Y agarro la vela. Fausto, contéstame tres veces: erisipela. Hago una cruz sobre la pierna con la vela. ¿Qué corto? Erisipela. ¿Qué corto? Erisipela. ¿Qué corto? Erisipela. Y recé tres veces la oración que la vieja me enseñó. Es una oración que se aprende de memoria en Viernes Santo, una oración milagrosa, y se enseña a alguien que se quiera favorecer; pero solamente el Viernes Santo. Otro día cualquiera no puede ser. Y se le enseña ese día a tres personas nada más en toda la vida. Ya se la he enseñado a dos. A usted se la podría enseñar también, pero como no estamos en Viernes Santo tiene que esperarse. Esto que le cuento, ahí está Fausto que lo desmienta si es capaz, fue a las seis de la tarde, y a las diez de la noche no había que picarle la pierna.

Ma Luciana se cansó de vivir. Murió de ciento seis años. Murió cuando le dio la gana. Yo la vi encarándose con un rabo de nube que desbarató cuatro casas de tabaco. Hablándole nada más partió la tromba en dos. ¡Sin machete! El viento le llevaba las siete sayuelas almidonadas y ella habla que habla. Changó rodó la mesa, refunfuñó y se fue la tromba partida. Le salvó el tabaco a mi padre, que la quería mucho.

Tan templada era que mató a su hijo; sí, porque estos africanos son muy leales en sus cosas. El hijo, Abraham, se cogió el dinero de una venta y se lo jugó a su gallo. Ma Luciana llorando:

— ¿Por qué llora?

—Yo llorá Abrahán que etá morí ya. Uté di que etá vivo y yo sé que etá mueto.

201

Ma Luciana dijo bien claro que ella no quería hijo ladrón. Le echó arriba a su *Fumbi*. ¡Ah, Luciana Farías, qué grande era! Yo siempre cuento con ella.

Historia que nos recuerda la de la famosa Paula Kandanboare, madre de Víctor Alfonso, más benévola que Ma Luciana.

"Víctor hizo una de las suyas. Era ladrón de pollos y gallinas. Paula le advirtió:

—Vito, ya va tené yo aquí la juticia.

A Víctor, acusado, lo buscaban, y la guardia fue a ver a Paula.

—¿Cómo estás, vieja? ¡Ave María! Hace días que buscamos a tu hijo y no damos con él... Por favor, viejita, dinos dónde se encuentra.

—Yo no sabé.

Y Víctor estaba allí mismo oyendo. Los guardias se despidieron. Al día siguiente la vieja declaró en el vecindario.

—Ahora mimo yo entrega Vito a lo guardia y é no vá dejá preso. Y le dijo a Víctor:

—Manque tu son mala cabeza tu son mi yijo, arrea, vamo.

Lo llevó a la jefatura. Vio al jefe, que se llamaba Próspero Pérez y le presentó a Víctor, que no se atrevía a levantar la cabeza.

—Pa sobá é yo se lo trae. Ete mimo son Vito Afonso. Mía, jace lo que uté quié, sóba pero no mata é... ¡Matalo no! ¿Eh?

—Mira vieja, que venga cuando el juzgado lo cite. Ahora pueden irse.

A Próspero Pérez le hizo tanta gracia la conducta de Ña Paula (y a todo el pueblo), que nunca los citaron.

Poco tiempo después, cuando Paula Kandemboare dio su fiesta, acostó a Víctor en el suelo y caminó sobre su cuerpo. Dijo dirigiéndose a la Nganga y todos lo oyeron:

—Si yo vueve a vé mi yijo delante juticia uté mata yo y mata é.

De la noche a la mañana Víctor se convirtió en un hombre honrado.

¡Ah! Ma Luciana Farías —continúa mi informante—, sí, qué grande era. Yo siempre cuento con ella, porque gracias a ella todavía estoy aquí departiendo con usted y fumando este cigarrito americano que usted me da.

Me puse a vivir con María Armenteros. Yo era un muchachón apuntándome el bigote, y ella ya había tenido su mundo. Una mujer hecha y derecha. Yo tenía una novia buena, buena muchachita, y María me dijo: ¿tú tienes novia? Sí. ¿Cómo se llama? María Luisa Núñez. Yo no pensaba romper con mi novia porque tuviese aquello otro. Una sana, limpia, y la otra, mujer vivida, de contentillo, con muchos catres en su historia. Salí un día de casa de mi novia, volví a la mía, y al poco rato llega su hermana a avisarme que María Luisa se había quemado. Todo menos la cara. La cara ¡pobrecita!, parecía la de una Caridad del Cobre, y su cuerpo parecía de carbón. No sospeché de María Armenteros. Seguí con ella. Pasaron veinte días. Un mes. ¡Qué corazón más malo! Y de corazones como ese está lleno el mundo. Dormí en su casa. Me levanté tarde, era domingo, no había qué hacer. Quédate Miguel, te hice el almuerzo. Un aporreado de bacalao que me has dicho que te gusta. Almuerzo. Me cae aquello como plomo en el estómago. Unos sudores fríos, la boca llena de agua y al fin arrojo una pelota que se evaporó en el suelo y no dejó más que una sombra. Se lo conté a Ma Luciana. ¡Hum! La brujería no prendió. Ella me había preparado el cuerpo. Los resguardos que hacían los viejos eran de verdad. Y otra vez María. Quédate a almorzar, Miguel, tengo unas patas muy buenas. Por la boca muere el pez.

No sé... pero voy a la cocina, destapo la cazuela con la cuchara y veo dentro un ciempiés. Me vino una inspiración. Llamé a María. ¡Ah, tú te vestiste de colorado y estuviste debajo del piñón florido viendo pasar el cadáver de María Luisa! Por tu culpa se quemó; le echaste basura, María Armenteros, pero yo soy el que va a ver pronto pasar el entierro de tu madre y el de tu hermano y el tuyo, ¡asesina! ¡Tu entierro, María Armenteros, lo tengo que ver! Y antes de matarla allí mismo, porque mi idea fue esa, matarla con el cuchillo de su cocina, salí corriendo como un loco, para tropezar con un negrito que me mandaba Ma Luciana. La vieja, que ya sabía que me estaban trabajando, que me tiraban a matar, me vigilaba. Y suerte que la brujería no me entraba; que la vomité enseguida. Súalo, súalo,[139] me dijo ella. Matar con tu misma mano, no. Así no. Tu va vití también con pañuelo colorá lo cuello como Mariguanga, pa vé lo entierro de María Armentero. Y así fue, tal como ella lo anunció. Primero vi el del hermano, que lo mandaron a limpiar un terreno, y cortando anamú, sudando, le llovió y se le congestionó el pecho. Después el de su madre, que murió del corazón, ahogándose, y por último el de María. Y que lo vi pasar parado al pie del piñón florido, donde mismo María Armenteros vio pasar el entierro de María Luisa. Y yo no hice nada. Con el favor de Dios, todo pasó como dijo Ma Luciana.

Ma Luciana Fariñas no sabía leer ni escribir, ni sumar ni restar, pero no había quien la engañara. Uno llamado Pedro Lara le compraba tabaco, y como los viejos no entendían más que números cerrados, peso fuerte, peseta fuerte, siete reales fuertes, etc., Pedro Lara creyó que la había tupido. Cogió el dinero, setenta matules a $1.75 igual a un peso fuerte. La vieja desgranó su mazorca, no le salió la cuenta. Mandó a buscar a Pedro Lara: dinero no tá completo. Tiempo bobo acabá. Mire vieja, que tanto y más cuanto son tanto. Usted no sabe contar. Bueno, deja eso; pero última persona que tú engaña va sé yo. A Pedro no le sonó bien aquello. Con estos negros viejos enrevesados no se sabe nunca... y la historia del pasmo de

Abraham, y el pasmo que le curaba a los caballos con unas palabritas entre dientes, y los ojos de la vieja, y lo que tendría o no tendría, Pedro volvió con la diferencia. Ta bueno, pero tú no va jugá conmigo, yo te va da una prueba. Y de allí pasa Lara por la herrería del pueblo. Mira Lara, tu caballo. Se apea, le levanta la pata para verle el casco, y métele la gran patada el caballo, que era un penco.

¿Y qué diremos de Linchets, también pinareño como Ma Luciana? Era excepcional a juzgar por este relato.

"Lincheta tenía tal poder, que cuando en tiempos de Bokú y por el crimen de la niña Zoila, entró el abuso de aquella bobería de andar prendiendo y molestando a los brujos, la guardia rural, que él llamaba *Mókua puto*, buscaba a Lincheta para registrar su bohío, el viejo desbordaba una laguna que había que cruzar para ir a verlo y su bohío quedaba incomunicado hasta que a él le daba la gana o la pareja lo olvidaba. Cuando Lincheta quería, llovía o escampaba. Un jueves, ya Lincheta estaba aburrido de aquello, se apareció la pareja. Ese mismo día temprano, Lincheta le había dicho a mi padre: no quiero a nadie pó aquí; justicia va entrá a llebáme. Así fue. Se presentó la Rural: —Vamos brujo Lincheta, ¡el brujo de la laguna! Has que crezca ahora mismo para creer en ti.

— ¿Eh qué? Cómo yo va acé crecé laguna si yo no só Dió.

La Rural agarra todo lo que tenía allí el viejo, lo meten en un saco y Lincheta carga con el saco. La Nganga, los palos, carga con todo. En el batey la gente apiñada para ver salir al brujo con las Wangas, entre los dos guardias, y comentando: mira Lincheta, ¡caray! dejarse coger las prendas. Entonces, ¿para qué le sirven? ¡Lincheta, hombre, ya no se puede creer en nadie! Bueno, llega el viejo al pueblo, al cuartel. Lo encierran. Llegó el día del juicio. No cabía la gente en el juzgado. El juez Camacho dícele: Viejo, tú has sido un buen hombre (otros que me hablan de este Lincheta, me cuentan que fue "algo delincuente" y que tuvo que habérselas, por hurto, con la policía), a lo mejor, Lincheta, eres un veterano, serviste a la patria y me obligas a que te castigue. ¿Por qué no has echado todo eso a un lado sabiendo que la ley condena esas aberraciones?

— ¿De qué tá hablando uté?

—De esas brujerías que ya no se usan. Por ahí dicen que tú curas con brujerías. Te hablo de todo eso que está metido en el saco.

—Siño jué, yo só africano. Yo no tiene mujé, no tiene yijo, no tiene ná, ná, ná. Ahora viene una negra. Dice yo bautiza su yijo, y yo bautiza su negrito, y yo no tiene ná que dale. Siembra calabaza; cocina con duce, nelle viene, yo le da, se va contento. Po cuento calabaza ese yo domí anoche lo suelo. ¡Mira ve si ese son brujería!

Abren el saco, ¿qué hizo Lincheta? Volvió las Wangas calabazas. No había más que calabazas. Absuelto. Después del juicio ¡siete días jugando palo sin que nadie lo molestara!, y más nunca se metieron con él.

Siete días antes de morir, Lincheta anunció su muerte".

Los devotos del culto lucumí sostienen que un buen Babalawo o un Taita Nganga, saben perfectamente la fecha en que han de morir: la historia de un Babalawo de fines de siglo, que tenía un féretro en su habitación, colocado en el techo de uno de aquellos enormes armarios coloniales, que no cabían en las casas nuevas, llegó a mí por diferentes conductos. Gozando de una salud perfecta, lo hizo bajar una mañana porque iba a morirse aquel mismo día a las seis de la tarde, "como en efecto murió".

Viviano Pinillo, otro Babalawo, también al parecer bueno y sano, repartió una semana antes de morir, sus "Santos", collares, y "herramientas", y vendió un terreno que poseía para entregar el dinero a su mujer. Esto ocurrió no hacía mucho.

"Lincheta reunió a todos sus ahijados, les entregó todos sus makutos, gajos de fundamento, me dio el mío y se despidió de todos nosotros".

Una vez otro brujo, Eligio Marquetti, ese era un negro criollo, para probar su Nganga, le mandó un mochazo a Lincheta. Le tumbó una mano; no movía los dedos, no podía llevarse la comida a la boca. Lincheta registra, averigua de dónde venía el tiro. Sixto Mesa estaba presente, fue Sixto quien lo contó. Nél cré va agarrá mí. Sito, saca de ahí ese palo. Sito, buca mi motero. Sito, tráeme calabaza que sea pintá. Sito, tráeme sapo. Y el viejo hace sus polvos. A las doce en punto del día, ¿usté cree que mandó un mensajero con el bilongo? No, se plantó en la puerta del bohío. Habló en su lengua.... se puso el polvo en la mano buena y lo sopló. A las doce de la noche Eligio con un dolor en la yema del dedo gordo del pie, y a hinchársele aprisa la pata y a gritar. A las doce de la mañana del día siguiente se le tentaba como un sapo en la ingle. A las doce de la noche desaparecía el sapo, bajaba a los pies y a las doce del día volvía a la ingle. Al fin aparecen los ahijados de Eligio con su Mayordomo a hablar con Lincheta. ¡Ay! que Tata Eligio se va a morir, que el dolor es mucho. Dile a Eligio que yo soy congo luanda, más Padre que él. Dile que primero suéte mi mano y yo suéta su pie. Aquella misma tarde Lincheta tenía su mano libre. Pero Eligio seguía con el sapo brincando de la ingle al dedo. Vino otra vez el Mayordomo.

—Dice Eligio que vaya allá.

—No, deja que pase doló hata mañana.

Al día siguiente Lincheta fue a ver a Eligio. Levantó su canto, lo tumbó el Palo, y así montado, Lincheta le chupó el dedo gordo del pie y le sacó el sapo que le había mandado. Diego Lincheta fue de los grandes. En Villumba tenemos que llamarlo".

Este duelo a brujerías provocado por una agresión tan gratuita y extemporánea, es muy frecuente: los Mayomberos prueban así sus Ngangas, y haciéndose mal mutuamente, miden sus fuerzas, hoy como ayer. En ocasiones la guerra es avisada. En otras, como en el caso de Lincheta y Eligio, "el mochazo", "el brujazo", se da a traición. No es raro que dos brujos perfectamente de acuerdo, y sabiendo que el malificio cesa en el momento en que uno de los dos se lleve la palma de la victoria o queden a la par, experimentan en sus cuerpos el poder de sus respectivas Wembas.

"Al viejo T.P. lo tuvo un carabela varios días sin hablar. Cuando le tocó a él tirarle, le pidió que bebiera un vaso de agua. Para preparar aquella agua había cogido un sapo al que le había hecho tragar una prenda chiquita, y lo había metido en una cazuela durante veintiún días, atendiéndolo muy bien todo ese tiempo. Luego lo mató, lo desolló, forró la prenda que le había hecho tragar con el pellejo y la metió en el vaso de agua. Tan pronto aquella agua le cayó en el estómago al brujo, perdió el conocimiento y estuvo como muerto varios días, hasta que revivió. Y tan amigos y engreídos de sus poderes".

Si damos fe a Laureano Herrera, mayombero y político de vida azarosa, su Padrino, de descendencia lucumí pero Ngangulero de los fuertes, sobrepasa a todos los brujos de su tiempo... o del pueblo. El fue testigo, en 1906, de lo siguiente:

"Como es costumbre, en casa del Padrino guardaban los ahijados sus makutos y cazuelas. Llevaban las Ngangas, las probaban, si servían el viejo mío las guardaba, las arreglaba con el Fundamento suyo, Yo he visto aparecer las balongas —cazuelas—, los tarros, los *makutos*; sin que nadie las llevase allí, cuando eran buenas. Un tal Ta Rafael era también brujo fuerte en la comarca. Llegó bravo a casa de mi Padrino, bravo, puyando y diciendo que esperaba a su Nganga y que su Nganga no aparecía. Mi Padrino, para darle una lección, me mandó a buscar un cuchillo nuevo. Cuando le traje el cuchillo, mandó que todos los presentes lo afilaran en una piedra. Cuando el cuchillo estuvo afilado, que cortaba un pelo en el aire, le dijo a Ta Rafael. Mira a ver si corta. Rafael le pasó el dedo con cuidado. Sí, corta. Dice el viejo mío; pero vamos a ver si es verdad que corta. Y con fuerza se pasó el filo por la lengua y por los brazos, ¡con fuerza, duro! Después lo tiró al suelo. ¡Bah! Este cuchillo no corta. ¿Mira a ver si corta ahora, Rafael? Pero Ta Rafael no se atrevió a hacer lo mismo. Otra vez, en una de esas porfías con Ta Rafael, mandó a traer una soga nueva, larguísima; ¡qué sé yo!, diez metros me parece que tendría. En cada punta puso dos lazos punzó. Ahora hay que cortarla. Venga mi navaja y una vela. Cortó a lo largo. Ahora esta soga hay que empatarla. ¡Empátala Ta Rafael! Ta Rafael empatando la soga y la soga se partía. ¡Qué va! Ta Rafael no podía. Sofocado vuelve a empezar. Amarra, aprieta, revienta. ¡No puede! ¿No? ¡Pues venga! Se la mete en la cintura dentro del pantalón, reza su credo en congo, y enseguida saca la soga empatada. Aquella soga no se acababa nunca; y le dice a los hombres y a Ta Rafael: a ver si está empatada. Tiren fuerte. Los hombres todos a tirar de la soga y no se quebró. Tres veces, delante de todo el mundo, abochornó a Ta Rafael.

Un güiro. Zumba el güiro contra el suelo y le dice a un negrito. Tráemelo. Le dice a la concurrencia: tómenle el peso al güiro. ¿Pesa? No pesa nada. Lo puso en el suelo. Usté, Ta Rafael, que es hombre fuerte, Dios en el cielo y usté en la tierra. Tráigame acá ese güirito. ¡Concho! Imposible levantar el güirito. ¡No puedo! Aquel día Ta Rafael reconoció al Viejo como *Mfumo Nbángala* y se dejó de más fascitolerías y bambollas con él. Entonces vino a casa la Prenda de Ta Rafael, catorce pesos le pidió y se la diciendo el *Mbungo Mayoyo Táta Kilungo Ndundu Mbaka,* ¡tiene que contar conmigo!

A mí me metía en cintura. Me quería y me reprendía. Usted sabe que la última caña que se corta es la de primavera. Que hay caña de frío, caña de tiempo y caña de primavera. Da rendimiento por marzo, al fin de la molienda. Pero vino un año de agua y llovió mucho en abril. La caña de primavera quedó para el año siguiente. Y usted debe saber que siempre en los cañaverales se deja uno de caña zoca, para siembra. Esta caña da canutos chicos. Yo, un fiñe, en vez de comerme la caña zoca, me comía la buena, la que estaba prohibida, pero que era la mejor. El viejo entró en el cañaveral y vio caña pelada. Me llamó: Laureano, he visto destrozo en la caña de primavera. ¡Coman caña zoca, condenados! La primavera que se va a cortar el año que viene está muy entretejida, ustedes la estropean y así se seca, mucha caña merma. Los primeros días lo obedecí. El cañaveral de caña zoca estaba muy lejos del bohío y no era bueno. Volví al de primavera, volvió a regañarme el viejo. Y otra vez robé caña. Yo conocía muy bien la entrada y la salida del cañaveral, pues lo había preparado con los demás negros. Entré a las doce a robar mi cañita, y cuando quise salir de allí no fue posible. Todo el día anduve perdido entre las cañas. El día y la noche. Al día siguiente, por la tarde, fueron a buscarme. Cuando llegué al bohío, ¿dónde estaba usté? Bajé la cabeza. Me dormí esperando que me moliesen a palos. Por la mañana le dice el viejo a su mujer: Rosalía, trae *Nkuto* (una lata) con alacranes. Rosalía trae la lata aquella de luz brillante, llenita, negra de alacranes, y él saca un puñado de alacranes vivos, se los pone en el pecho: ¿Usté ve Laureanito? no pican. El que no estuvo en el cañaveral comiéndose la caña de primavera puede cogerlos como yo, usté va verlo. Llamó a varios negritos; los negritos metieron la mano en la lata y los alacranes no les picaron. A ver usté, Laureano. ¡Dios mío! ¿Por qué metí la mano dentro de la lata en aquel enjambre de alacranes? Me quedé sin voz. La lengua no me cabía en la boca. Después de esta prueba vinieron los chuchazos".

Para demostrarle su inocencia al Padre Nganga y a los Mayores del templo, un *Moana*, acusado injustamente de haberse apropiado de un dinero del templo, pide que lo prueben dándole a beber un veneno. El brujo prepara un brebaje; el hombre apura hasta la última gota, "que vomita enseguida, y que lo hubiera matado si no hubiese sido inocente". Este viejo, como todos, resolvía sus asuntos con brujería: 'Me mandó, continúa Laureano, a cortar una enverga en los límites de su colonia, que lindaba con la de un tal Aniceto, que era también Mayombero. Yo fui, y como estaba en tierra nuestra, hice un surco cuadrado con el arado. En eso me vio Aniceto y me dijo unas insolencias. Este terreno es mío, ¿qué tiene que hacer aquí metido en mi lindero?

—El viejo Germán me mandó.

—Pues no me da la gana de que cortes aquí. No te va a valer ni Siete Rayos.

Aniceto echó sapos y culebras por la boca. Me amenazó. Julián el arriero, fue a contarle a mi padrino lo que estaba pasando y volvió con él.

—Aniceto, ¡ojo! que mi lindero es este.

—No, viejo, su lindero está aquí.

—Bueno, está aquí, ¿eh? Pues ahora vamos a saber la verdad de la verdad. Arranca un gajo de piñón botijo. Aniceto trae un gajo de piñón. El viejo lo clavó en la tierra.

— ¡Este es mi lindero, arráncalo de ahí!

Aniceto forcejeó para desprenderlo. Nada, el piñón, firme. El viejo le dijo que probara con los bueyes, que ya él estaba matungo y no tenía fuerza. Halaron los bueyes... No había nada que lo arrancase de allí. Al fin Aniceto convino con mi Padrino en que ese no era su lindero".

Por supuesto, este Aniceto no era el inolvidable villaclareño Aniceto Abreu —el celebérrimo Bejuco—, gran adivino y curandero, con clientela en toda la Isla de altos militares, políticos, ricos comerciantes españoles y hacendados.

Este Aniceto Abreu, que murió el 1922, parece indudable que estaba dotado de extraordinarias facultades síquicas. Es la opinión de personas incrédulas a salvo de dejarse impresionar. Aseguraban que fue consejero secreto, inspirado pero prudente, padrino y brujo de un presidente de Cuba que al fin de su vida no le hizo caso cuando impulsado por los innumerables partidarios que contaba en el país, encabezó la justa insurrección cuyo fracaso le auguró insistentemente Bejuco. Su predicción desgraciadamente se cumplió y el General y el mago no volvieron a encontrarse. La fantasía de nuestro pueblo pretende que todos sus presidentes tenían un brujo o un espiritista que los auxiliaba en la sombra. Desde luego, que tenían a su lado hombres de color, como el General Menocal a Mayarí y otro a Anacleto, que daban la vida por ellos.

Aniceto Abreu, villaclareño, descendiente de lucumí, dejó, no sólo entre los humildes, sino entre muchos blancos acomodados que experimentaron los efectos de sus remedios y amuletos y se aprovecharon de sus acertados consejos, el recuerdo de una rara intuición o de una incuestionable clarividencia. "Bejuco", como le llamaban, ha pasado a la historia oral como un personaje influyente en la política de aquel período y en el gobierno del General José Miguel Gómez, que contó con la simpatía de todo el pueblo de Cuba. Bejuco poseía una finca en Artemisa y allí daba culto a sus Orishas y recibía hospitalariamente a sus innumerables amigos y consultantes. Fue como el lucumí Okují,[140] Ta Pablo Alfonso, su maestro, y el famoso Adechina, su amigo, uno de los grandes Santeros de aquella época, depositario genuino de la religión lucumí, –Yoruba.

Pero Bejuco no ignoraba los secretos de la magia de los congos, y "trabajaba" en ambos campos.

Una protegida suya, de esclarecida estirpe cubana, nos contó:

"Cuando Aniceto necesitaba algún ingrediente difícil de encontrar para hacer un remedio o un trabajo, se acostaba y se dormía voluntariamente. Despertaba al cabo de un rato con la yerba o el objeto que le hacía falta en la mano. ¿Cómo podía hacer eso? No lo sé, pero he presenciado este fenómeno extraño más de una vez. Me sentaba al lado del viejo observándolo y vigilando su sueño. Las cosas aparecían en su mano del modo más natural e incomprensible.

Aniceto nació en el ingenio de mi abuelo; luego, durante toda su vida, fue nuestro amigo más fiel y consecuente. Cuando mi padre huyó de casa para irse a la guerra de Independencia, Aniceto cuidó a mi madre y a mi hermano y los protegió hasta su regreso. No tuvieron más protección que la suya, y eso que, como sabes, nuestra parentela era larga y rica. A mí me quería con locura. Tuve la satisfacción de asistirlo en sus últimos momentos, y confieso que, después de mis padres, el ser que más he querido en mi vida fue el negro viejo Aniceto".

Fenómenos de transporte como el que nos describe esta amiga, que conoció tan de cerca a Bejuco —mucho la irritaba que yo irrespetuosamente le llamara Bejuco—, no tuve la suerte de presenciar en los Santeros y Nganguleros, que conocí. Sin embargo, no es menos curioso aquel a que me hizo asistir por la década del cuarenta, una de mis viejas pitonisas habaneras. Esta, una tarde que fui a visitarla y a anotar las voces lucumí que aprendió de niña, me aseguró que cuando a ella se le antojaba nadie se atrevía a pasar frente a la puerta de su casa. Respondiendo a una sonrisa de duda que acaso no pude reprimir, me invitó a que volviese temprano al día siguiente. Fui a eso de las dos de la tarde y pedí a mi chauffeur, que se situó a esperarme con el coche al costado de la casa en que vivía la anciana, que viniese a buscarme a las tres y media en punto. El espectáculo que me ofreció la vieja desde las dos de la tarde hasta las siete de la noche, en que resolví que era tiempo de marcharme, no pudo haber sido de veras, más extraño. Me senté en el portal de su casa, y ella, aunque conversando a ratos conmigo, continuó en sus trajines sin hacerme mucho caso.

"Ahora siéntate tranquila ahí y mira a vé si por aquí enfrente cruza alguien".

Positivamente, nadie pasó por delante de su puerta. ¿Pura casualidad? La verdad que todos los transeúntes, quizá sugestionados a distancia y como obedeciendo a una orden, tres o cuatro metros antes de llegar a su puerta, se desviaban, volvían atrás, o un momento indecisos, cruzaban a la acera de enfrente. Mi chauffeur no vino a las tres y media, como le había pedido. Me dijo luego, cuando yo fui a buscarlo, al doblar de la esquina donde lo había dejado, disculpándose y todavía amodorrado, que se había dormido profundamente. No me cabe duda que aquella mujer, no se me ocurre otra explicación, era capaz de hacerse obedecer mentalmente: un mocetón que venía a todo correr por la acera, se detuvo tan de repente que no pude por menos de echarme a reir. Continuó su carrera, pero en sentido opuesto.

No agotamos con estos apuntes el rico material que le reservaban las recatadas, reprobables y siempre activas Reglas de Congos a una simple curiosa del mundo espiritual de los negros cubanos, o al estudiante universitario de las que llamaron los etnólogos, religiones "primitivas" —sustituyendo el término despectivo de salvajes—, como estas africanas, la yoruba y la bantú, que sin alteraciones en el fondo, se mantienen vivas en nuestra Isla perdida, y han cruzado el mar para ahora, en la Florida, en Nueva York, en California, ganar prosélitos en la población blanca hispano parlante de estas ciudades y entre los negros americanos, que no pudieron conservar su patrimonio cultural.

Hay Santeros y Paleros cubanos en Venezuela, en Puerto Rico, en Santo Domingo, en México, y a pesar del crecido número de improvisados, de charlatanes, que en este exilio ávido de esperanzas, son explotadores insaciables de la candidez o de la impaciencia de los que esperan de las divinidades africanas y de la magia la rápida obtención de sus anhelos, el regreso al país natal, los hay también sinceros, respetuosos de su fe y que procuran no apartarse de las reglas establecidas por los antecesores; tradicionalistas que conocen bien sus cultos.

En el Ilé de una Iyalocha de Miami, muy recta, sólo se bebe *Cheketé*, como es debido, la víspera de la celebración de Santa Bárbara —Changó—, el 3 de diciembre.

La magia integrada a la religión ha sido muy importante. En todos los tiempos la magia ha coexistido con la religión en nuestro pueblo tan fuertemente marcado por la influencia que ejercieron en él las creencias y prácticas de los africanos; es una necesidad de nuestro pueblo —pero acaso lo es de todos los pueblos del mundo, aún de los más adelantados.

A los congos, como hemos dicho al comienzo de estas páginas, se les asignó el papel de brujos, e injustamente sólo el de aquel que animado de intenciones criminales o al servicio de las más bajas pasiones, maneja fuerzas maléficas, espíritus perversos causantes de desgracias, enfermedades y muertes, olvidando o ignorando al que practica la magia que tiene por objeto hacer el bien, proteger de los malos espíritus y de energías nocivas, curar, salvar a las víctimas del maldito hechicero.

"Mayombe fue bueno en Guinea".

Lo es el Mayombero "cristiano" que opta por el bien, reprueba, condena al *Ndoki*, al brujo malvado que *Nsambi*, Dios, no perdonará en la otra vida.

Miami, 1975-76

NOTAS

[1] A los yoruba se les llamó siempre en Cuba lucumí. Mis más viejos informantes desconocían la denominación de yorubas.

[2] Guiní por Africa, decían los viejos. Así se llamó la costa occidental de Africa.

[3] A Slaver's Log Book or 20 Years Residence in Africa. Capitán Canot era el pseudónimo de Theofhilus Connean. (Avon Books, 1977.)

[4] Frederika Bremmer: The Homes of The New World – Vol. II, New York, 1858.

[5] Arthur Morelet. Voyage dans l'Amerique Centrale, L'Ille de Cuba. Paris, 1857.

[6] Richard Madden. The Island of Cuba. London, 1849.

[7] Jenkins, que describe en su "Yankee Traveller" el cuadro pavoroso de la esclavitud conviene en que los abusos en Cuba con los esclavos "no fueron tan insufribles como en las Indias Occidentales".

[8] "Travels in North America during the year 1834-1835. A Visit to Cuba".

[9] Elogio de Don José de la Luz Caballero por el Dr. Ramón Zambrana. Habana, 1866.

[11] No sólo de holgazanes podía tacharse a los congos rurales. "En la Habana –escribe el Capitán Alexander en el primer tercio del siglo pasado– las familias ricas poseen un gran número de esclavos inútiles y perezosos – no tenían mucho que hacer. Son tan ociosos como sus amos, diez veces más vagos que ellos, beben, juegan y son los asesinos de la ciudad". Añade que muchos hacen de sus dueños lo que quieren.

[10] "Esos loangos", me explicaron, vinieron de la parte de arriba del Congo, y de la parte de abajo de un río grandísimo, vinieron los Angola, que hablaban portugués como los Ngúnga".

[12] Las milicias de negros y pardos comienzan a crearse en el siglo XVII, en la Habana y otras partes de Cuba. Estas milicias, como escribe S. Klein en su interesante libro "Slavery in the Americas. A comparative study of Virginia and Cuba", desarrollaron un espíritu ejemplar de cuerpo y actuaron notablemente bien a pesar del poco tiempo que contaban para su entrenamiento. Presentaban, destaca este autor, "un desacostumbrado y franco patrón democrático", y daban un gran resultado.

Don Rafael del Castillo y Sucre, alabando la conducta de los negros que defendieron bravamente La Habana cuando el 6 de junio de 1762 se presentó frente al Morro el Almirante Pocock con treinta y dos naves y fragatas, y sólo había en la plaza cuatro mil soldados y marinos y mil quinientos milicianos negros, dijo en un sermón pronunciado al renovarse las banderas de los batallones de los hombres de color, que él no desdeñaría mezclar la sangre que corría por sus venas con la de aquellos valientes.

Debido a la conspiración de negros instigada por el Cónsul Inglés David Turnbull, que fracasó (1844) por la denuncia de una esclava, y sobre la que un año antes suministró un sargento del batallón de morenos de Matanzas, el General O'Donnell perdió confianza en los negros, y las Milicias de Morenos y Pardos, después de dos siglos de existencia, fueron suprimidas. Volvieron a funcionar el 1854. El General Concha, en sus Memorias, pág. 160, Cap. XII, dice: "La raza de color ha sido y es esencialmente favorable a España". El 1868 fue voluntario del Batallón de Morenos Leales, mi gran informante Bamboché, que no era nada antiespañol.

En el Diario de la Marina de La Habana del 7 de enero de 1899 (año 60, Núm. 6) leemos este curioso suelto en las noticias de España:

"En la guardia de Palacio dada ayer por la mañana por el Regimiento de Infantería de San Fernando, había cuatro soldados negros de Cuba, los cuales fueron llamados por S.M. la Reina y obsequiados con dinero".

[13]El 1847 comienza la importación de chinos en Cuba. Venían contratados por ocho años para trabajar en los campos: alimentación, ropa (dos trajes al año) y cuatro o seis pesos mensuales. La proposición parecía brillante en China al pobre chino que aceptaba un contrato de ocho años, que en realidad iba a convertirlo en esclavo durante ese tiempo, aunque no se le consideraba como tal. La primera carga de chinos que llegó a la Isla, con el respaldo de la Junta de Fomento, en un clipper inglés procedente de Amoy, consistía en quinientos setenta y una "piezas amarillas". Los negros, por aquellos años estaban caros y se rumoreaba que su precio subiría a mil pesos por cabeza; en cambio un chino salía en ciento cincuenta pesos. Este negocio, menos lucrativo que la trata, pero lucrativo, estaba en manos filantrópicas de ingleses y yankees. Chinas no se traían. Los chinos se unían a las negras, a las mulatas y a las blancas del pueblo bajo. No faltaron serias objeciones a su importación, que por un tiempo fue suspendida. Algunos hacendados los consideraban inferiores a los negros, menos resistentes, se aclimataban con dificultad. Se les tenía también por vengativos y crueles. Mataban, envenenaban, prendían fuego a los cañaverales, pues los hubo de mala condición, "desorejados", vendidos por el gobierno chino a los exportadores por haber cometido un crimen en su país que castigaba a los malechores mutilándolos. Otro defecto, se suicidaban con demasiada frecuencia, y podían ser portadores de enfermedades: tracoma, malaria y del terrible cólera asiático. Pero a pesar de todo, dieron buenos resultados, "admirables", dice Murray, "para las labores mecánicas", y el 1861 treinta y cuatro mil ochocientos treinta y cuatro chinos se encontraban en Cuba, y su número continuó aumentando. De esta trata legal, Richard Dana Jr. nos ha dejado en su libro "To Cuba and Back", la descripción de una visita al mercado de chinos en el Cerro el 1859, apenas ocho años después de establecido este comercio.

"Es un lugar muy conocido y abierto a todos los visitantes. El edificio tiene una linda fachada y hay dos porteros a la entrada. Pasamos de un patio central a otro en el fondo, y allí, sobre un suelo de gravilla, se hallan, en cuclillas, una doble fila de chinos con las cabezas afeitadas a excepción de un mechón en la coronilla —la coleta—, y vestidos con anchos trajes chinos azules y amarillos. El vendedor, tranquilo, astuto, con aspecto de hombre desalmado, hablando el inglés como si fuese su propio idioma, viene conmigo; llama a los chinos y todos se ponen de pie en doble fila; pasamos por entre ellos precedidos por un conductor armado con un látigo, corto y flexible, como el que usan los mayorales en las haciendas. El vendedor no vacila en decirme cuales son los términos del contrato, pues esta trata no es ilegítima. El importador recibe $340 por cada chino. El comprador conviene en pagarle cuatro pesos mensuales, alimentarlo, albergarlo, darle dos trajes al año, y por esto será servido durante ocho años. El contrato se suscribe ante un magistrado y se hacen dos originales, uno en chino y otro en español; uno guarda el chino y el otro su comprador". No le parecieron enfermizos los chinos, aunque alguos se quejaban de molestias en los ojos, y no duda que uno era leproso.

Además de haberlo leído, he oído decir que se les consideraba más inteligentes que los negros, y muy hábiles. Los "contratados", que también eran esclavos, tenían derecho a quejarse al Síndico si se les maltrataba o si se incumplían las condiciones del contrato, y a un día de descanso. Se les alimentaba bien: doce onzas de carne, dos libras y un cuarto de arroz, boniato y ñame, lo que sería un banquete para los actuales esclavos de Cuba, y quizá lo será en el futuro para los del mundo entero. Después de cumplir su contrato, es decir, de libertarse, los chinos, activos y ahorrativos, se convertían en comerciantes: en vendedores ambulantes, y presente está en la memoria de todo cubano maduro, la imagen del chinito que llevaba una vara de caña brava atravesada sobre los hombros, con unas canastas que se balancean pendiendo de una soga a los extremos de la caña, llenas de verduras, y años más atrás, de cacharros de loza que sonaban, pero que la habilidad del cargador impedía que se destrozasen. Muchos trabajaron en las fábricas de cigarrillos y en las casas particulares —eran buenos cocineros— y luego invertían sus ahorros montando un tren de lavado y planchado, abrían una fonda, una frutería, donde hacían los famosos y riquísimos "bollos de chino", que se iban a comer a cualquier hora... También vendían sedas, telas, perfumes, abanicos, entredoses, encajes, cajas de sándalo, en las casas particulares de toda La Habana, en el Cerro, en el Tulipán, y yo recuerdo la visita quincenal del que tenía por clientes a todos los residentes de la Calzada de Galiano.

> *"Chinito que vendes tú*
> *que yo te quiero comprar*
> *¡ay, dime lo que tú vendes!*
> *para oírte pregonar.*
> *— Yo vende zapato di siñola,*
> *zapato caballero..."*

El comercio chino, que en un tiempo importó bellas piezas de porcelana, que hoy se pagarían muy caras, se concentró en La Habana en las calles de Zanja y Dragones, y floreció hasta el 1959. Por su teatro chino, el opio, un cine escandaloso "Shangai", y sus tiendas, la calle Zanja fue muy favorecida por el turismo.

En fin, presentes en Cuba desde el primer cuarto del siglo pasado, el chino fue un personaje que gozó de simpatía y que es difícil de aislar de la vida del pueblo cubano. Su manera de pronunciar el español, las historias que de ellos se contaban, verdaderas o inventadas, hicieron reír a varias generaciones de cubanos. ¿Quién no conoce la respuesta del dueño de una fonda, que al mostrarle un cliente indignado el cadáver de un moscardón en el arroz blanco que iba a comer, y gritar: ¡Qué asco! ¡Mira, mira, chino! ¿Qué es esto? le respondió con mucha calma: Ese é móca, son calne, limenta, pelo gente no quiele coméla...

Su generosidad con las mulatas buenas mozas era conocida. Se les debió, además, la gran institución de la Charada...

[14] Esta ficha data del 1928. Pretendía nuestra interrogada haber llegado a Cuba

215

bajo el gobierno del General Someruelos −1799-1812− lo cual nos parecía imposible. Según su nieta, por los papeles que acreditaban su edad, tenía ciento quince años cumplidos.

[15] Bando de Buen Gobierno. 1799. "Recuerdo a los que compraren negros bozales la obligación en que se hallan de instruirles sin pérdida de tiempo en los Principios de nuestra Religión Católica conminándoles que si no los proporcionaran dentro de dos años para recibir el Santo Sacramento del Bautizo, y efectivamente, si no lo recibieren dentro de dicho tiempo se les obligará a venderlos por la tasación y se les exigirá seis ducados de multa...", etc. La recomendación no deja de renovarse en los Bandos subsiguientes.

[16] "Perros" llaman los mayomberos a los mediums.

[17] Rev. Abiel Abbot. Letters written from the interior of Cuba. Boston, 1829.

[18] De la piedad del negro catolizado, que lógicamente equiparó los Orishas a los Santos de la Iglesia, Olodumare, Sambi, Abasi a Dios, a Kadianpembe al Diablo, nos habla la historia desde fechas lejanas. A fines del siglo XVI, negros libres, zapes, esos que en las escrituras del Archivo de Protocolos de La Habana, transcritas por María Teresa de Rojas, aparecen en compañía de anchicas, engolas, arará, bañol, biafras, biochas, bran, calabarí, congos, jolofos, mandingas, mimigolas, mozambiques, nalús, mozambos, zambos, fundan en La Habana la Cofradía de Nuestra Señora de los Remedios. La segunda Iglesia Parroquial fue originalmente una "ermita que en el XVII consagraron unos negros horros a la gloria del divino Paraclito"; y un pardo libre se sacrifica, se empeña, pide limosna, para la fábrica de un santuario que será la iglesia del Cristo de la Salud. En el convento de religiosos ermitaños del Señor San Agustín, la Cofradía de Santa Catalina Mártir era de pardos, y de negros la del Espíritu Santo en la iglesia de este nombre, la Hermandad de San Benito de Palermo y la de Santa Ifigenia en el Santo Cristo del Buen Viaje. El culto fervoroso a Santa Ifigenia no se había extinguido entre las negras viejas habaneras cuando comenzamos nuestras pesquizas sobre el aporte africano en la composición étnica y la cultura del pueblo cubano. Ni la acción del culto oficial en La Habana −casi nulo en los campos− lo obligó a renunciar, ni siquiera a apartarse de sus propias creencias. Estas, en lo esencial, no se alteraron en ningún momento en contacto con las de los españoles. En Cuba los negros pudieron conservar su personalidad.

[19] No todos lo vieron así. Lo primero que impresionó al Dr. Wurdermann en las iglesias de Cuba fue "la perfecta igualdad que reina en ellas. Cerca del altar había varias negras mal vestidas con cestos en los brazos, y detrás de ellas unas señoras bien vestidas se entregaban a sus devociones. Después entraron varios negros y mulatos de todas clases y calidades de vestuario. Cerca de una señora con su lacayo de librea y de hinojos detrás de ella, lo que daba a entender que era de rango, se sentó una negra vieja decrépita con traje de calicó y un chal sobre la cabeza y los hombros, y junto a esta última, dos jóvenes señoras se arrodillaron en una alfombrilla que extendieron sus pequeños esclavos que lucían alegremente sus libreas, y que para salvar sus pantalones blancos se apoderaron de una alfombra que había en un rincón. El caballero y el calesero se arrodillan uno junto al otro; la roja casaca con adornos dorados, sus pesadas botas, las enormes espuelas de plata sonando a cada momento, contrastan extrañamente con el sencillo traje del primero".

Toda la concurrencia no excede de un centenar de personas, de las cuales la tercera parte son negras, componen el resto, diez caballeros, cuatro niños y mujeres que ya han vivido la mayor parte de sus vidas.

Observa que "en general" −en la iglesia de Santa Clara de La Habana− "la devoción es más profunda entre los negros, y cree que las muestras de humildad, la atención con que se sigue el oficio, sería provechoso que la imitaran esas sectas que se atribuyen una forma más pura de culto".

[20] Podía vérseles en Guanabacoa, apunta Sir James Alexander, con el hábito puesto contemplando una riña de gallos y apostando en compañía de un negro.

[21] Informe del Obispo de Mayna a Pío VII. Archivo de la Nunciatura Madrid. Tomado de "Religión y Política en la Cuba del Siglo XIX" de Miguel Figueroa y Miranda.

[22] Capítulo VII de la Real Cédula e Instrucción Circular a Indias de 31 de Mayo de 1789, sobre la educación, trato y ocupación de los esclavos.

"Matrimonios de esclavos. Los dueños de esclavos deberán de evitar los tratos ilícitos de los dos sexos, fomentando los matrimonios sin impedir el que se casen con los de otros dueños; en cuyo caso, si las haciendas estuvieren distantes, de modo que no puedan cumplir con el fin del matrimonio, seguirá la mujer al marido, comprándola el dueño de éste a justa tasación de peritos nombrados por las partes y por el tercero que en caso de discordia nombrará la justicia; y si el dueño del marido no se conviene en la compra, tendrá la misma acción el que lo fuere de la mujer".

[23] Hacia fines del siglo XVIII y principios del XIX llegaban anualmente a Cuba más hombres que mujeres. Estas sólo constituyen una tercera parte de los esclavos. Turnbull, el intrigante cónsul inglés, cuenta que John William Becker, uno de los magnates de la legendaria ciudad de Trinidad de Cuba, poseía en su hacienda próxima a Cienfuegos, setecientos esclavos negros y Ini una sola mujer!

[24] Los brazos de esta cruz de hierro pasaban como dos pies de alto por encima de la cabeza del esclavo, para impedir que pudiese huir a los bosques.

[25] Ataban al esclavo a cuatro picas, y este castigo dicen que era habitual, o bien se le amarraba a una escalera (l'echelle) o se le suspendía por los brazos y las piernas (l'hamac), o por una mano (brimballe).

[26] "La suerte de los negros en la Isla de Cuba está menos a la merced de los blancos avaros y crueles de lo que estaban en Santo Domingo y en nuestros propios días en la Luisiana". Etienne Michel Massé. París 1825. Y Pierre de Vaissière, en "Saint Domingue" (1629-1789) Ed. Perrin, 1909, sobre el maltrato e iniquidades que allí se cometían con los esclavos advierte: "existe tal vez una pronunciada tendencia a exagerar los padecimientos de la vida de los esclavos en Santo Domingo y las Antillas y en generalizar los malos tratos de que han sido víctimas algunos". El mismo criterio puede aplicarse a Cuba.

[27] Sobre los amos malos y buenos de que guardaban memoria mis viejos informantes, nos proponemos publicar más adelante las notas que hemos recogido. Es muy probable, pues no puede dudarse de la maldad humana, tal parece a veces que es lo único en que puede confiarse, que hubiese amos criminales natos, como aquel, un tal Machado de que nos habla Madden, que durante tres horas azotó a uno de sus esclavos hasta hacerlo expirar.

[28] Sin embargo un americano, J.W. Steele (Cuban Sketches. New York, 1883), dice que vio ¡negros con collares de hierro erizados de púas para que no se durmieran! Ninguno de mis ancianos informantes que nacieron y vivieron en ingenios, oyeron hablar de esos collares.

[29] Con respecto a la población de Cuba, escribe Murray el 1855: "las autoridades desean, por supuesto, propagar la idea de que los blancos son más numerosos que los negros. Preguntándole a uno de los oficiales que pueden saberlo, éste me dijo que había 500,000 blancos y 450,000 negros; pero prosiguiendo mi investigación en un

medio más seguro, resulta que hay 600,000 esclavos, 200,000 libres y sólo 500,000 blancos, lo que hace que la población de color esté con respecto a la blanca, en una proporción de ocho a cinco".

[30] Durante nueve días se azotaba al culpable.

[31] Los negros, especialmente los congos, creían que vestir a los niños impedía que creciesen. Idea que debe haber influido en las madres blancas del pueblo.

[32] Los negros desempeñaban otros cargos en el ingenio: guardieros o "talanqueros" —como si dijéramos porteros— que se situaban en las entradas de fincas e ingenios, carreteros, fogoneros, braceros, boyeros. Criados de mano en la casa de vivienda, cocineros.

[33] Sin embargo, esos odios los mitigaba el tiempo y la convivencia.

[34] Sometido por arte de magia.

[35] La Aurora. Diario Mercantil. Matanzas 5 de Noviembre de 1831. Núm. 250.

[36] El 1812, durante el gobierno del General Someruelos, los esclavos asesinaron blancos y quemaron cañaverales en Camagüey y en Oriente. El jefe de aquella insurrección, un negro libre, inteligente, José Antonio Aponte, logró agitar las dotaciones en La Habana, y en Oriente en Holguín y Bayamo, con la intención de atacar en gran número a los blancos. En La Habana se unieron los hacendados para defenderse, y con ellos los negros leales, y desbarataron sus planes. En Camagüey acabaron con ellos los antecesores de los patriotas de la década del 60, Agüero, Betancourt, Varona. Esta insurrección terminó con la muerte de Aponte y un compañero suyo en la horca y la exhibición de sus cabezas al pueblo de La Habana. En Puerto Príncipe fueron azotados públicamente los negros más comprometidos, que ascendían a un centenar.

El 1838, gobernando el General Espeleta, precisamente un día de Reyes, en un ingenio Trinitario, el Manacas, de Juan Bautista Armenteros, se sublevaron unos cuantos esclavos que, secundados por los de otras haciendas, quemaron cañaverales y asesinaron blancos, y fueron presos y castigados. Estos negros alzados en Trinidad estaban complicados en una conspiración que se tramaba en la ciudad, en la cual se dijo que estaban implicados algunos blancos. También hubo pequeñas sublevaciones en Sancti Spíritus. El 1825 hay otra rebelión en Matanzas, en el ingenio de Don Rafael de Cárdenas. La Condesa de Merlín ha contado la heroica conducta de los esclavos que defendieron a Cárdenas, y la del fiel José, que ella conoció personalmente durante su estancia en La Habana el 1840.

[37] Según otros, la esclava le descubre la conjuración a su amá, y ésta le repite a su marido las confidencias de su fiel negra.

[38] Nació el 1809 en la Habana (8o. libro de expósitos de la Casa Cuna), "niño al parecer blanco". Padres: el pardo cuarterón Diego Ferrer Matoso, natural de la Habana, peluquero de la aristocracia, "con carruaje propio y casa con zaguán". Madre: Concepción Vázquez, de Burgos. Bailarina. La abuela de Plácido consigue que Matoso saque al niño de la Casa Cuna y lo tenga a su lado. Primeras letras: en la escuela del Maestro decano de la educación escolar en Cuba, Dr. Pedro del Sol. Completa su educación en una escuela para individuos de color de D. Francisco Banderan. Aprende dibujo con Escobar. Forzado a abandonar sus estudios, a los diez y seis años, se hace aprendiz de peinetería. El 1834 ya es conocido por sus poesías, escribe Morales, instalado en Matanzas, publica en "La Aurora", va a Trinidad el 1842, año en que casa con la morena ingenua, María Gila, y allí lo prenden acusado de conspirar contra los blancos; inocente, vuelve libre a Matanzas.

Nunca, asegura su biógrafo, Don Sebastián Alfredo Morales, demostró odio al blanco.

[39] Al tener noticias en París, donde seguía un tratamiento médico, de aquellos cargos, Don Pepe embarcó para la Habana, se defendió valientemente y fue absuelto.

[40] Plácido podía pasar por blanco, como tantos cubanos en el pasado y en el presente. También se dijo que era el fruto de los amores de una mulata esclava y de un importante prelado. ¿El Obispo Espada, según las malas lenguas?

[41] De ser cierta la amenaza de Plácido hace pensar que el poeta no ignoraba que según una creencia africana, los brujos y las almas de los muertos tienen por vehículo a lechuzas y murciélagos.

[42] También Don Sebastián Alfredo Morales, en el prólogo de las Poesías Completas de Plácido, Habana 1886, cuenta que Plácido cuatro meses antes de ser ejecutado le dijo al Fiscal: "Yo, señor, no tendré remordimientos en mi hora de agonía, pero V. sí y espero que después de mi muerte mi sombra lo ha de perseguir en forma de buho".

De la leyenda del valor extraordinario del infortunado Plácido —que al recibir un primer disparo que no lo priva de la vida, pide clemencia—, de su impasividad ante la muerte recitando camino del patíbulo es autor ingenuo Morales, que salvó sus manuscritos y logró publicarlos el 1885, veintiún años después de ser fusilado Plácido.

[43] De edad madura, cuarentonas. "Jamonas".

[44] La prohibición de la trata empeoró la suerte de los esclavos en los barcos y aumentó el peligro que amenazaba sus vidas durante la travesía. En la imposibilidad de escapar de la persecución de los ingleses y de deshacerse del cuerpo del delito, toda la carga humana se arrojaba al mar.

[45] Se decía que los africanos alejados de la costa creían que los blancos los compraban para comérselos.

[46] A veces, a causa de una epidemia que se declaraba abordo, los enfermos eran arrojados al mar, o bien por escasez de alimentos u otros motivos. La merma podía ser considerable. En una ocasión se perdieron, de doscientos esclavos, ciento cuarenta y ocho, en un barco francés.

[47] ¿Serían estos peinados complicados que vio Massé y que demandaban tanto tiempo los que recordaban los viejos? Decían que muchas ancianas africanas, excentas de trabajar —como los niños, que en Cuba hasta los ocho años no hacían nada—, se entretenían en peinar a las mujeres del ingenio, "haciéndoles unas combinaciones muy bonitas de muchas trencitas".

[48] Como esta que conservo, sin fecha, que debe ser de principios de siglo: "Para el lunes diez y ocho del corriente, a la hora acostumbrada, en el barracón No. 10, se abrirá la venta de ciento diez negros bozales mandingas de ambos sexos, que ha conducido de Charleston la fragata americana Pierce Manning, su Capitán John Pratt, a la consignación de Don Cristóbal Durán.

[49] La oftalmia —terrible la oftalmia purulenta—, era uno de los padecimientos que, con la disentería y el escorbuto, contraían los esclavos en la travesía.

[50] "Due South or Cuba Past and Present". Boston and New York. Riverside Press, 1888.

[51] Antepasado, abuelo. Muertos.

[52] Majá.

[53] Llamábase "pilongos" a los villaclareños bautizados en la Iglesia Mayor, que se echó abajo durante el gobierno del General Gerardo Machado, siendo Gobernador el Dr. Roberto Méndez Peñate, y muy a disgusto de Machado que era partidario de conservar en Cuba todos sus monumentos históricos y salvó de la demolición el Convento de Santa Clara en La Habana.

[54] Thomas Jefferson (1807). "In case of war with Spain Cuba might add itself to our Confederation". En caso de guerra con España Cuba podría agregarse a nuestra Confederación.

John Quincy Adams (1823). Al Embajador de España: "It is scarcely possible to resist the conviction that annextion of Cuba to our Federal Republic will be indispensable to the continuance and integrity of the Union itself". No es posible resistir a la convicción de que la anexión de Cuba a nuestra República Federal será indispensable para la continuidad e integridad de nuestra Unión misma.

Los americanos querían comprarle la Isla a España y ésta se negaba invariablemente. A una de las proposiciones que se le hicieron respondió: "que antes prefería que se hundiera en el océano".

Hoy asombra leer: Presidente Madison. "Not that we desire Cuba for itself but that we are afraid some European power might make a fulcrum of that position against the United States". No es que deseemos a Cuba por sí misma, sino porque tenemos miedo que alguna potencia europea haga de su posición un punto de apoyo contra los Estados Unidos.

¡Los designios de la política norteamericana son más indescifrables que los de la Divina Providencia! ¡Quién iba a imaginarse que un día le regalarían la Isla a quienes han jurado enterrarlos!

[55] Sin embargo, a mediados del siglo pasado, el entierro de un negro, niño o adulto, en muchos pueblos de campo de Matanzas, como Limonar, costaba "seis pesos y cinco reales", y siete el de los blancos.

[56] El Cabildo de los Mina estaba a mediados del siglo pasado en el barrio de Jesús María, en La Habana. No tenían fama de inteligentes. De ellos escribió Murray: "hay una rama llamada Mina Popó, también del Oeste, estúpida, perezosa y sin carácter propio". Eran socarrones, hipocritones, pero estúpidos no, rectifica Calazán. Se decía que estaban más predispuestos que otros africanos a enfermar de nostalgia y que por eso se suicidaban con frecuencia.

[57] De Mozambique, a partir de 1800 se enviaban al Nuevo Mundo unos quince mil esclavos al año.

[58] Alcahueta

[59] Este baile de los makuá recuerda una especie de lanceros que veía bailar Don L. Muriedes el 1890 en Santa Clara. Colocados en dos filas, frente a frente, los hombres separados de las mujeres, hacían movimientos y figuras al compás de los tambores. Marchaban los hombres hacia las mujeres y al encontrarse sonaban las palmas y retrocedían. Este baile tenía lugar en la casa del Cabildo congo en Santa Clara, el día de la Caridad del Cobre, a quien ellos veneraban.

[60] El Kinfüite: "Para tocarlo el congo, sentado, se lo ponía entre las piernas, los pantalones arremangados y cerca una jícara para mojarse las manos. Y no era un arpa: era un barrilito con un parche. En mitad del parche un agujerito por el que se pasaba un cáñamo, y se le ataba un trozo de caña brava. Esa caña se frotaba como el yin del tambor sagrado de los Abakuá. El kinfüite se tocaba desde las diez de la noche hasta la salida del sol."

[61] Hormiga.

[62] Otros solares famosos habitados por carabalís, lucumís y criollos fueron los que estaban en las calles de Jesús María, Vives, Alcantarilla, Suárez, San Nicolás, Puerta Cerrada, Aguila, Revillagigedo. Célebres el solar de los Hoyos, entre Diaria y Puerta Cerrada, y en la Calzada de Vives, el de los Carretones de los Congos.

[63] Son muchos los extranjeros que han dejado constancia de esta cordialidad que

se advertía en las relaciones de blancos y negros en Cuba, y que explica por qué el negro cubano es un individuo que sonríe, amable y exento de rencor en notable contraste con el amargo negro norte-americano. Jameson subraya "que los negros libres que residen en el país difieren poco de los blancos del pueblo, con los cuales mantienen perfectas relaciones. Trabajan juntos en un mismo quehacer y se divierten juntos". Sin embargo, en un tiempo hubo algo que humillaba profundamente al negro libre y honrado, y era que no podía llevar armas ni salir de noche a la calle sin un farol. Muchos horros con dinero y buena reputación se abstenían de salir de sus casas después del toque de Ave María.

[64] John A. Perry, Thrilling adventures of a New Englander. Travels, scenes and sufferings in Cuba. Boston 1859.

[65] "Si con motivo de la muerte de algún parvulito se hiciere algún bayle como han acostumbrado las gentes de ínfima clase creciendo el desorden hasta el extremo de tener expuesto el cadáver algunos días para continuar en la misma reprensible diversión, se exigirá al dueño de la casa donde se tengan seis ducados".

[66] Olílu, llenándose de orgullo y refiriéndose a sus antecesores lucumí, me dice: "eran los cimarrones que no podían coger los perros, porque huían a Ilé Yansa, (al país de los muertos) para volver a su tierra". A Africa, donde renacerían. La creencia en la reencarnación (ejemplo, el abikú), no era ajena a mis mejores maestros, pues los viejos lucumí la sustentaban. La Bremmer también da cuenta del suicidio de once lucumís, que por ese medio se evaden de la esclavitud.

"Fueron hallados colgando de las ramas largas y orizontales de una guásima. Cada uno se había amarrado una calabaza con su almuerzo, pues creen que el que muere aquí no tarda en resucitar en su país. Por esto, muchos esclavos depositan sobre el cuerpo del suicida el pañuelo o el adorno de cabeza que más admiran, con la convicción de que lo llevarán, con sus saludos, a aquellos que más quieren en la madre patria. El cuerpo de un suicida siempre se cubre con cientos de estos recuerdos".

[67] Y tenían razón. Cuando los europeos ocuparon la Nigeria, ésta distaba mucho de hallarse en el estado de barbarie de otras regiones africanas.

[68] En Africa eran agricultores y comerciaban con marfil, hierro y mercancía humana. No obstante entre algunos negreros tenían fama de indolentes.

[69] "Iban cantando: vamos a vé mandinga con gangá qué es lo que sacá".

[70] Rito lucumí que se hace de madrugada para recibir el "aché", la fuerza del primer rayo del sol y dar gracias a Olodumare. Se bebe el "dengué" caliente, que en el centro del ruedo reparte el Oloricha a los asistentes a esta ceremonia, que es muy bella cuando se celebra en el campo.

[71] De la Costa de Oro, desde Togo a Dahomey. El nombre de arará comprendía para mis informantes todo el Dahomey.

[72] En una carta de Cuba de Agosto de 1968 se me informaba: "Los ñáñigos siguen vivitos y coleando. Hay juegos funcionando en la capital, en Matanzas y en Pinar del Río (cuando digo en la capital me refiero a Regla y Guanabacoa). Hay muchos jóvenes metidos en el asunto, y los que ahora son viejos y fueron aquellos jóvenes que los viejos censuraban, les repiten lo que les decían a ellos: que los jóvenes destruyen el ñañiguismo, porque el ñañiguismo no es guapería. Pero los jóvenes necesitan protegerse y sentirse seguros en esa hermandad, tanto en el presidio como en el servicio militar obligatorio. Ellos se protegen, y los que no se inician, si observan una conducta seria y valiente, son sus amigos. Son los que pasaron tres años en Camagüey y vivieron el infierno de la UMAP con su sección de castigos, que se convirtió en algo peor que la Legión Extranjera, en la que se introducían para mezclarse con ellos y

humillarlos jóvenes no integrados, católicos o no, homosexuales, marihuaneros, presidiarios comunes, lesbias, animales. Entre ellos sucedían cosas terribles, como cortarle la cabeza con un machete a un asesino procedente del Castillo del Príncipe, donde tenía fama de matón. Esto lo hizo un muchacho de dieciseis años, sin experiencia, que impulsado por la vergüenza y la humillación que le hizo sufrir, se juró a sí mismo matarlo, cuando aquel tipejo se burló de él groseramente y le gritó que sólo podría matarlo dormido. El acto se produjo con rapidez y sorprendió a todos. Afiló el machete delante de sus compañeros, se acercó adonde dormía el guapo, lo llamó hasta despertarlo y entonces le dio un tajo con todas sus fuerzas. Se presentó después al Cuerpo de Guardia y entregó el arma y comunicó el hecho. Por los pésimos antecedentes del muerto apodado el Tigre, fue absuelto. Muy distinto fue el caso del joven abakuá que se rebeló contra uno de los tenientes que más se ensañaban con los reclutas y le dio muerte. Era también muy joven. Fue sentenciado a muerte por fusilamiento. Pidió dirigir la ejecución, se negó a que le vendaran los ojos y cuando le preguntaron cual era su último deseo pidió que se acercara el que mandaba el pelotón. Cuando lo tuvo frente a frente, le escupió la cara. Levantó los brazos, formando una cruz, la cruz de los trazos ñáñigos y dio la orden de que disparasen. Y así murió. Podría contarle otros hechos de jovencitos de quince a veinte años".

Más tarde he sabido de nuevo que los ñáñigos no se resignan a haber perdido la libertad y que por eso "llenan las cárceles".

[73] Calazán y otros viejos hablan de un carabalí llamado Juan Ventaur, "albacea de todos los carabalís, que le daban sus papeles y dinero a manejar, sabía leer, escribir, contar, de todo, y tenía muchos esclavos. Su nieto, que estuvo en la Universidad, Juan Cerdá, vivió en casa grande en Prado y Genios. Sus criados eran gallegos. Iba al Louvre a jugar Bacarat con los de arriba, y los de arriba, entre copa y copa, le dieron a firmar un documento... que de la Universidad fue a limpiar los comunes de Regla".

[74] De estos horros acomodados supieron los viajeros que escribieron sobre la ex-Perla de las Antillas. Para citar sólo a uno: "Se ha visto a africanos hacerse de fortunas considerables después de libertarse y comprar ellos mismos buen número de esclavos". J.G.F. Wurdermann, "Notes on Cuba", buen observador, que al revés de los Madden, Turnbull, Mursell y tantos otros, juzgó con imparcialidad las cosas de Cuba.

[75] En los leprosos, tan temidos como compadecidos, siempre ha visto nuestro pueblo un resplandor de santidad. "En un leproso está San Lázaro". Contaba una conga que esta enfermedad se había propagado por la maldad de una mujer que, in illo tempore, había ofendido de palabra a un lazarino.

[76] No vi distribuir alimentos "el día del pobre", sino dinero. Comida, pan, se daba en cualquier momento en que un pobre se presentase a pedirla. Y para llevarse diariamente las sobras, cada casa tenía su clientela.

[77] Esas sumas hoy nos parecen ridículas. No lo eran en el siglo pasado y en los comienzos del presente aún representaban una buena ayuda. Sé por papeles íntimos y por conversaciones oídas a personas dignas de todo crédito, que no era una cifra "standard" la que menciona Philalethes, y que las dádivas, según los casos, se elevaban a más y ... en silencio. De la generosidad, y sobre todo de la callada generosidad de muchos cubanos, quisiera poder hablar algún día.

[78] Así tituló su libro un médico americano, el Dr. R. Gibbs, el 1860.

[79] Conozco a una cubana insoportable que le dijo a un señor americano: "Nuestra cultura era europea, nuestra incultura es americana".

[80] Frances Trollope. Domestic manners of the Americans. London 1832.

[81] Voyage a la Havane. 1840.

[82] En concepto del autor de "A Narrative Tour in North America with an excurtion to Havana". London 1834, las calles de La Habana eran "tan malas como las leyes españolas, sucias, angostas y tan llenas de baches que en ellas se volcarían todos los carruajes sino fuese por la volanta, que recuerda algo al cabriolet inglés con sus dos ruedas inmensas. Pero muchas de las casas son muy hermosas y sólidamente construidas, más lujosas, elegantes y confortables de lo que por el exterior puede imaginarse".

[83] La diferencia que existe entre Mayombe Cristiano y Mayombe Judío, es la misma que se establece en el Brasil entre la Kindamba y la Umbanda. La magia maléfica o negra corresponde a la Kindamba, la benéfica o blanca a la Unbanda.

[84] Un Oloricha, si es hijo de Obatalá, no podrá, en principio, poseer una Nganga. Si lleva el ileke o el collar de Obatalá, no encenderá pólvora donde haya cerca una estampa o la piedra de Obatalá. Es un sacrilegio quemar "fula" o pólvora donde se encuentre el Orichanla.

[85] Nkuyo, le llaman algunos Mayomberos a un espíritu equivalente, con funciones de Eleguá.

[86] Nombre que le dan a la fuerza que domina el Taita Nganga.

[87] "Choya Wéngue se pone por mantón sobre los hombros un mboma o un Ñánka, (un majá o un jubo) lo mismo que Iyá Yemayá y que Afreketé –la Yemayá de los arará (de Aladá) es en camino de Lukankansa –el Diablo–, una Santa muy mala". Por camino debemos entender aspecto, avatar, "tendencia". El término avatar es válido en las dos Reglas. Así en la lucumí una Oricha puede presentarse, como algunos Obatalá, "bravos", en su aspecto guerrero, temible en algún momento o circunstancia de su vida; Ochún, la diosa del amor, como una mujer seria, ya vieja o pobre, que practica la hechicería, como cuando es Ochún Kolé. Camino se entiende también por la tierra o localidad en que vivió, por la que pasó o recibió culto un Oricha: "Changó de Nupe, de Oyó". "Ayé por camino lucumí y Agróniga por Dajomi; Nanábulukú por camino sabalú", etc.

[88] Montar el Mpungu: tomar posesión del cuerpo de un individuo. Lo mismo que "montar un Oricha".

[89] La Principal de un Nso Nganga la llamaba otro informante la Mukua Dibata.

[90] Hijo, adepto, clientes del brujo.

[91] De apellido Baro, como Alfonso, Hernández, Jorrín, Herrera, Aldama, Cárdenas, Pedroso, etc., se cuentan famosos mayomberos y santeros de ambos sexos.

[92] Gajo llaman los Mayomberos a la cazuela o recipiente mágico en el que, con elementos tomados del Fundamento, Tronco o Nganga del brujo se constituye una nganga para "un hijo". Con las palabras de un Taita: "Gajo quiere decir que en mi Nganga uno se juró –inició– y que de mi Prenda le hice un resguardo: que nació de mi Prenda. Empezará con él a hacer bien a la humanidad, a hacer méritos. El resguardo que le doy lo puse en el fondo del caldero; le rayo la frente, el pecho y los brazos. Un perro aguanta una vela y se quema la pólvora en la mano del Ngombe para que le baje fümbi. Se tiene una palangana con agua y yerbas para lavarle las heridas y para que beba". Que le baje fümbi quiere decir que caiga en trance. Rayarle el pecho, la frente y los brazos es hacer unas incisiones con un cuchillo.

[93] El hijo de Nganga recibe un nombre que le da el espíritu. A los Padres y Madres de Nganga se les suele llamar por el que tienen sus Prendas.

[94] Tu espíritu (el poder que asiste al Mayombero) no supo, se equivocó.

[95] Como yo puedo vencer, amarrar al brujo –Ndoki– que te hace daño.

[96] Tronco o Fundamento. La Nganga que da origen a otras.

[97] Murumba, brujería. Kindambazo o kimbambazo, echar brujería, producir daño. Algunos Mayomberos dicen también Kandangazo. Walonampolo, "brujería en polvo".

[98] Mbua, perro.

[99] Kasiwa, mujer. Kasiro, hombre. "Quiere decir que estos arman líos, pelean. Kasiro es también la araña, que tiró su hilo y se cayó en el mar. Por eso dice el mambo: kasiro tira hilo cayó la mar. Mi Kasiro tu no pué brincá la mar. Todo lo que intenten contra un protegido del Mayombero o contra él, lo anula su poder.

[100] Síndico.

[101] Padre.

[102] ¿Cuál sería, la epidemia de 1831 o la de 1850? Seguramente la del 1850, que mató a miles de negros.

[103] Talanquera (tranquera), puerta de entrada en la cerca exterior de una hacienda.

[104] Véase Yemayá y Ochún de Lydia Cabrera.

[105] En la Edad Media se creía que la sangre menstrual era, por lo sutil, un veneno peor que todos los venenos.

[106] Simba. Desplazar el espíritu el yo del individuo y tomar posesión de su cuerpo. Se dice "estar simbao", estar en trance.

[107] Ndundu, avisa si hay malos y sucios, échalos que vamos a oír misa, el cementerio está de fiesta. Ndundo es un guardiero.

[108] "Llega y Pon", porque al que se le antojase levantaba allí su bajareque (su covacha), sin ser molestado. "Pon si puedes", porque iba a habérselas con los vecinos que no veían con buenos ojos la intromisión de un extraño en sus predios, y "Por mis timbales" porque uno se impuso en este otro conjunto de chozas de yaguas y construyó la suya. "Pan con Timba", porque decíase que se llenaban de pan con dulce de guayaba.

[109] Llamábanse "botelleros" los que sin rendir trabajo vivían del dinero del Estado.

[110] Los que rodean al político, lo adulan y le sirven en cualquier menester.

[111] Nada más exagerado que la propaganda comunista anterior a la entrega de la Isla a los rusos, sobre la miseria del pueblo.

[112] El Mayombero baila con ella.

[113] "Espejo se llama en congo Lumuine y Muene. Vititi, Mensu o Vichichi es mirar la brujería, Mensu es ojo. Ver la brujería, la yerba que se necesita para curar o para lo que se quiera. Un Lumuini que está arriba de la Nganga en un tarro de chivo se llama Vititi Mensu, para registrar, ver lo que pasa y lo que pasará".

[114] Para lograr que un individuo no vea el mal que le están haciendo —robo, infidelidad, abuso de cualquier tipo—, es una práctica muy corriente de Mayombe trazar una cruz de esperma en un espejo, pronunciando el nombre del individuo, y de ser posible, en su propia casa.

[115] Cementerio. Se le llama también Quinto Piso, Kariempembe, Pungún Sawa, Plaza Lirio, Nso Füiri, Kumanso Fundi, Chamalonga.

[116] Los dieciseis caracoles con que vaticinan Olorichas e Iyalochas. Dilogún, dieciseis en lucumí —yoruba—. Meridilogún le llaman a este sistema de adivinación que no es el único que se emplea en la Regla lucumí.

[117] Lydia Cabrera, "El Monte". Ediciones C. R. (1954, Habana).

[118] Cementerio.

[119] En trance.

[120] Adviértase que algunos pronuncian ngüeyes.

[121] Otros nombres se le dan en lengua a la Madrina: Ngundi Nganga, Nsumbo, Nkentokua Dilanga, Nwuan, Yaya, Ngundiyaya, Yari Yari.

[122] En algunos Nso cuando se envía un mandadero a la "Finda" con el gallo con que se ha despojado a los moana y las monedas que se tributan al Monte, se le mete en la boca un "matari", una piedra como resguardo, que se le quita a su regreso. Es entonces cuando "la Nganga Urria" (come). Luego comienzan los cantos y se presentan los espíritus, los "fwá".

[123] "Los hay que se destrozan toda la cara al caer. Hunden la nariz en la tierra como los cochinos. Otros piden navajas para cortarse la lengua o la nariz. Juan, si tiene Batalla pide cuchillo, se corta el bembo y escupe la sangre en el plato. Ese le dijo a una mujer: Mañana tu vá llorá. Al otro día se le quemó la hija. A los Yimbis tan arrebatados se les da plan de machete. Hay que aguantarlos. Centella Monte Oscuro cuando llega se da tajazos en los brazos y al otro día no hay cicatrices. La sangre se derrama sobre la Prenda".

[124] El cementerio. El otro mundo.

[125] Se construye una prenda de perro (mboa), con uno que se mortifica y "cuquea" hasta hacerlo rabiar. Cuando está furioso se le corta la cabeza, las cuatro patas, se le extrae el corazón y se le troncha la punta de la cola. Se introducen en el caldero todo género de insectos nocivos. "Sin perro el Mayombero no sigue rastro. Este animal, que es muy noble, hace que la brujería siga derecho y llegue sin desviarse adonde tiene que ir".

[126] Alusión a la incompatibilidad del culto lucumí y las prácticas de hechicería.

[127] Epicrater engulifer.

[128] "Kadiampembe, el Diablo, anda mucho por los platanales".

[129] No obstante, de muchos mayomberos citadinos que las tienen en sus casas se nos dice "que no pueden dormir en cama si no en el suelo y pegados a la prenda".

[130] Omnibus.

[131] Lo mismo suele actuar el "Angel que se tiene en la cabeza cuando no se le da de comer y tiene hambre" —creen los adeptos de la Regla de Ocha.

[132] Cocodrilo.

[133] Se posesionó.

[134] Adeptos, de ambos sexos.

[135] Otro sinónimo de carabela, camarada, hermano de Nganga, iniciado.

[136] Se refería a un Ngangulero que era de Bolondrón, un pueblo de la provincia de Matanzas. La Güira, Jicarita, San Lorenzo son otros pueblos de la misma provincia.

[137] Vendedor.

[138] En casa de Dios no entra el Diablo, dice un refrán y canta el Ngangulero dando a entender que su poder es superior al de cualquier adversario.

[139] Despacio. Poco a poco.

[140] "Bejuco le contaba a sus íntimos de su maestro y padrino Okuji, Ta Pablo Alfonso, que al ingenio Majagua le llevaron a otro brujo que era muy malvado para que lo curase. Se negó a atenderlo. Te va la vida Okuji, le advirtieron. – ¡No me importa!– Ta Pablo se preparó a morir. Repartió sus prendas y murió víctima de aquel Ndoki que no quiso curar".

www.ingramcontent.com/pod-product-compliance
Lightning Source LLC
Chambersburg PA
CBHW021901020426
42334CB00013B/424